民事案件办公实操指引

尹春海 著

中国法制出版社
CHINA LEGAL PUBLISHING HOUSE

作者简介

    尹春海 天津市第一中级人民法院民事审判第二庭员额法官。先后在天津市第一中级人民法院研究室、民商事审判庭工作。在研究室工作期间创办院刊《审判视界》，院刊交流后获得兄弟单位及科研单位的广泛好评，部分刊用文章被法学公开出版物转载，成为推介法律实务文章的优秀平台。在民事审判庭工作期间，先后工作于传统民事审判庭、涉外审判庭、商事审判庭，所审理的数千件案件涉及民商事案件领域，对民商事案件各个类型均有一定研究心得。坚持"学以养审、审以促学"的审判调研理念，在《民商法论丛》上发表论文5篇，在《判解研究》上发表论文5篇，在其他公开出版物共发表论文、译文30余篇，曾被最高人民法院评为全国法院调研工作先进个人。

前　言
本书的写作缘起：法庭上的观察与思考

这些年，笔者观看了数千件案件中律师的唇枪舌剑，也观阅到各种律师的妙笔生花。借助于审判工作的平台，笔者也得以见识同行精英的工作方法。这些观察为笔者提供了长期思考的素材与动力。

俗话说，"师傅领进门，修行在个人"。如果说人们想要在修业上不断精进，最终有所成就，个人努力确实会起到决定性的作用。但是，上面的谚语告诉我们，除了个人的修行以外，师傅如何引领，师傅能不能把修业之门打开往往对于个人的成长具有非常关键的作用。如果说，我们在法学院里面受到的规范性学术训练往往大同小异的话，那么我们在从事法律实务工作以后，经由各色师傅"传帮带"而锤炼实务技术的过程就真成了千姿百态的修业过程。首先，师傅的成长经历、人格特征、兴趣爱好、行为方式等都会成就不同的领路风格。其次，法学院里不仅有着规范化的学术产出方式及标准化的学术型人才培养模式，就汗牛充栋的文献储备来看，也足以让学徒们走上相对科学化的研究生涯。但在法律实务领域中，我们"述而不著"的传统似乎发挥得淋漓尽致。各色师傅都能做到言传身教，但却极少形成指导学徒的操作指南。这让从事法律实务的工作者难以通过系统化的整理、思考来研习、纯化自己的工作思路。最后，法学院培养人才的风格是，师从张老师可能与师从李老师后所持的学术性观点截然相反，对某一问题的解释路径大相径庭，但学术型研究的方法却是共通的。比如说，跟着张老师学习需要早上学外语，上午读专业书，晚上读社科等一般著作，周末进行小组讨论，跟着李老师学习的方法不会有大的差别。所以学术型人才往往得以在同一高度上对话和争辩。但法律实务工作者不同，有的师傅言传身教的是"了事"型方法，靠较高的"沟通手腕"吃法律饭；有的则是精密分析型，靠法学理论肢解现实生活中遇到的案例，靠较强的法律分析技术"吃法律饭"。而承袭了各色师傅的学徒匠人们往往也带有浓厚的师傅特色。所以在法律实务工作者集中交流的地方（如庭审），往往就不像法学教师那样站在大致相同的高度对话，有时会让人感到有一种时空错位的感觉，好像古代的讼师和现代的法技术专家在拆招。这就是法律实务工作者无法受到相对统一的训练方式所造成的，当然从客观上说，在法律实务工作上做到这一点确实尚有困难。但笔者仍要指出的是，如果我们不仅能够承袭自己师傅的优点，还善于发现和自己打交道的其他法律工作者的优点并以之为师，认真思考他们优秀工作习惯的养成方法，久而久之就不难提升自我的实务修为，并带动实务工作者整体水平的向上与统一。

人类最艰难的突破是自己习惯的改变。因为习惯是由自己的兴趣爱好、所受教养、每日作息综合养成的，也和我们一直以来的生存目标是契合的。如果说，我们只是为了追求舒适的生活，符合我们理想模式的生活状态而活，那么多数情况下我们是无须对习惯作出调整的。但是，如果我们在从事法律实务工作以后，想要在实务工作的质与效上取得比较长足的进步，甚至是突破的话，那么我们就免不了要改变法学院时代的一些"积习"。实际上，即便是在高端人才鳞次栉比的法律圈里，这样的改变也是颇有难度的。比方说，在学生时代就善于做学生组织、管理工作的学生会干部，到了青年时代就善于处理社会关系。进入法律实务圈以后，如果是从事了律师工作，则非常善于寻找客源，能和客户的关系打得一片火热；如果是从事了法官职业，遇到案件也能通过比较娴熟的人际关系沟通技巧成功地调解案件。但是，这类精英往往有专业技术上的"瓶颈"：对于法律、法规的解释方法很难从体系化的、逻辑性的角度来作出整体把握。虽然正义观不差，但实现正义的技术手法是其短板，实现正义的精准度也会有所欠缺。这是长期以来形成的重交际、重关系，轻研习、轻分析的工作、生活习惯所致。大部分案子能有大致上怎么样处理好的认识，缺乏仔细推敲、精算数额的能力。还有一类群体，他们在学生时代勤苦钻研理论或法条知识，掌握了比较纯熟的基础理论知识或法律专业知识，但并不善于处理社会关系，人际交往方面的沟通技巧要有所逊色。即便我们把目光仅仅投放在案件处理环节，也能看出与前者相比，协调案件、促成调解概率的降低。他们之中又可分为两类群体：一类是偏好基础理论或社会科学一般理论，写起抽象型论文颇为拿手，也能频频获得奖项，但专业的实务理论就稍差一些，分析案件的能力是其短板，所以这一类人的调研总是获奖，但案件判决时有被上级法院发改或专业的代理词经常不被法官所看好采纳。另一类则是专攻法律实务问题的实务专家，对案件法律问题有比较精深的把握，但在遇到非常超前的案件时缺乏从法哲学的高度分析事物本质的手法。所以我们从事多年法律实务工作以后会发现一个比较有意思的现象：喜好人际交往、社会交往的人组成了一个爱好共同体；喜欢调研、喜好写作的人又有自己的交流阵营。这两类群体的交集很少。喜欢交往的人若干年以后，其分析能力、调研能力都和学生时代一样。喜欢调研、做案件分析的人可能在调研之路上越走越远，但路径和范式都是法学式的，只在志同道合的实务圈和法学理论界中有所共鸣，实际上在法律实务圈里也无法起到广泛地指导实践、让同行乐于接受，易于接受的作用。两者都在无交集中让非相交的领域逐渐扩大。

　　所谓人无完人，我们自然不应当苛求不同性格特征的人转变他们的兴趣、爱好，让他们都变成整齐划一的群体。但如果我们想要追求实务工作在"质"与"效"上的双重突破，特别是对于法律职业工作者的重要群体——律师而言，我们就不得不思考不同职业风格所体现出的个案处理上的优势，对他们的优势进行深加工，自觉地把他们吸收到自己的职业习惯中来。正是在前面的思考基础上，笔者产生了撰写本书的动机。

　　本书作为探讨法律实务工作方法（具体到个案实务就是个案的解释方法）自然难逃法律解释方法这一理论的范畴，但本书不同于法律解释方法论著作的最大特点，就是本书的内容是基于笔者对理论的思考和十余年从事法律实务工作的所见、所想、所学的感想结晶。本书的内容已经对法律解释方法进行了多级"下放"：在现今的法学界中，由于日渐重视案例问题，已经引入了涵摄法（请求权基础检索法）和要件事实论①改善了法律解

────────────

① 所谓涵摄法，又称为请求权基础检索法，是指通过分析当事人的请求权所能得以支持的成文法规范，再将具体事实的小前提与规范大前提比较，最终决定是否能够支持该项请求权。而要件事实论，是指把实体法上条文所规定的构成要件进行类型化分解，在分解后确定要件事实，并与当事人举证形成的具体事实相比对，结合举证责任认定该具体事实能否达到要件事实已经构成的程度，判断当事人的请求能否得到支持。

释方法过于抽象的弊病，但笔者认为这些处理技法对于法律实务工作者来说仍然达不到"拿来就用"的操作手册程度。特别是对实务工作者来说，律师也好，检察官、法官也罢，谁都不是拿着"现成的"事实来解决问题，比起解决现成事实的法律适用问题，事实的搭建方法往往是更为关键的一环，而这些在法学院中，无论多么精彩的案例训练课程都是无法体味、无法讲述、无法反刍的内容。这些内容恰恰是本书所要关注的内容。对于从事法律实务工作的人来说，本书的内容不是在"天上飞的"，而是在"地上跑的"。所以这样的成书目的决定了本书在方法上的多样性、视点上的变换性和写作目的上的输出连贯性。容分述之：

本书所受启发之一便是多维度的思考意识。所谓横看成岭侧成峰，人们站在不同的角度上看待问题的方法是不同的。作为法律实务工作者的律师与法官，在法律实务中占据了视角的两极。律师看待法官的工作，自有律师对司法工作的心得。而本书以法官视角看待律师工作，也定有不同的观察方法。法官看法官的著作很多，法官内部工作流程的探讨文献也很多。但法官看律师的文献却并不多。本书正是基于笔者所亲历的审判工作，在观察法官群体内部、律师群体外部的基础上，对符合法律实务工作本性的工作方法所作出的探讨。鉴于律师、检察官、法官在个案处理时会呈现一种接力赛跑的状态，一棒接一棒最终得出案件的处理结果，乃至还需要把案件实体结果的接力棒交接给执行法官，这样的法律产品出产过程决定了本书对检察官、法官及律师职业工作者有所裨益。

本书成文的第二个启发在于莱布尼茨的结合术与法律学。笔者在读研究生一年级时通过菲韦格的介绍了解到莱布尼茨的基本思想，而对他的体会随着年龄的增加而不断增长。① 但凡在某一个领域能超越平均水准甚或成为领军级水准者，除平均水准以上的努力外，无不享有自身人格特色的方法论。将所喜好的领域、有所研究的领域进行立体的整合，是我们区别于他人、区别于其他佼佼者的最具有个性的特征。作为一本完全从实践中摸爬滚打出来的实务手册，本书同其他理论性著作一样，都是结合术的产物。

　　本书之所以是"结合术"思想的结晶，是因为几乎所有的法律实务工作者都在诉讼环节的某一点上深耕，背后体现的是实体法上的依据、程序法上的考量，最多上升到法的政策原理、法的基础价值等法哲学的领域中去思考法律方法的问题。关于法律实务工作的既有文献，我们既能看到最初一公里（从法哲学到法规范）的零星议论，也能看到实体法法律适用的重点火力区、实体法与程序法交错互动的次重点火力区，但我们未能看到法律产品生产及输送的最后一公里路上的火力交锋。不要说是火力交锋，恐怕能够开火的都是游击队战士。对于记录技巧、写作技巧、使用软件技巧、硬件挑选技巧，这些摆在法律实务工作者眼前，实用需求迫在眉睫的技巧，往往只能见诸网络论坛等帖站。这不能不说和我们法学教育阶段的实践惯性是息息相关的。

　　法学教育传统在一定程度上重理念、重逻辑、重学说，相对而言轻实践、轻价值、轻案例。在 21 世纪的第二个十年里，通过与同行，特别是高

---

① 戈特弗里德·威廉·莱布尼茨（Gottfried Wilhelm Leibniz, 1646—1716），德国百科全书式作者，哲学家、数学家、物理学家、法学家、政治学家、神学家、历史学家、语言学家，其主要业绩包括法典改革、建立单子论、创建微积分等。1666 年，莱布尼茨用拉丁语撰写了博士论文《论结合术》（Dissertation on Combinatorial Art）。该书目前已有英译本问世可便于读者阅读：Leibniz, *Dissertation on the Combinatorial Art*, translated with introduction and commentary by Massimo Mugnai, Han Van Ruler, and Martin Wilson, New York：Oxford University Press, 2020. 该书的主要观点在于把事务的结合用数学的方法论证出来。在此情况下，法学如同几何学一样，都拥有元素、实例等形态。元素是稳定的，实例则是元素的具体表现，它们是变化无穷的。青年莱布尼茨的这篇论文着眼于哲学性的建构，而法学领域则是这篇论文的试验场之一。随着莱布尼茨将更多的注意力投入法学领域中，这种结合术与法律学的交融产物，即 1667 年的《新法学方法论》（*Nova methodus discendae docendaeque Jurisprudentiae*, 1667）也随之诞生了。依据菲韦格的解读，结合术的中心思想，一是把"整体和部分"的关系以数学化的排列组合方法表达出来；二是单纯概念经常结合为复合概念，复合概念就可以用单纯概念来加以说明。菲韦格的这篇作品，现在已经有中译版可便于读者查阅了：［德］特奥多尔·菲韦格：《论题学与法学——论法学的基础研究》，舒国滢译，法律出版社 2012 年版，第六章"论题学与化合术"。

校教师的交流，笔者看到不少高校的法学院发现了这一问题，开始向后者倾注更多的力量，在课堂中引入案例分析方法，培养法科学生的实践思维，这是一个可喜的转变。但即使在重视实务教学的法学院，真正的实践也是被忽视的。我们往往把实务教学等同于案例教学，而案例教学实际上是不同于案件教学的。这是什么意思呢？案例教学里案件的事实是给定的，无论案件事实多么复杂，我们的入手点就是分析这些给定的事实，在这之前的步骤全都没有。实际上，前面的步骤是最为基础的步骤，也是最接地气的、在地上迈步到奔跑的步骤，而案例分析法在交给我们第一道分析步骤时这些基础环节就已经完成了。就像教授学员驾驶飞机的技法一样，每次都是飞机已经飞起离地了才把操纵杆交给学员，前面的地面步骤全部省略了，这样的实务教学法能培养出优秀的法律技工吗？

学者思维和工匠思维的对抗已经发生了数百年。可以毫不客气地说，一个优秀的法律实务工作者可以是一个学者型的法官、检察官、律师……但在加上"学者型的"这样的定语前，他首先要成为一个法官、检察官、律师……这些法律实务工作者是什么人？本质上他们是法律的工匠，而不是靠发散型、想象型思维创造著述的学者。这绝不是否认法律工匠的创造性，而是要强调他们的可操作性！如果我们以法律实务工作作为培养的目的，那么我们现在缺乏的正是像技校培训技术熟练、手法娴熟的操作工人一样培训这些实务工作者的方法。

案例分析法结合了法教义学原理的概念知识体系以及法律构成方法，披上了实务培训的"外衣"，实际上是法教义学扩张地盘、抢占热门市场的方法。要进行实务上的系统训练，就要从案例教学完成向案件教学的转型！就要像技术工匠培训一样，在车间观看、操练铣床、铣刀，让那些精美圆润的作品出炉。本书正是怀抱着这样的希望，迈出了稚嫩而蹒跚的一步。笔者希望借由本书的出版，将法律实务产品输出的最后一公里变成受人瞩目的一公里，让更多人加入这一公里的建设，让法律实务产品更通畅、更自由地传递到它的用户手中！

无论是法律实务工作者还是理论工作者，其思考的本质属性，都是创造性思考的过程，都是能把人类思考区别于电脑思考，让人类的思考不至于被计算机所取代的本质部分。也正因如此，人类劳作活动的本质便是改变社会关系，无论是对人做功（如实务工作者的纠纷处理），还是对物做功（如理论工作者研究论文、创作论文），本质上都是以人的社会关系改变作为出发点的。在有限的时间内实现生产的最大化，包含了从质上、从量上改善生产活动的愿望。本书正是在这一愿望的驱动下所迈出的一步。笔者是上述方法的践行者。在案件量逐年增长，所在单位每晚灯火通明、民商事审判庭的法官在灯下伏案的环境中，本书仍在十个多月的时间内形成，可以说笔者在工作时都在践行本书的主导思想和具体方法。如果本书所探索的工作技法能为读者带来些许启示，或者能引发读者对于法律实务工作方法的一点思考，也是笔者出版这部产品的幸事。"路漫漫其修远兮，吾将上下而求索。"愿与广大法律从业者等同道中人一起，把办公、办案的技法推向现代化、科学化。

目 录

下编　办公流程编

序　论

一、职业法律人的工种：产品协作的可行性与现实需要

法律学是当代社会的"显学"，是社会科学中数一数二的热门科学。在职业生涯中，以法学知识的运用作为职业的主要有以下五类：①立法者（立法机关的工作人员，包括政府部门制定法规、部门规章等规范的工作人员）；②法学家（从事法学教育与研究领域的高校教师）；③法官与检察官（狭义上的司法职业工作者）；④律师、法务（包括法律服务所的法律工作者）；⑤在行政机关从事法律执行工作的人员。上述五大类职业人员中，从事①类立法性工作的人员在总量需求上十分稀少，导致最终能够从事相关工作的法科专业毕业生寥寥无几。而⑤类人员数量则非常庞大，涵盖了执法领域的各个方面，但由于其工作性质在本质上多属于行政执行类，需要借助法学的专业知识进行分析、判断的过程有限，而且即便需要也是辅助性的工作内容，所以笔者更倾向于将其归入广义的职业法律人范畴。由此看来，法科专业毕业生在②③④类职业范围内就业较多，各职业能够相互渗透，工作内容的本质是运用所学法律知识进行分析、判断及创新活动的职业。详见下图。

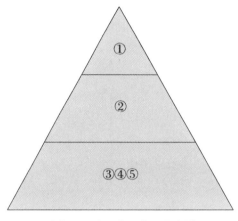

①类与②类职业活动存在交叉渗透，②类与③类存在职业转换的流动，②类与④类职业活动存在交叉渗透。

法律职业就业人员范围金字塔

在我们所熟知的上述②③④类职业类型中，通常人们把从事②类工作的人称为理论型职业人才，而把从事③④类工作的人称为实务型职业人才。虽然他们均是基于法学知识结构的研习、实践、创新而开展自己的职业生涯，但理论型职业工作者往往更为注重法学知识的发现或创新；而实务型职业工作者更注重已有法学知识的推理与运用，因此他们的职业个性存在较大的不同。在这些人的工作内容中，③④类人群的工作成果可以说是交替影响，一环套一环地进行。很难想象，律师的产品输出完全不考虑法官的需要；当然也不难想象，在没有律师（或者说是好的律师）代为参加诉讼的案件中，法官的工作量将会增加到什么程度。正是实务工作者在处理案件中的交集，本书将集中论述③④类法律职业工作的特性及有效提升工作效率、实现更加理想效果的工作方法。

二、从律师、法官的原点出发：案件处理技法的向上

现在设想你是法科专业学生或者是正在自学法律专业的人，无论是本科生、硕士研究生、博士研究生，还是不满现状希望通过法律专业知识成就未来的人，人生的职业规划都是从事法律实务工作。在法律实务工种中，从业人数最多的职业首先是律师（包括公司及事业单位的法务），其次是法官与检察官。那么此时站在职业原点的你为了实现这样的职业理想，需要

对自己进行怎么样的武装呢？

　　上述法律实务工作者的共同特性在于，他们都是围绕纠纷解决而经营职业生涯的人。他们的工作体现了"法"这一单语所创设的源初意义。在人类社会的运行过程中，人与人之间发生了冲突，这种冲突的频率随着发展不断上升，以至于通过权威个人解决已经不能再满足群体发展的需要，要靠规则的创造与运用来解决这一问题时，源初意义上的"法"便创生了。法的创设与运用从诞生时起就与司法（裁判）活动紧密相连。尽管随着法规则、法理论乃至法文化的发展，法本身具有了多元化的内涵，但不容否认的是，这种源初意义上的法仍是人类对法元素最基本的需求、最切实的期待、最庞大的需要。实现这种法的基本功能需求的人便是律师与法检职业者，尤其是律师。以律师为志的法科专业学生或已经毕业成为律师者如何进行自我积淀以提升自身呢？那便是以顺应司法过程为前提在"质"与"效"上进行自我改善的探索。对于法检系统而言，为了应对案件数量的不断攀升，上述自我改善的探索同样能起到改善环境压力，达成更优绩效的效果。

三、本书的论题：法的技法与办公手段的契合

　　如果说一般的效率手册对于改善共通性的劳作质效都能起到不同程度的作用，那么本书的独特探索便是基于笔者对于司法过程所产生的思考。由于涉及对司法过程特殊性质的观察，笔者认为这种思考所带来的质效提升会有普通办公手册所不能观察到的方面。但本书不仅不拒绝这种一般性的办公效率提升方法，而且将结合法律实务工作的特殊性形成独特性的办公方法。

　　我们传统的法学学习过程非常重视所谓"学"的过程。也就是说，我们传统的法学教学方法，包括我们自学法学知识的过程均是"输入"的过程。比如，梁慧星老师在讲授民法学的学习方法时讲到，在民法知识的初学阶段，应该选用一些薄而精的教材，暗记教材中的基本概念和脉络体系，

以便在大脑中形成民法知识的基本脉络。① 这本身确实是良好的初学方法，在法学知识的原始积累阶段恐怕也是不二法门。问题在于，我们的法学教材、体系书、研究书甚至是案例书，都是循着法学概念体系所演绎发展出来的。我们沿着这套知识体系获得知识输入，最后的结果无论是本科，还是硕士、博士研究生毕业，在大概率从事了法律实务工作后，要让自己积淀的知识获得实际上的产出，甚至是高效、高质量地产出，往往需要因人而异、因地制宜的艰苦摸索，这种摸索阶段甚至是长时间的、耗费大量精力的。所以从这个角度上说，在法律研习道路上侧重点是一个方面，另一方面是上面的侧重点所导致的直接教导"产出"的文献数量严重不足。"输入型"教诲如汪洋大海，"输出型"教义如旱季溪流。

学习了同样的知识，我们中间有志于从事法学理论工作、教学工作的人毕业后就更为得心应手，能很快地把所学知识进行整合输出，发表论文、专著。为什么会产生这种现象呢？那是因为，传统的法学知识输入体系和我们从事法律实务工作所要进行的产品输出体系是完全不同的两个体系。如前所述，我们所学的知识是教导我们进行知识输入的，而教导我们如何输出的却凤毛麟角。留在大学担任法学教师工作的人为什么会更得心应手呢？因为他们虽然所学的也是同样的知识输入体系，但他们所作出的产品是教授他人的知识输入设备，从本质上讲和所学的知识并没有差异，所以他们能够快速地适应工作，高效地进行法律产品的输出。法律实务工作者所要产出的产品与法学教师大为不同，关于产品输入的那套理论和方法在工作后自然不敷使用，才导致产生付出高成本摸索并弥合这种差异的过程。这个艰辛的过程，就是耳熟能详的从法学院到法院（检察院、律师事务所）的转换，我们把这个转换的过程称为法律职业知识体系内部的转折点一点都不为过。

那么教导我们法律实务工作者如何生产产品的作品是不是并不存在呢？其实也不是这样。只不过同汗牛充栋的法学类理论文献、成文法的庞大法条量、每日都爆炸性增长的裁判案例相比，这样的文献总量实在是小巫见

① 参见梁慧星：《生活在民法中》，法律出版社 2007 年版，第 269 页以下。

大巫。除了总量积累上的稀薄以外，它还难以引起我们法律学人的重视。那么它究竟是哪一类文献呢？实际上本书开篇就谈到了职业法律人的工作特性，那就是和个案纠纷相关的活动。法官的工作是对个案的纠纷进行判断从而形成裁判文书这种司法产品，而律师、法务、法律工作者的职业产品则是为个案的判断形成有利于委托人方的知识辅助服务。那么教导职业法律人进行这种个案判断，进行个案法律产品输出的主要文献、直接文献便是法律解释学、法学方法论、涵摄法、要件事实论这样的作品。这并不是说法学的基础概念、历史沿革等作品对于我们养成法律思维，辅助我们的知识输出毫不重要，仅仅是说，论起对职业法律人工作指导的直接性，首推的便是这些文献。

　　既然它们对律师、法官这样的实务工作者来说这么有用，为什么说它们不容易引起我们的重视呢？我们首先从它们在法学知识中的位置上来找原因。法的解释方法论在一般的民法学总论教材中都有涉及，它们所处的位置如何呢？无论我们会遇到体系如何别出心裁，编排如何不按常理的文献，法的解释方法理论都会安排在全书的最后或者倒数一二的位置上。我们在学习知识的过程中有一个特点，对于开篇所学的知识总是记忆犹新，但越学到后面注意力便越分散。一本书的头几章，我们总是读得仔细，但到了后面，无论是不是一次读完，都会因时间的拖长、中断频次的增加、对前文知识的遗忘而降低吸收率。我们上课听讲也是如此，一个上午的讲座，前面的内容听起来非常带劲，理解力也能够跟上，但到了后半程注意力就会下降，吸收知识的效率也会打起折扣。一次讲课如此，一个学期的讲课也是如此，前面的讲课内容更容易为我们认真倾听，但对于中后段的授课，学生们有时就免不了各种"开小差"。我们把这种现象称为实践惰性。我们现在仍然回到法解释论的文献特征上来。因为他们在知识体系中排序靠后，在法科新生当中难博眼球，所以即使学到这一部分内容时，法科新生也已经有筋疲力尽的感觉，注意力的下降导致它们肯定不如民法总论本体部分的知识能被人接受。

　　其次，我们再从法解释论的内容上来找原因。从民法教科书的内容上看，虽然作者们研究领域内容的不同往往使得教科书着墨的重点不同，行文风格也有很大差异，但在法解释学问题上，很少能看到一些标新立异的论述。传统法解释方法无外乎文义解释、体系解释、历史解释、目的解释、扩张解释、限缩解释、当然解释等内容。这些知识说浅了，指导实践的作用有限。说深了，玄而又玄，实务工作者未必看得进去。即使能够看进去往往起到的也只是增进法学涵养的作用，很难对个案司法产品的生产有所帮助。比较新的法解释学文献开始引入涵摄法、要件事实论来进行法技术上的教导，应该说它们比传统的若不太"干"就太"虚"的法解释学著作已经更能博人眼球，也确实能够解决部分司法产品的生产方法问题。但这些文献的问题在于，一方面，它们更多地由通晓外语的学者引入，难免带有学院派知识产品的重概念、重体系、重逻辑的特点，对有志于法律实务工作的人来说，本土化程度不高的特点让他们望而却步。这不能怪学院派的学者，由于缺乏活生生的实践，所设想的问题都是在案件事实相对清楚的前提下提出。如何进行法的解释，如何输出司法产品，这是由著者的人生阅历决定的。而在我们现实的个案纠纷中，如果达到了案件事实能够相对确定的程度，那么一个案件的审理其实就已经走完了百分之九十的流程。另一方面，从法学理论（如实体法上的法解释方法、司法方法论上的请求权基础检索法、要件事实论）的角度来看，致力于解决纠纷的方法论文献虽然不在少数，但对于个案解决的方法描述往往过于抽象，不仅初学者难得要领，即便是在职业法律人老手之间也可在同一解释方法下形成截然相反的观点，展开激烈争辩。所以，某些抽象的读物固然具有涵养法哲学素养的功效，但基于一个指导方法可以让人产生多个不同的意见，而且各个意见无从证实、无从证伪，难免会让实务工作者觉得看了等于没看，学了等于白学。

其实，在广大法律实务工作者中，案例类读物远比法学方法论的著作更受欢迎，案例检索法远比法解释学下的文义解释、体系解释、历史解释、目的解释、扩张解释、限缩解释、当然解释方法更被广为采用。这种现象的成因是什么呢？案例类读物（包括中国裁判文书网上的裁判文书等）虽然旨在提供裁判规则，并不提供代理个案、审理个案的方法，但由于审理结果和类似案件直接相关，这种教授我们知识产出的案例集可以直接当作实务产品的操作指南来用。如同法学理论工作者对法学论文的天然亲近一样，法律实务工作者则天然亲近案例：二者在直接助推输出上的成效是类似的。这是教我们怎样运用法、解释法，试图进行个案指导的理论书籍所做不到的，而且案例基于具体事实，也就是人们常说的故事，它们生动易懂，固然更容易被我们消化、吸收和学习。

当然，本书并不是一本以法解释方法为主要目标的书，刚才我们所提到的现象只不过是为了说明，在既有的图书市场、网络资源空间中，能够直接帮助我们完成法学院到法院转型、帮助我们树立起如何运用法律，如何让我们所学的法律知识"动起来""活起来"的知识系统是相对不足的。教人如何代理具体案件、如何审理个案纠纷的知识就如同修起一座架桥，这座架桥的一岸连接的是我们过去所学的法学知识，另一岸则是法律产品。大学教授在很大程度上无须这样的架桥便能到达法律产品的"彼岸"，是因为"此岸"与"彼岸"具有高度的同质性。而法律实务工作者的工作目标却有很大的不同，"此岸"的应然性与"彼岸"的实然性存在着不小的鸿沟。如何修建这样一座桥其实对于从业人数最多的法律职业群体——法律实务工作者来说是一个非常有必要研究的课题。但遗憾的是，能够实现渡桥作用的知识产品目前不多。

这种局面的个中原因不难想象：一方面，大学教授具有非常高的执笔能力，能把自己的观点充分、系统、流畅地表达在著作中，但遗憾的是他们往往缺乏实践经历。即便作为代理律师参加诉讼活动，一来并非主业，二来他们高学历的教育背景更容易把精力放在对法学理论的挖掘上，对于个案事实到底需要怎样调查，法律文书产品怎样写更能传递有效信息反而有可能重视不足。在笔者多年的审判经历中，有一个有趣的现象令人印象深刻：有的知名的教授、博士生导师作为代理人参加诉讼，庭审的法庭辩论部分很容易成为法学理论大讲堂，辩论阶段远比事实调查阶段耗时要长。人们喜欢在自己熟悉的领域里深耕，越是知识储备量高的部分越容易着力，越是相对薄弱的地方越不易重视，往往用所长来遮掩短板。因为人不是木桶，作用不是单一的"装水"，没法简单用"木桶原理"来论短长。人们都倾向于发挥自己的优势，利用优势弥补不足。但这样一来产生的问题就在于，执笔能力最强的法学教授由于知识结构、职业经历难以发掘、整理出这样的素材，知识产品市场上便缺少了这类知识产出的主力军。那么另一方面，法律实务工作者呢？作为职业经历的亲身体验者，他们为何不在这片知识产品市场上拓荒呢？

首先，实务工作者的平均执笔能力在一定程度上要弱于专业从事研究、写作的大学教授。如果说写判决书、写代理词是必不可少的功课，在大量的文书写作过程中，实务工作者的写作能力有了较大提升，那一般也是职务行为使然，在主动思考、主动研究、主动写作上，法律实务工作者与法学教授还是存在差距的。

其次，法律专业、高学历、国家统一法律职业资格考试、公务员考试等多门槛的筛选为法检系统输入了大量优秀的人才。另外，检察职业、审判职业的技术性与探索性特征也要求从业人员不断温故、不断保持知识更新、不断进行个案探索。这种充满理性的工作过程也催生了大量的知识输出。这些知识输出大体上可分为两类，一类是传统的以解决具体个案裁判标准为目的的案例分析、解决类案尺度为目的的调研报告；另一类则是针对法检系统运行方面（司法的过程）所产生的思考。据笔者观察，律师团队不乏优秀的作品生产者。但由于其服务于当事人，追求诉讼成败的职业特性，作品多是围绕纠纷的具体法规适用，分析案件成败的原因、概率及诉讼方向，指导法律产品产出的能力虽然已经很强，但其局限性在于过于强调个案法律适用与成败，对于案件素材从着手到出手的全盘过程缺乏整体性的思考。于是我们看到，从最抽象的法哲学到实用性较强的部门法，从立法论到法解释论，从个案案例分析到法检运行机制都产生了数不胜数的作品，但唯独助产法律实务产品的作品却相对较少。

实际上，这样的作品是不是真的没有，需要我们从头去摸索呢？显然那也小看了我们职业法律人的技术积累与传播。这些真正具有直接性、技术性和相对通用性的生产技术往往是言传身教流传下来的。在人民法院、人民检察院聚集了能够公诉、能够判案的大量知识型人才。即便其间"牛人"林立，但一方面，优秀的匠人往往身在工坊，主观意愿、客观环境上可能都使得"老师傅们"宁可述而不著，在"车间"对徒弟们言传身教而不作笔耕；另一方面，缺乏反刍、整理、归纳时间的客观状况更加削弱了这类口耳相传作品的传播能力。

四、本书的目标：纯熟法律实务家的养成

本书是笔者对从事司法工作十余年所学、所感、所悟的总结。从法学院毕业进入法院工作以来，笔者从审判一线部门的法官助理开始接触案件，既有对个案审理的学与思，也有对案件流程性事务的方法总结。在一线审判部门工作过一段时间后，又被调派到研究室工作。与工厂管理的一般模式相类似，业务庭相当于工厂的生产部门（如车间），办公室、研究室相当于工厂的厂部，负责技术性管理和统筹发展。法院人常说的"下业务庭""上研究室"等称法就是这一情况的趣味体现。在研究室的 4 年工作经历也确实是对笔者写作极其有益的启发素材。在进入研究室工作前，笔者所想的主要是审判的技术，最多关注到审判流程上的技术，着眼点就是司法工作的独特性、判断权运行起来的特殊构造。而研究室工作的经历则告诉笔者，法院不仅承担着司法的职权，还是一个国家公职机关，有着一切国家机关所具有的科层属性。所以，无论是从事法检的公职工作，还是从事律师等法律服务工作，都需要注意法检系统仅仅是国家治理的一环，与其他实施社会治理的机关具有共通性这个大前提，这是非常容易被人忽略的一点。在研究室工作过后，笔者又被重新调到业务庭。由于民商法的专业背景，笔者曾在法院民一庭至民五庭等全部民商事审判庭从事过审判工作，所审理案件涉及民商事案件的绝大部分领域。对于民事审判与商事审判思维的不同也从跨部门的业务工作中获得了不少启发。这些对于本书骨骼的构成，血脉的填充都是宝贵的"输入过程"。

我们每天都在经历着输入与产出。我们读书、看论文、阅卷是在学，听别人授课是在学，听同事传授技巧也是在学。从广义的角度上看，只要我们在看与听，都是在学习，都是在进行知识输入。相应地，我们写论文是在输出，写法律文书是在输出，表达观点是在输出。从广义的角度上看，只要我们在写与说，都是在生产，都是在进行知识输出。但我们往往把读

作为主要的输入方法，把写作为主要的输出方法，这是经过法学院正规训练后难以逆转的思维惯性。学历越高，这种思维惯性可能就越明显。

在法学院学习阶段，我们除了接受基础的法学知识输入之外，也在同时生产产品。就像前文所说的，绝大部分人把在法学院学习期间撰写论文当成生产产品的主要甚至是唯一途径。而他们一旦步入法律实务工作的大殿，便会感到不适，这种不适感来源于不熟悉。为什么会产生这种不熟悉的不适感呢？都是运用所学的法律知识去产出作品，去解决问题，怎么会出现这种断裂呢？无论是本科生、硕士生还是博士生，我们即将从法学院毕业时都会撰写毕业论文，在撰写毕业论文时期的我们已经是该阶段知识保有量的最高水平。我们从事法律实务工作时，已经输入的知识总量和写毕业论文时并不存在差距，此时输入量相等。那么答案就揭晓了，这种不适感定是源于输出量的不等。也就是说，要么我们输出量太少而对输出产品尚不熟悉，要么就是我们输出产品的既往经验与马上要进行的产出作业性质差异太大，对于法律事务所需要的产出品我们欠缺生产经验。

如果想清楚了这个问题时你还是法学院的学生，那么恭喜你，你的弥合断裂时间将大幅缩短，从法学院毕业后逆袭成功转型的概率将大幅增加。在法学院学习的绝大部分有志于从事法律工作的学生可能都会选择从事法律实务工作，想从事法学研究工作的可能只是相对很少的一部分。而一旦在学生阶段树立了法律实务的工作目标，那么便应思索未来的工作图景，你需要具备哪些法律产品生产能力，在学期间可以大量地、有针对性地进行训练。笔者发现身边新进人员中的一个现象，在大学期间经常参加法律辩论比赛、社团活动的人适应工作的时间往往更短，特别是成为法官、检察官后审判技术、公诉技术往往会超过平均水准。这得益于他们对于法律产品生产方式的熟悉。就像我们前文所说的，学生时代的思维惯性告诉我们，学术论文是最重要的法律产品，那么在这种心理暗示的作用下，我们往往投入大量的精力用于学习、模仿、创造论文，并为自己最终创造的这种产品而感到高度满足。殊不知正是这种非针对性地投入，这种醉心于论文产出的满足感恰恰成为影响断裂带、转型期的重要因素。这自然不能怪广大在校学习的学生，因为论文出产是文科系学生结课、结业最重要的指标，由完成指标到习惯，由习惯到爱好也是人类思维的惯有模式。所以越是学历高的学生可能越容易忽略口头作品、忽视交往技巧这些看不见的、无法由既有系统去评价的法律产品。口头作品虽然不受完成学业的传统指标评价，但它却并非不能被评价。在个案纷争的处理中，也正是一些优秀的"口头作品"，往往具有书面作品所达不到的独特魅力与效果。

法院、检察院与律师事务所一样，是出产法律实务产品的地方，是解决个案纷争的场所，对案件进行处理是法检系统出产生产力的方式。无论我们在法学院培养了哪些兴趣与爱好，到了法检系统这样的实务部门工作，十之八九都难以同审判一线脱离，同具体的案件处理分离。对于律师行业这样的提供法律服务的职业来说，就更是如此。笔者见过部分同行长时间的为转型努力，甚至在长时间的转型后还有转型并不算成功，丢了老优势、新优势也未能建立起来的情况。所以，如果是在法学院阶段，你立志于法律实务工作，那么就要针对实务工作的主要产成品培养相关的能力，包括说话（也就是迅速整合并口头发表法律意见）的能力、与人沟通的交往能力、观察事物发现线索的能力以及写作的能力，而不是让写论文的能力一家独大，其他能力都未能破土而出，留待从业以后现播种、现浇水、现等开花结果。

如果你在学习期间，没能想清楚所要输入什么知识，未来要生产哪些产品，没能搞清楚这些投入产出的配比关系，现在已经来到了职业生涯阶段，想要获得一些经验与感悟，比自己从头摸索花费更少的时间，又或者是已经自己摸索过生产法律产品的方法，但觉得并不成功，那么本书正是提供这样一些心得和体会的产品。虽然笔者本人仍在学习、摸索，体会高质量、高效率地出产司法产品的方法，但笔者把已经整理出的阶段性心得记录下来，与各位同行分享，若能有助于从事法律实务工作同行提高生产力，也是本书企划的原点。

本书前文已经提到，本书的一个特色在于视角的变换。正是长年在法庭上的观察，笔者见到了许多为人称赞的律师工作方法，当然也曾遇到过不少亟待调整、提升的职业习惯。一方面，本书的对象自然包括人数较为壮大的法律实务工作者——律师群体。如何建立高质高效的体系性方法，让律师的职业活动不再简单地成为当事人的"传声筒",而是法官生产法律文书、调解个案的基石、龙骨乃至半成品原料,解决了上述问题才是律师走上"超越性"道路的前提。另一方面,对于同样从事国家司法职业的同行来说,本书则是基于同事的视角作出的一些探讨。若能够改善广大法官、检察官的工作状态,提升工作效率,让大家有更多的自由支配时间,同时减少承办案件的发改概率,也是本书出产之幸。

楔子：法律服务产品的半成品性

——无惧成为信息的中间商

在所有的法律工作者能力中，有一种能力极为重要，它超脱于具体的工种限制，那就是发现事物本性的能力。"事物本性的法理论"，这个理论塑造了合同的元素论、典型合同与非典型合同等一系列民法上具体的制度。笔者想指出的是，这一理论的重要性在于人的认知结构，所以它不仅不应限于合同法乃至民法上法的发现方法，也适用于我们观察一切事物的方法。

笔者犹记得在求学期间，厦门大学法学院民法学的博士生导师蒋月教授说过这样的话："我们写论文的时候首先要阅读相关主题的资料，对资料的占有、消化过程非常重要"。但是不是说占有的资料越多最后越能产出优秀的作品呢？蒋老师对此持否定的态度。因为资料的无穷性导致我们根本不可能读完某一领域的资料，即使是非常细小的领域，也难以掌握前人的全部研究成果。如果说不掌握全部资料就不动笔写作，那么恐怕就根本写不成论文。重要的是从已经掌握的前人成果中发现问题，有独到的观察视角。笔者对此深以为然。

这样的认识绝不应仅仅限制在论文写作过程中。在产出司法服务产品的过程中也应遵循同样的规律。比如，在案件处理的过程中，实务工作者都绕不开事实查明的问题。法官的职业角色决定了其一定要认定事实，但这不是说他一定能查明客观事实。出现纠纷以致成讼的事实在诉讼前就已经发生了，在诉讼阶段已经成为历史，当事人把它讲出来便成为故事（旧事）。而法官也好，律师也好，除了当事人之外的广大群众也罢，都没有亲身经历过那些故事。限于人类认知手段的有限性，某些事实再也没有办法还原它本来的面貌了。在此我们排除人为地、主观地有意曲解事实、片段地采纳事实，甚至可能由此导致渎职、犯罪行为的极端例子，单就人们追求客观真实的还原而言，也努力去考虑还原客观真实的正常样态。刑事诉讼过程有公安机关、检察机关大量细致的前期工作，尚且存在遗漏事实或错误推断事实的可能，在民事诉讼中凭双方当事人举证所形成的高度盖然性事实作为基础来适用法律，更难免出现和真正的客观事实发生冲突的情况。

人类认知手段的有限性、信息的有限性决定了这种情况将始终陪伴着我们的判断过程。只不过，司法判断的过程、提供司法服务的过程需要负法律责任，法律实务工作者的判断虽然往往比群众更需谨慎，但终归只是还原客观真实程度上的差别，并非本质上能不能还原客观真实的差别。

既然如此，我们就需要认识到，提供司法服务产品和论文产出的共性要素，那就是占有信息的非全面性。如果说法学论文创作是在有限占有信息的情况下对法律问题展开的求索，那么司法判断过程也是司法人员在占有有限信息的情况下对事实问题、法律问题作出的审慎判断。既然不能占有全部信息，既然和亲历事件的当事人之间的信息存在不对称，那么司法审判人员也好，提供法律咨询、代理服务的律师也罢，就是要在有限的信息空间内作出符合一般逻辑的判断，在此基础上完成法官的审判产品，完成检察官的公诉产品，完成律师的服务产品。无论是哪一个产品，都不是客观为真的产品，这些法律实务产品更像是论文一样，是信息材料的加工品，也是信息材料的中转站。即便是看起来最终端的、终极形态的法律实务产品——生效的判决书，也是在既有信息的基础上加工而成的，由于信息的变化而使得案件进入再审程序、抗诉程序都是可能的。所以法律实务工作者的共通点便是均属信息材料的"中间商"，所以在信息抓取、信息处理方面下功夫是提高法律人办公质效的关键所在。

法律实务工作者需要处理哪些信息呢？本书前文提到了法律解释学的方法，提到了涵摄法、要件事实论。但无论哪一种方法，其实都基于人类思维的基本模式。事物的性质分析、概念与类型思维正是我们利用有限的、固定的规范解决无限的、生动的具体个案的工具。

我们面对疑难案件时，首先要学会运用分型思维，把案件的性质按照大脑中法学知识的构图进行分区。第一步要解决案件的处理（运动）方向，也就是说要解决案件的定性问题。第二步则是要解决案件法律关系属性的个别化问题，也就是说要将法律要件进行分解，依照各要件所显露出来的事物的典型性来类比该当规范目的的法条，从而解决各法律关系的法适用问题。第一步更多地牵涉法律关系的性质问题，第二步则更多需要考虑法律要件分解的方法与界限问题。二者有一个共同的方法论，那就是传统的类型化思维。类比是分析过程中最重要的方法之一，它是法律家根据鲜活的生活经验，通过观察本质上的相似点来处理事物，在事物既相似又不同的时候避免不公正、偶然性、不可预见性和违法性，使其实现规范化、标准化的工具。尽管案件的解决有时需要多步分析与整合，但贯彻本文中心的这一方法论却是一以贯之的。为了弄清分型思维在案件分析中的必要性及方法，有必要利用认知心理学的知识为此提供相应的智力储备。

认知心理学主要研究人的认知过程及其手段，如知识的加工、存储、提取和记忆力的改变等。它将人的认知过程看成一个信息加工过程，这是包括对象信息输入、贮存、加工筛选、处理到提出的一套系统。这样，认知的过程被分为一系列阶段。那么类型在其中起到什么作用呢？

我们通常能够认识到"杯子"这种物品的特性，不管是什么形状的杯子，即便是在照片或绘画中也能分辨出"杯子"的特质，是因为我们头脑中有界定"杯子"的"盛放液体的容器"这样的属性，我们将这样的情报称之为定义性特征。人类对于类别的核心认知能力，即从这样的定义性特征中了解的。因此，类型研究的背景，便是从大量的正面事例和反面事例中抽象出定义性特征的过程。但是，仅有定义性特征有时并不能很好地界分事物的属性，因为分类判断往往并非是或否的全称判断，这就需要导入"家族相似性"的判断基准。也就是说，类型是由若干的特征构成，即使不具备定义性特征的全部特质，仍有可能归入该类。具有的相关特征越多，典型性就越高，反之则典型性越低。

人类在处理信息情报时必须有事先经过训练而保存在头脑中的知识框架（schema，又称为图式，用于表示我们对于外部世界的已经内化了的知识单元）作为情报加工中心，而类型正是图式的核心内容。图式通过相互关联形成知识的集合，我们称其为"概念地图"或"认知地图"。那么人类认知地图为什么以类型作为最基本的工具呢？从根本上来看，是为了减轻情报处理的负担。拿司法案件举例来说，人们习惯性地以刑事、民事、行政这样的类别来界定其性质，如果是民事案件，又会继续以人身法、财产法等子类型进行框定，最终确定案件的性质和应适用的法律。寻法的过程，不过是在各种大小框架下决定案件的类型和以此将法律关系类型配对给制定法规范的过程。这一过程既需要在鲜活的案例事实中抽象出法律关系的本质要素，又需要法官头脑中存在若干既定的图式前见。这些前见便是帮助我们辨认法律关系性质，对其不断试错摸索的性质决定工具。

通过人类认知的一般规律可知，上面的各种方法都离不开知识前见（我们所学的法学知识类型）、个案的具体事实（我们就个案抓获的临时性效用信息）、二者基于某种标准的匹配（法官是从中立角度力图兼评所有的具体事实，律师则是从有利于委托人的角度以己方利益最大化的方式来呈现给法院）。无论我们怎么抨击司法三段论式结构的粗糙性、理想化缺陷，都不能否认人类思维本性上这种大、小前提分别认知，再进行组合匹配在认识结构上的合理性。所以从本质上来看，法律实务工作者处理的信息无外乎两大类型：一类是以法律法规、指导性案例乃至法学理论组成的信息群（从概念到类型）；另一类是以个案具体事实组成的信息群。对于前者，在实务工作中保持更新与精进固然是十分重要的事情，但对于已然通过国家统一法律职业资格考试、站在法律实务工作者队伍中的人来说，应该说已经掌握了其中的基本信息、必要信息。此时，无须惧怕自己未能掌握的相关知识，正像本书前面提到的，撰写论文前都不可能做到通读前人在相关细微领域的研究成果，更何况要掌握的不仅仅是法律方面的知识，对于通识性知识的储备更是无人可以做到通晓各行的地步。对于这些知识的积累，不必像在法学院里那样，而是对法学基础知识能够做到面上的、按照逻辑结构展开的记忆，在案件处理的进程中能够做到点射式吸收即可。而对于后者，往往在新人脑海中一片空白，这则是本书所要首先论述的，也是能让我们快速掌握法律人办公诀窍的秘笈。无论是上面哪一种信息的输入与输出，没有一套像样的硬件设备和得心应手的软件系统是不可能的。下面我们就从这些方面入手，来探讨提升生产力的第一环节——器物及其使用。

上编　基础工具编

第 一 部 分

工欲善其事　必先利其器

——法律实务家的硬件选择

如果你是一位新晋律师，马上要接手民事案件了，你需要做哪些准备工作呢？要记住的是，作为一名信息的中间商，你所做的工作都要围绕信息的搜集、整合、提交，也就是信息输入与输出来进行。信息采集、信息处理、信息输出的各个环节都需要使用到专门的硬件设备。律师工作需要频繁出差，不仅需要取证、到全国各地法院开庭，如果业务能够涵盖规模较大的公司，还需要经常性往返异地。为了应对这样的局面，所设想的工具都要从法律服务的这种特性出发，遵循奥卡姆剃刀原理：如无必要、勿增实体，即简单有效地满足需求，尽可能减少携带工具的种类与数量。

第一章　信息输入设备篇

律师接手当事人委托，处理个案纠纷，代表其利益参加诉讼时，首先面临着听当事人讲述事实后，筛查其中具体事实、选择其中有效事实（符合法定要件事实的具体事实）的问题，这和法官在庭审事实调查环节所做的工作本质是一致的，只不过后者是浓缩版的事实筛选坏节。人类接触信息的方式无外乎看、听、读这些形式。而从信息对人类大脑的刺激方式来看，观看比聆听，聆听比阅读更能够有效地刺激大脑，形成更为有效的印象。

律师这种信息中间商的重要工作是说服法官，说服工作的方法同样也需要遵循人类认知的基本规律。如果在法庭上能够播放展现事件原貌的视频文件，那将会对法官心证的形成造成不可磨灭的印象。这样来看，收集、整理这些能够动起来、鲜活无比的信息就非常必要，而收集这些信息的工具也就更加必要。这就是我们常说的"工欲善其事，必先利其器"。

第一节　视频采集设备

如果是十余年前，笔者刚刚跨入法律实务行业工作时，真的需要对视频采集设备上做一些系统研究的工作，包括便携性、清晰度、续航能力、文件存储介质、导出及编辑的便利性等，这些都是需要考虑的要素。但得益于智能手机在近十年的迅猛发展，专业视频采集设备已经变得不再被需要。法律实务工作者不是电影制作者，不需要对摄录画质有那么高的要求，也用不到能够产出超高清画质作品的程度。目前的智能手机，都能够满足清晰地呈现摄录对象，完成录像要表达的内容的任务。问题主要集中在以下两个方面：

第一，由于诉讼进程的期间属性，视频的保管需要相当长的一段时间，即至少要待一审、二审及可能出现的再审程序完结后，再将视频原件从手机存储器中撤下来放入专用的硬盘或光盘中归档保存。因为在诉讼过程中，对方当事人有可能提出视频文件系伪造或拼剪做成，如需对视频文件做司法鉴定，那么在手机中保存视频文件的原件是最好的方法。这样的保存要求需要我们在选购手机时应注意两点因素：首先，手机的 ROM① 容量要足够大。律师要同时接受多个当事人的委托，进行不同的调查，可能需要同时取证并录制、储存多份视频，储存器的空间要尽可能地大。笔者建议以256G 的容量为起点进行选择。在这里需要注意的是，不要使用 TF 卡②作为扩充容量的工具。有的手机不存在自己扩充容量的功能，有的手机存在可以用 TF 卡扩容的机种。但 TF 卡的读写速度远远比不上采用优质颗粒的手机 ROM 的读写速度，这会导致手机运行非常缓慢。一定要避免这种看似廉价的组合选择，在选购手机硬件时做到"一步到位"。其次，手机的生命周期要尽可能地长。作为职业工具的手机必须能够保持数年的生命周期。试想在取证时录制了一段视频，在一审庭审时已经换了一部手机，到了二审或再审阶段又换一部，那么这些视频文件、取证拍摄的照片资料都要重新导入新的手机并出示给法庭，这是一件多么烦琐的工作。如果对多个案件取证后同时保存在手机里，就需要对多份证据导出并重新梳理，耗损的将是极为宝贵的时间成本。所以应该优先选择那些软硬件研发投入大的公司

---

① ROM（Read-Only Memory），一般指只读存储器。只读存储器以非破坏性读出方式工作，只能读出无法写入信息。以下不再标注。

② TF 卡（Trans-flash Card），是一种存储介质，宽 11 毫米，长 15 毫米，厚度为 1 毫米，通常用于移动电话及电脑的数据保存。发售时仅有 32M、64M、128M 容量，现在多为数 GB 到数 TB 容量。以下不再标注。

所制造出的产品。在选购工作用手机时，应该考虑的是它的耐久性，有没有针对它优化设计的系统，有没有庞大的团队在维护这台手机，它的使用周期能不能相对较长。一些公司出品的手机虽然硬件非常先进，但变"卡"的时间非常短，就是没有完成好系统整合的例证，这会给我们的工作带来非常大的麻烦，让我们时不时地把注意力放在"换手机"这样的琐事中。

第二，要考虑设备的衔接方便性。从平均使用寿命上看，有的手机具有很大的优势，但其有可能出现的问题是，它需要与同系统的设备一起并用才能获得易用性相乘的效果，如果搭配其他系统的设备使用，资料的导入、导出反而是一件相对麻烦的事情。在这方面，应该记住的规则是，不要让手机决定自己的全部装备，特别是主要生产力装备——笔记本电脑，而是要让其他输出设备主动和信息集中处理设备——笔记本电脑相适应。

第二节　音频采集设备

关于录音资料的合法性与有效性问题，最高人民法院在《关于未经对方当事人同意私自录制其谈话取得的资料不能作为证据使用的批复》（法复〔1995〕2号，以下简称《批复》）中规定："证据的取得必须合法，只有经过合法途径取得的证据才能作为定案的根据。未经对方当事人同意私自录制其谈话，系不合法行为，以这种手段取得的录音资料，不能作为证据使用。"但随着诉讼情况的变化，与偷录通话内容可能造成的对一方当事人隐私利益的侵害相比，该方当事人由于虚假陈述而在诉讼中获利的情况更应被法律规范所否定。《最高人民法院关于民事诉讼证据的若干规定》（2008年修订）中第六十八条规定："以侵害他人合法权益或者违反法律禁止性规定的方法取得的证据，不能作为认定案件事实的依据。"《最高人民法院关于修改〈关于民事诉讼证据的若干规定〉的决定》（2019年）中第一百零一条规定："删去第六十七条、第六十八条。"未将私自录制谈话内容明确规定为不合法行为，该种录音资料已能作为证据使用。在审判实践中，除非录音是在窃听这种违背公序良俗，侵害他人隐私的情况下录制的，或是在一方的威逼、诱骗之下所说，否则是可以据情采信的。因此，录音信息采集是律师职业生涯过程中需要经常使用的手法。

录音设备的着眼点和摄像设备多少还是不同的。虽然取证过程中会有极少数能够以视频的形式还原客观事实的情况，但绝大部分情况还是我们以访谈的方式对相关人员进行录像。参与录像的人员多是证人的角色，通过被访谈人员手持身份证的方式可以确定录像人员的身份，从而解决证人因车马劳顿或特殊情况无法亲自出庭作证的问题。在这种录像出现的大部分场合里，我们都已征得过被访谈人的同意，录像证据在本性上不过是证人证言的变体。但录音过程不同，这是一种侵入性比较小的信息采集设备，即便不是法律职业工作者，当事人在发生纠纷后也会采用录音的方法保存交涉证据。录音证据虽然需要其他的辅助手段才能锁定对谈者的身份，不如录像证据直接，但它侵入性小的特征使得它的采用往往不是"特意为之"的信息采集，通常更能反映纠纷双方交涉时的过程，这一素材对于法官心证的形成往往更为有效。

那么本着如无必要，勿增实体的原则，录音设备是否也应同样整合在手机里呢？笔者给出的答案倒是否定的，至少在目前阶段来说是如此。原因主要有以下几点：第一，在硬件设备上，也就是我们最需要的音频信息获取上，手机内置的往往是单一麦克风，可以满足贴近手机通话的需求，其录音功能是随着App①软件群的丰富而对手机麦克风善加利用的结果。但录音笔不一样，这种专注于声音获取的设备往往搭载了数个麦克风组成的麦克风阵列，获取声音信息的硬件能力呈几何级倍增，实际使用效果比手机要好上数十倍。如果是聆听讲座，使用录音笔记录演讲者的信息时，同等条件下坐在第一排和最后一排录制效果几乎是一样的，而手机录音却达不到这样的效果。第二，手机录音往往不带降噪功能，在嘈杂环境下录制的文件噪声特别大，足以影响对谈话内容的获取。如果因为噪音而使得录音的关键内容无法辨认，那么录音的初衷就无法达到，花费大量力气去取证的努力也就前功尽弃了。第三，手机的功能固然繁多，但最重要的是通话功能。只要保持在网状态，随时可能接听电话。而连通电话的过程可能

---

① App（Application），多指智能手机的第三方应用程序。以下不再标注。

就会中断录音进程。如果把手机放在书包中录制谈话内容，谈话完毕后发现有人打了一二十通电话，那么录音内容很可能出现断断续续的情况。第四，相比手机而言，录音笔更加小巧。由于录音笔这种产品的取证定位，现在的录音笔都制作得非常精巧，侵入性比手机还要小。有的就像一盒口香糖一样，非常有利于摆放。第五，现在的录音笔总体上已经转向智能录音类型。讲话者一边讲，录音笔就一边将讲话内容转换成文字。对话完毕，文字版立即形成，只需要再校对一遍错别字即可，这是多么方便的过程！在庭审活动中，笔者见过一些律师，提交录音资料的时候仅提交了一张光盘，没有转换成为文字版的材料，这让法官在庭审后阅卷评议时如何筛选其中的重要内容呢？所以录音证据在提交的时候务必要有文字版的整理内容，听录音是为了确定对谈人的身份、对谈的背景、谈话的语气，但就内容而言，仍然需要呈现一种让人们能够反复观阅的，可以在材料上勾画重点内容的文本信息。手机通过软件虽然也能实现这种语音转文字的智能功能，但实用性好的软件要收费，且囿于手机搜集语音情报的硬件局限性，软件的实现效果比起录音笔也是要打折扣的。第六，如果不想把摄像取证的功能交给手机从而加重手机的"负担"，那么可以考虑把这一任务分配给录音笔。许多录音笔在设计当初考虑到取证的需要，整合了录音、录像、书面记录、U 盘①存储等功能，可以用于不时之需。

从上面的分析可以看出，作为一名职业律师，你的必备工具栏中应该有录音笔这种硬件。这是用于调查取证等主动录音的场合。但是作为职业法律人，律师可能会面见形形色色的客户，某些信息的到来并非能受我们的主动控制。此外，为了保护好自己，也要有被动录音的工具。在和委托人交涉的过程中，出现不愉快的情况甚至发生纠纷时，被动录音也是保护自己权益的一种方法。被动录音的场合有两种：一种是临时面见会谈，此时我们尽量选择能够调取录音录像、在摄像头探测范围内的场景为之。关于面谈时的信息采集设备后文还会单独谈到。另一种就是电话会谈，无论是电话通话还是通过其他即时通信软件、会议软件，都涉及关键信息的留

---

① U 盘，USB 盘（Universal Serial Bus flash disk），是一种微型高容量移动存储产品。以下不再标注。

存问题。举个例子，庭审结束后，法官做当事人的调解工作，提出了切实可行的调解方案。而作为一名律师，你的预判也同样是调解后当事人所获利益会比判决结案更多，或当事人所受损失比判决结案更少，那么你也会积极促成调解。当事人给你作出特别授权，在调解过程中，调解方案敲定后你也会征求当事人的意见。由于情况紧急，当事人可能直接打电话告诉你他的委托指示。如果当事人在调解时同意该方案，调解完成后又反悔，并把擅自代签调解书的责任推给你，这时先前沟通的记录就是你是否需要承担责任的决定性证据。有的手机具有很大的优势，但其有可能出现的问题是，它需要与同系统的设备一起并用才能获得易用性相乘的效果，如果搭配其他系统的设备使用，资料的导入、导出反而是一件相对麻烦的事情。

在挑选录音设备的时候，一定要注重录音设备本职内容的实现，以此作为着眼点。如果录音效果不佳，其余的功能即便再完备、整合度再高也不应纳入你的选购范围。

第二章　信息处理及输出设备篇

当代社会中，信息处理及输出的终端设备品种层出不穷。过去以电脑为主要甚至唯一信息处理工具的时代已经一去不复返。笔记本电脑、台式电脑、平板电脑、智能手机都能起到信息处理及输出的功能。但在这些设备之中，如果选出其中之一当作主力生产工具，那么无疑，笔记本电脑仍是目前阶段的无上选择：台式电脑无法携带，也无法进入法庭；平板电脑阅览文件非常方便，但缺乏录入工具以及与其他设备相连的接口，即便有外接键盘等输入设备，也难以处理图文兼备的大型文稿，难担主力生产工具的重任；智能手机便携性非常出色，但除了具有平板电脑所具有的缺点之外，其屏幕偏小，长时间读屏作业将是不可想象的。所以接下来，本书要讨论如何选定符合法律实务工作者职业特征的主力生产工具。

第一节　笔记本电脑的选购

一、笔记本电脑的特质

笔记本电脑（以下简称笔电）是现代法律实务工作者的第一生产力。由于笔电的普及，在成为一名职业律师或法检工作者之前，人们十之八九已经有了属于自己的笔电。但是笔者仍建议，从职业生涯阶段的原点开始，选择一台适合职业办公特点的笔电。用一台新的笔电，不仅可以让使用者有全新的使用体验，内心激发起对新职业生涯的新奇感，而且就资料保存而言，要将工作中处理的信息全部收入这台新的笔电，并且不要像以前一样，把生活照片、家庭视频、影视视频和游戏都放入这台笔电。要给自己这样一个暗示，当你打开这台笔电的时候，就是一个全身心投入的法律实务工作者，它为你带来的就是生产力，而不再是学生时代那些汇集了论文、电子版图书、网上图书馆和各种游戏、各类电影、各类唱歌软件等混搭的综合性硬件平台。

前文已经谈到，对事物本性的研究是做某一件事的前提，笔电作为未来最重要的设备之一，你要考虑到其用途、使用环境，列出契合法律产品生产的条件清单，以此为目标选择心仪的笔电。那么笔电要聚焦哪些环节呢？

第一，聚焦法庭庭审。如果选择做一名律师，那么九成要在庭审活动中集中展现全部法律产品，并以此作为求得案件胜诉的筹码。笔电是庭审中输出重要数据的工具。虽然案件的主要事实一般靠口头方式表达，但如果代理的是一起建筑工程施工合同纠纷案件，就施工的明细项目、工程造价不可能做到逐一背出。如果发表意见时总是陈述合同约定内容，陈述工程的大体项目，一来让法庭觉得律师不专业，二来法庭不可能对施工明细项目完全不予审核便作出裁判。庭审上律师依据相关数据作出精密而有信服力的陈述会有力地影响法官心证，而且律师的庭审发言会被记入庭审笔录，便于合议庭事后评议。不要总指望着把数据部分留给庭审结束后的代理词。不只是建筑工程施工合同纠纷这种大标的的案件，即便是劳动争议纠纷中诉讼标的看起来微小的案件，劳动者加班时间的统计、加班工资的计算也应提前制成相关文档，既便于庭审时针对法庭发问进行电子检索，也便于向法庭陈述准确的数字。笔电除了能够随时检索经统计形成的文档信息之外，也需能够接入互联网查询某些庭审中需要调取的信息。比如，在商事案件中当事人公司的登记变更情况。又如，在借贷纠纷案件中法院要审核的一些关联性案件以确定放贷行为是否具有营利性因素等。这些信息在庭前自然需要用心准备，但具体事实在庭审中的进展往往会超出律师的预料，甚至也超出法官预想的审理方向，当需要核实某一具体事实而事先未作准备时，能够在庭审上核实清楚并回复法庭自然是上佳之选。

　　第二，聚焦出差生活。用笔者最为熟悉的民商事案件来举例。我们都知道民法的调整对象包括人身关系与财产关系，商法则调整财产关系中流动性更强、营利性更强的法律关系。如果以人身关系类案件为重，那么出差的情况相对少一些。对于更多从事财产纠纷委托事务的律师，特别是经常处理公司类案件、证券类案件、破产类案件、建筑工程施工类案件的律师来说，出差不仅仅是家常便饭，甚至可以说是主要工作形态。这时候，移动办公就成为常态。我们不能指望这样的律师在办公前走到固定的办公桌上，打开固定的材料，进入固定的角色，像学者们一样连进行学术冥想也尽量保持一样的工作环境，以便全身心地投入，从客观上来讲这是不现实的。但尽管客观条件不允许，在主要生产工具上，仍然要保持一致性：无论是在家、在律所还是在酒店、在餐厅、在路途上、在客户处，只要工作，用的就是同一台笔电。打开这台笔电，无论背景环境是什么景色、什么温度，这台笔电就是唯一不变的生产工具。所以笔电要针对长期出差、能够在各种场合展示成果而挑选。

图为旅店工作环境照片。很多人在选择笔电的时候，喜欢屏幕大的笔电。就法律工作者出差过程中的办公条件而言，绝大部分出稿环境就是旅店标配的"小圆桌"。如果你配了一台 15 寸乃至 17 寸的大屏笔电，即便你的体力能背着它走遍大江南北，此时你的团队成员恐怕也就无地办公了。

第三，聚焦长期陪伴。笔电市场更新换代非常之快，如果是数码产品爱好者，会恨不得一年一更新笔电。即便是普通人，使用一款笔电三四年恐怕也算时间长的了。但笔者认为，法律实务工作者的业务知识积累、资料的保管、使用的惯性、法律产品产出的特色都决定了所用笔电不可轻易更换。阅读习惯（如屏幕的大小与比例），写作习惯（键盘的手感及位置）、资料连续性（法律文书有许多模板性的产品）都离不开这台设备。更换一台生产力设备要花费时间去熟悉，包括资料的导入导出、系统及软件的升级、一切新硬件触感的再形成，这些都会影响你的办公效率。所以笔电的寿命要尽可能地长。

如果说笔电的挑选首先要符合法律职业生涯的上面三个特性，我们就会自行拉出一条笔电配置需求的清单。就像做法律服务需要针对案件进行极致思考才能从同行中脱颖而出一样，选择一款生产力工具也需要针对自己的职业特性作出极致优化。

市场上的笔电定位存在边缘模糊或交互渗透的现象。比如，轻薄本和商务本，有时区别便不那么明显。事实上，也有分类表明商务本属于轻薄本的一个分类，在轻薄本项下有超薄本、商务本、性能本等子项。笔电本身的配置很重要。哪些配置是刚需？哪些配置是选需？哪些配置是无需？如果思考未来的工作模式，会得出法律人选购笔电时非常不同一般的注意点。

二、笔记本电脑选购的无效要素

笔电作为膝上型电脑（laptop computer），本质上仍是电脑。所以多数人选择它会按照电脑本身的标准去采购。例如，CPU① 型号、内存大小、显卡型号、硬盘类型及大小等，为了游戏需要，现在推出的笔电在屏幕上也做足了功夫，成为一个重要卖点。但是，人们常常乐于考虑笔电的"电脑"属性，却往往忽略了前面的"膝上"二字，这就在无形中把笔电的开发目的忽视掉了。从大类上看，笔记本与台式电脑是电脑产品的两大类型。如果仅仅追求性能，那么恐怕数万、数十万元的笔电也远远不如同价位的台式电脑性能强劲。结合法律实务工作的未来规划看，上面那些人们选购笔电通常考虑的要素实际都不那么重要。下面从法律服务产品的职业特点来看看传统上挑选笔电的那些指标：

第一，处理器。

对于全职的法律职业工作者来说，笔电需要处理什么资料呢？在信息输入环节大多是通过互联网搜索法律法规、检索类似案例、查阅相关论文这样的用途，而在产品输出环节绝大多数是用文字处理软件写文档、用电子表格软件计算数据、用电子邮件软件收发邮件、编排日程。这些软件为办公软件，这些产品的输出便是办公产品的出产，因为它的内容是针对案件而产生的特别办公产品——法律文书，所以同时也是法律产品。上述工作不要说是现代主流电脑设备的 CPU，即使再倒退个十年，当时笔电的 CPU 也足以胜任。如果说真有使笔电 CPU 负荷较高的环节，主要也是体现在取证后对视听资料证据的处理（压缩）上。如果我们进行音视频剪辑，

---

① CPU（Central Processing Unit），一般指中央处理器。以下不再标注。

那么视听资料便存在"篡改"的解释空间，通常状况下我们会将其原汁原味地保存，在其体积过大的时候需要用相应的软件压缩而已。另外，随着生产、生活模式的改变，远程会议软件成了重要办公工具之一，录制并压缩会议视频，保存相关视频资料也是笔电的一个重要职能。但从总体上看，主流笔电早就足够胜任，所以 CPU 几乎就不应是考虑的因素。

第二，内存。

从笔者的办公经验来看，如果不是同时打开多个程序，对多任务处理有较高的要求，8G 的内存已经足够。甚至在办公软件使用为主的情况下，4G 的内存容量都是可以的。因此，在主流笔记本电脑的内存容量已经由 8G 向 16G、32G 过渡的情况下，内存的容量可以不必考虑。另外一点是内存的型号，不同型号的内存调取数据的速度也大不相同，但鉴于我们办公出产法律文书的特点，也无须对此多虑。

第三，显卡。

很多人把笔电当成一个综合性工具，既能学习办公，又能玩游戏。这往往是学生对笔电的定位。本书不是要你从事法律职业后戒掉你的电脑游戏瘾，而是告诉你工具要专司其职。电脑游戏需要的硬件功能和法律职业办公所需的硬件功能正是两个极端，无法在一台设备中兼顾。如果在笔电上玩游戏，做视频剪辑，一定需要好的显卡。好的显卡必然导致高耗电、大量散热，从而加重笔记本的重量、减少它的续航时间，而后者对法律实务工作者来说才是绝对必要考虑的。所以笔者认为，本着奥卡姆剃刀原理，在笔记本中一定不要加入单独的显卡。

第四，硬盘。

现代的笔电几乎已经难觅机械硬盘的踪影，固态硬盘的全面采用既省电又轻盈，所以固态硬盘介质的选择是绝对必要的。至于其他方面无外乎是接口协议不同导致速度不同以及硬盘的容量大小问题。关于前者，鉴于生产产品的方式、类型，不同接口协议的硬盘的传输速度有很大不同，但实际感知上并没有那么大的差距，所以不用作为硬性考量因素。关于后者，由于产出文档的基本定位，256G 的容量已经够用，所以从容量来说也无须作特别考虑。如果着眼于同时调取多个案件的视听资料并在笔电中将它们保存到审理流程结束，那么 512G 的容量也已足够。至于视听资料的长期保管，那就需要采用单独的存储设备了。

三、笔记本电脑选购的有效要素

这样看下来，上面那些传统挑选笔电的要素都不是法律人选择的有效要素。那么笔者设定的必要条件是什么呢？

第一，重量轻。这是绝对必要的条件。因为它会陪你到五湖四海、大江南北。如果你每天背着一堆"砖头"去法院开庭，拿着它们上高铁、坐飞机，那就不要提办公心情了。轻这一点是绝对必要的，笔电含电池重量不应超过 1.2kg，最好能控制在 1kg 以下。很多人想当然地认为"轻薄"是一体的，超薄的笔记本一定轻，这是不一定的。薄厚涉及审美，而重量才攸关生产力。所以选笔电主要看重量而不是薄厚。

第二，长续航。为什么说要把笔电的续航能力排在第二位呢？律师无论是否能够接到跨国、跨省的案件，有一点是共通的：都需要到法院去开庭（非诉业务律师除外）。即便主要业务就在驻地，一天跑上两个法院去开庭也是正常的。法庭很少会设置供笔电充电用的接线板，而律师也无法在路上随时为笔电充电，所以 10 个小时左右的正常续航时间是必备的。即便坐高铁、坐飞机出差时移动办公，10 个小时也足以满足一天的有效办公时间了。如果出差占到业务工作的大部分时间，那可能需要一个能配大电池的笔电，续航在 20 个小时以上的，这样一两天的短途出差往往可以不带电源。长续航的这个要求不仅在律师行业，对法检工作者、法学教授来说也非常重要。法律职业是一门技术性非常强的文科系职业，像医院的医生一样需要做各种交流和学习，如参加培训、学术研讨，笔电的长续航能力将解决其后顾之忧。笔者经常发现一些从事教学工作的朋友，参加会议时一到现场先找接线板，生怕待机能撑一两个小时的笔电断电会影响参会效果。现代的商务本中，续航能做到将近 20 个小时的机种选择余地并不小。值得一提的是，就像本书前文所说的，笔电作为最重要的生产工具，要尽力拉长它的生命周期。但笔电的电池是易耗品，一般频繁使用两年左右就需要更换，所以尽量选择可拆卸电池的笔电，否则更换一次电池相当于维修一次笔电。正是从这个意义上说，过于"薄"的笔记本往往只能一体化设计，电池无法拆卸是其缺点。

第三，好主板。这是拉长笔记本生命周期的关键因素。在笔者的印象中，只有台式电脑需要自己"攒机"的时候才可能关注到主板，笔电从来没有人关注这个指标。在一些购物平台上，我们能看到各式产品，有的产品 CPU、内存、显卡、硬盘指标都非常强劲，价格却非常低廉。但是这些指标强劲的硬件攒到一起，用了一两年就非常卡，笔电便寿终正寝。这是什么原因呢？主要是因为制造者不具有整合这些硬件的能力，在看得见的指标上下功夫，在主板这样看不见、人们往往也不关注的指标上选择性忽略。能不能使各个硬件协作配合顺畅，能不能及时排热，主板使用久了是否变形都将影响使用效率。就好比让赛车在水里跑一样，哪里还能发挥赛车的性能？如果不能为新处理器造一所合适的"房子"，"裸奔"的大脑很快就会因过热而萎缩。所以商务本中万元以上者不在少数，他们和五六千的笔电相比不见得性能占优，却存在着软实力上的天差地别。所以看似"性价比"高的笔电，由于不具有整合硬件的主板设计能力，往往存在让主要配件提前"下岗"的隐忧。

第四，带安全芯片。这是许多人都不注意、甚至完全不知道的问题。法律职业所处理的个案往往涉及当事人的个人信息以及公司的信息，其中很多信息是当事人不希望被公开的。所以我们取证获得的照片、视频，撰写的法律文书如果存在这种情况，应该采用硬件加密的方式进行处理。如果是出差中移动办公，或在咖啡馆等地方约见当地的当事人，在公共场所笔电不慎被盗，那些无法用金钱来衡量的各个当事人的信息就很可能遭人利用而流出。所以不要采取软件加密这种破解难度较低的方式，要选购带 TPM 芯片①的笔电，将重要资料存入 TPM 芯片所保护的个人安全磁盘中。这样即便笔电丢失，有人将笔电上的硬盘卸下来接在其他电脑上，也无法破解或读取原数据。这里需要附带一提的是，出于安全性考虑，笔电的外

---

① TPM 芯片，指符合 Trusted Platform Module 标准的安全芯片。以下不再标注。

设中应有一片防偷窥屏幕贴，对于出差人士来说非常实用。

第五，带光驱。在提交视听资料类证据的时候，它的载体在目前只能是光盘。一方面，U盘、移动硬盘无法封装归档，而法院的档案室中有专门包装、存放光盘介质的小盒子，所以在现代证据形式中，光盘是最重要的载体。另一方面，U盘、移动硬盘携带病毒时可增加资料泄密的风险。法院在处理相关证据资料的过程中也会注意到对审判秘密的保护，所以短期内以U盘、移动硬盘作为介质保存证据并不现实。另外，不只是法院，对于一些研究所等涉密机构来说，光盘也是相对最为安全的信息互递方式。因此，律师需要能够制作光盘的工具。虽然内置光驱的笔电选择余地非常小，但是，内置光驱的方便程度绝非外接的USB①光驱可比。比如，律师到异地出差取证，录制了音视频资料，还要在异地开庭，那就无法将资料保存至回事务所时用所里的外接光驱来刻录。唯一的选择就是带着笔电的同时，再带一台USB光驱。一台USB光驱的重量可能也没有多少，但是如果在出差时随身带着录音笔，带着其他外设，重量也就一点一点增加了。更重要的问题还在于，这些零碎设备的增多增加了整理时间，甚至在事态紧急的情况下，会让你由于注意力高度集中而将其中一部分物品遗漏在现场。所以整合性高的笔电能省去更多的麻烦。

第六，带LTE模块（可插电话卡、上网卡上网）。试想你正在进行常态化的移动办公，或利用约谈当事人前的时间在咖啡馆办公，如果没有公用网络，撰写法律文书时引用法条要如何搜索？查询涉案当事人信息要如何检索？即便有公用网络，律师的职业特性需要确保数据安全，恐怕更好的选择还是打开自己的手机热点，用手机来带笔电的网络。但这样做短期救急可以，长时间作为办公模式并不妥当。一是开手机热点会使手机发热，电池耗损相对严重，也会导致缩短待机时间，我们可能接不到一些重要电话。特别是现代智能手机的电池往往都是不可拆卸的，这样一来又需要多带一个充电设备来保证手机续航，无形中又增加了一个赘余的"实体"。二是笔者在开庭时经常看到当事人或律师庭审中当即设置热点，当即连接互

---

① USB（Universal Serial Bus，通用串行总线），是一种输入输出接口的技术规范。以下不再标注。

联网以供笔电登录邮箱的情形。由于操作手续多，往往一次连接还不成功，反而加剧了己方的紧张心理，越是忙乱越是连不上。如果笔电内置 LTE 模块并且插入一张随时随地都能够联网的上网卡，笔电一打开就处于联网状态，那么信息收集、处理以及展示文稿会相对轻松很多。

第七，其他选择因素。律师在代理案件过程中，需要书写大量的法律文书。可以想见的是，在代理原告方的情况下，至少要写起诉状、代理词（辩论意见）两个材料。如果案件事实复杂，很可能还要向法庭梳理案件事实。如果庭审争议焦点过多乃至需要多次庭审，还需要针对每次庭审出现的焦点问题书写有针对性的回复材料，所以每年大概都需要有数十万字甚至上百万字的产品产出。在此情况下，笔电的键盘也是增进产出效率的因素。现在的笔电键盘一般均由激光刻印字帽，很少会出现长期使用褪色掉字的情况，但键位间距、键盘敲击手感等因素就成为键盘是否顺手、打字是否高效的关键因素。键盘手感因人而异，所以需要我们到实体店去实地感受哪款键盘更适合自己。一般而言，商务本或轻薄本很少采用机械键盘，电容式键盘的类型也有限，在实地感受的基础上再通过网络介绍可以深入了解键盘的手感。尽量不要选择巧克力式键盘等键程过短的笔电，它们不利于文字的长期、大量录入。

关于笔电的触摸板，很多人认为触摸板越大越好，触摸板能够有压力感应，实现多指操作。但笔者认为，这种功能只对那些出产产品中打字工作量不大的用户来说更为实用。如果是长期打字，大量撰写法律文书，写论文、讲课稿的话，触摸板面积大简直是一种噩梦。因为在打字的过程中，触摸板过大的缺陷便是总容易出现误触现象。特别是将笔电放于膝上打字时，双手要放置在键盘区上方盲打，如果触摸板面积过大，手掌侧面的部位就容易蹭到触摸板，触发移动鼠标指针的指令，已经键入的字符都需要重打。在以前笔者使用大面积触摸板的时候，要么用特别软件实现敲击键盘后 1 秒内触摸板接触无效的效果；要么干脆外接鼠标，禁用触摸板，或者外接键盘用来打字，以避免误触触摸板。但这些总归都是另辟蹊径的办法，有些还只能处在特定的办公环境下才方便连接外设，所以都说不上是完美的解决方案。如果触摸板做得足够小，能够"让出"手掌侧面的"剐蹭"

空间，那是目前阶段完美的解决之道。

　　关于屏幕，本书想作出的提示是无须考虑色域、刷新率、屏占比等指标。因为主要是处理文字、表格信息等法律文书，无须考虑大型游戏或超高清电影所应考虑的因素。所要考虑的因素一个是屏幕是否刺眼，长时间读屏是否会引起眼部不适。笔者曾实地对比过许多笔电的屏幕，由于现代笔电大多都采用了 LED① 背光，所以亮度比起 CCFL② 背光来说提高了不少，在拓宽了色域的同时也使得白色光下更加刺眼，OLED③ 屏幕的笔电颜色固然鲜艳，但相比之下就更加难以胜任长久读屏的需求。笔电的背光质量虽然对于保护眼睛，提升工作舒适度有不小的影响，但它通常不会列在笔记本的指标中，也往往需要我们去亲身体会。另一个因素是长宽比。传统笔电的长宽比是 4∶3，这种比例有利于文本阅读，所以商务笔记本将长宽比置换为主流的 16∶9，其实违反了文本读写的需求规律。但无论是电视机还是电脑屏幕，16∶9 系统已经成为时代的主流，那种古典的纵长笔电时代可能再也回不去了。在笔电新机中选择的话，笔者仍建议在有限的选择空间内选择纵长相对较长的商务笔电，16∶10、3∶2 这些长宽比的电脑都是优选的对象。④

　　关于二合一电脑。越来越多的商务机采用了平板、键盘二合一的电脑。二合一的电脑具有平板电脑的优势，可以将其当成优秀的信息读取设备来使用。如果用到模拟记录功能，虽然 Windows 系的平板电脑软件不在少数，但在本书成形阶段，其书写体验与 ipad 尚有一定的距离，手写功能有些鸡肋。而 ipad 书写体验虽然不错，但 ipad 加键盘尚不能作为传统意义上的笔电来使用。若干重要软件仍需以笔电版（Windows 版或 Mac 版）作为处理软件。

----

① 　LED，（Light-Emitting Diode），指发光二极管。
② 　CCFL，（Cold Cathode Fluorescent Lamp），指冷阴极荧光灯管。
③ 　OLED，（Organic Light-Emitting Diode），指有机发光二极管。
④ 　同尺寸电脑屏幕的不同宽高比会带来视觉效果差，16∶9 作为人眼观看的黄金比例，很大程度上利用了人类双眼广阔的视角，所以观看多媒体影片时相对最为饱满，是现在的标准宽屏；但4∶3 屏幕显著拉长了屏幕的纵深，当大量阅览文稿，检索阅读网络文献时，纵深越长的屏幕越能有效减少屏幕滚动或翻页的频次，所以针对办公用途而言，纵深较长的电脑屏幕比起标准宽屏来说更具有合乎使用目的性。

最后是关于笔电的操作系统。如果是在 10 年前，笔者刚进入法律行业时，笔者并不推荐使用 Mac 作为主力办公工具。古典的 Mac 产品，特别是 Power PC 处理器时代的产品，在软件工具上和我们要进行的产品生产工作格格不入。真正把 Mac 带入现代世界，使 Mac 也能成为主力办公工具的是 Yosemite 以降的操作系统。随着 Mac 每年出货量的增长，多数主流软件都有了 Mac 版本，并且功能也直追 Windows 版本。Apple 公司出品的笔记本颜值高、续航长，是一个不错的选择。如果选用 Windows 系的笔电，电脑的选择范围将更加广泛，所形成的办公产品也更能做到与法院系统无缝对接，兼容性也更能得到保证。

经过以上要素的甄选，你想一想，有这么多优势构成的笔电武装着你，你未来可以用它创造出远远超出其价格的价值，那么每当你打开这台笔电的时候，你的满足感会油然而生，由于满足感而分泌的多巴胺会进一步提升你的工作效率。那么你的这台主力生产力设备就算选对了、选值了。

本书花费了大量的篇幅来论述主力生产工具的选择，是因为律师行业也好，法检职业也罢，法学教授也同样，笔电都是非常重要的生产力工具。除法检工作者出于职业保密的要求需要由办公室的台式电脑完成主力创作外，其他法律实务工作者排名第一的硬件法宝就是它。法律实务工作者如何"减负"，如何使自己的劳动过程更富有人性化的方法、更具有舒适的环境、更具有非紧张的人际关系，应成为职业法律人选择"美器"的出发点。

律师、法学教授是法律职业工作者中很早就实现弹性办公、在宅办公的职业，律师由于经常出差无法每日到律所打卡。据笔者所知，有的律师即便出差工作不那么频繁，也极少每天到办公室办公。法学教授更不待言，跟其他学科的教授一样没有每天在办公室办公的硬性要求。

如果我们认可这种弹性制的工作思路，那么就要找到弹性制工作中的非弹性要素，它可以帮助我们在任何环境下快速进入职业角色。对于法律实务工作者来说，它就是笔记本电脑。打开就能用，合上随时走。在火车上、飞机上、地铁上、中转站、咖啡馆、饭店、等车的路边椅子上，一款合适的工具能随时利用你的零散时间。日积月累，我们的生产效率将超过同行的平均水准。过去是纸笔，现在是笔电，它们就是我们奇思妙想或缤密推衍的空间。

当然，笔电的选择是一回事，日常的硬件维护也是十分必要的，硬件的维护绝非"一役之功"。要在使用中维护，及时发现问题，及时修整。虽说现在多数的笔电质量都过关，但如果经常出现一些小问题，很可能会造成关键时刻掉链子。在本书初稿即将完成的时候，笔者组织庭审询问时，一方当事人的律师拿着自己携带的笔电播放刻录的光盘。但每播放半分钟，电脑就会陷入黑屏的休眠状态，如此反复数次后，电脑陷入死机。虽然笔者并未从视频资料中获得决定案件胜负的关键性信息，但律师却认为在视频的结尾处存在关键性信息，而这种信息却无法当庭展示给法官。这确实反映出一款工具要想用得顺手，得勤于维护，及时修整，这样才能在珍贵的庭审进程中不留遗憾地传递己方的信息。

第二节　其他辅助性生产工具

一、平板电脑

平板电脑的特性决定了阅读论文、书写笔记是它的强项。不必求全责备，让平板电脑配上键盘、鼠标，让它变身成笔记本当主力设备。主力生产工具就交由商品化程度高的笔电便可以了，针对平板电脑的特点，由它负责做知识输入设备是非常合适的。

二、台式电脑

许多人认为，出门在外办公靠笔电，在办公室或家里选用性能强劲的台式电脑会更加提升工作效率。但如前文所述，法律服务产品的生产本身并不需要特别强劲的性能，如果更换办公设备反而容易造成资料存取、拷贝上的麻烦。所以笔者认为无须添置台式电脑。如果执着于在家或办公室能够用上更大、视野更宽的屏幕，或是需要分屏幕以便制作演示讲稿，可以选择一款护眼的显示器，将笔电的内容输出至外接显示器上。至于鼠标这样的外接设备，在办公室或在家办公时使用起来往往更符合人体工程的习惯，可以在家与办公室均配一个。对于键盘来说，每天都使用笔电打字的情况下，应该对于笔电的键盘早已熟识，如果切换键盘，键程、键距、键位都会发生微妙的变化，也会对文字录入工作造成微妙的影响，所以是可以不必单配的。但如果自己觉得所有的笔电键盘手感都不够好，而独立的键盘中有特别适合手感的类型，可以在固定的办公场所配上一套，在大量录入文字作业时到该办公场所作业。某些律师集中代理民事案件中的金融借款类案件、民间借贷类案件或劳动争议类案件，这些案件在事实查明阶段都会进行大量的统计与计算，这时就需要使用电子表格软件制表或手工计算。如果是手工计算，离不开计算器或电脑的数字键盘。前文我们已经说过，为了追求笔电的轻便，所选择的笔电往往不带小键盘区，而如果大量使用数字键进行计算，不妨买一个小键盘兼计算器的外接设备，方便计算使用。①

三、打印机及附属设备

如果说笔电、平板电脑是一个信息处理兼输出设备（如直接向客户展示笔电或平板的屏幕），那么我们往往还需要一定的输出设备，将我们的成果以有形的方式呈现出来，其中最重要的是打印设备。向法院提交的各种材料九成是以书面文本的形式提供的，除了个别情况之外，通常都需要打印后签名提交，既方便合议庭阅读，同时也便于归档。现代的激光打印机价格已经降到了大众可以接受的程度，喷墨打印机和针式打印机已经退出了历史舞台。是否需要用到彩色激光打印机可视情况而定。如果是律师，建议选购彩色打印机；如果是法检工作者或法学教师，黑白打印机往往就能满足绝大多数用途。现代打印机往往是整合了打印、复印和扫描功能的一体机，彩色激光复印机可以高度还原证据材料的本来面目，也可以在写

---

① 有的数字小键盘既能独立做计算器使用，也能外接电脑做数字区的小键盘使用，对于长期与数字打交道的律师来说很有用。

代理词时用不同颜色区分不同信息，如阐明观点附以佐证材料时，以不同颜色区分会一目了然。当然，如果是黑白打印机，可以做出阴影以突出重点，但从视觉效果上往往彩色的更好，特别是区分不同类型的时候，彩色区分比灰度区分更能引人注目。如果说打印机需要附加的功能，笔者认为网络或远程打印的功能是最为需要的。新型的打印机往往自带联网的功能。如果已经购买了老式的激光打印机，暂时又不想更新换代的话，可以选购"打印盒子"这类产品。只要把打印机连上"打印盒子"，就能从手机、平板、笔电、台式电脑等各种设备上直接发送打印，而且如果本人在甲地出差，打印机在乙地的办公室里也可以随时推送打印，并让助手将打印件取走，非常方便。

四、投影仪及附属设备

如果经常服务企业客户，为他们进行有针对性的培训，那么就需要在大屏幕上展示某些要点。通常在这些企业的办公场所会预置投影仪，无须自己特别准备投影机硬件。但需要指出的是，如果授课的笔电或平板电脑上没有标准的 HDMI 接口或 VGA 接口，那么最好自备一套转接接口，确保 USB Type-C 接口或迷你 HDMI 接口、迷你 DP 接口能够转换成 HDMI 或 VGA 等主流接口。[①] 连接线方面，只要对象单位有投影仪设备，那么线材一般都是插在投影仪上的，无须再行准备。考虑到可能服务到相对偏远的地方，如为山区学校进行法律知识讲座这种特殊情形，可以选配那些自带电池的移动投影仪以备不时之需。但律所中一定要备上投影仪，而且是亮度较高的商务投影仪。如果在律所装修时未能事先布线，那么选用光效率较高、可以免去布线麻烦的超短焦投影机是不错的选择。

---

① HDMI（High Definition Multimedia Interface）接口、VGA（Video Graphics Array）、USB Type-C（Universal Serial Bus Type-C）接口、DP（DisplayPort）接口都是电脑的常用接口，用于完成计算机主机系统与外部设备之间的信息交换。

第三节　传统生产工具的选择

在数码电子设备没有像今天这样普及时，纸笔是最重要的生产工具。在计算机还没有引入法院作为审判工作者的日常使用工具前，法官用纸笔书写判决后进行油印，再后来是用笔书写判决后送交打印室，由专人用打字机把它们打印出来。那时的信息处理工具虽然看起来"简陋"，但至今仍不失其基本效力。俗话说，"好脑子不如烂笔头"。笔的书写不同于电子产品的数码化过程，是人处理信息的"模拟"处理进程，所以纸笔等工具又被称为模拟工具。

作为法律实务工作者，无论是律师还是法官、检察官，都要同时处理多个案件。如何优化处理方案，排列事务处理的优先性取决于我们的信息记录方式与分析方式。用模拟的方式记录，能够刺激大脑中的布若卡氏区（Broca's Area），使其呈现活性化，而布若卡氏区是有关语言处理活动的部分。在用手书写和用电脑打字作业时分别进行核磁共振检查，就可以发现上述现象。因此，重要信息、紧急信息与一般信息的初记录是非常重要的。传统的纸笔工具仍具有无可代替的重要作用。

一、书写工具类

针对平板电脑推出的电容笔和相应软件已经可以使书写体验接近于传统的纸笔，在学习业务知识时，用平板电脑作备忘录确实是不错的选择，这种方法具有不易丢页、易分类、好管理等特点。本处所讲的书写工具是指除了前述数码产品之外的传统意义上的书写工具。

对于传统的商务人士来说，一支钢笔别在西装上，既能满足随时书写的要求，同时也是彰显自己职业特点与身份的象征。现如今，钢笔不再承担这种职能。而能够满足书写这一原生要求的文具已经非常丰富：中性笔、油性笔、中油笔等既可以用于正式文件的签署，也可用来做学习笔记、记录随想、画出文书大纲等非正式场合的记录。在笔者小的时候，中性笔叫做签字笔，是一种非常稀罕的物件。能够做到写字不褪色，可以入卷归档的笔只有钢笔和圆珠笔。受制于当时的钢笔制作水平和更为重要的墨水工艺水平，钢笔在拔下笔帽后一段时间不使用出水会变得困难，需要多画上几下才能出水，如果偶尔使用尚属能用，但长时间使用，特别是做日常笔记使用体验就大打折扣了。随着墨水制造工艺水平的提高，这些墨水往往能够做到保持笔触部分墨汁不干，而落笔后在纸上迅速变干的效果，部分墨水还带有防水功能，可以说是钢笔使用者的福音。而钢笔、墨水的品牌型号借助于互联网的购物环境可以说是琳琅满目。一般来说，欧美系的钢笔用来书写的字母有限（如英语字母相对较多，也只有 26 个），书写对象决定了欧美系的产品下水比较凶猛。亚洲产钢笔通常用来书写汉字，笔画繁杂的汉字库决定了亚洲系钢笔产品下水相对比较节制，适于日常书写。要根据你使用钢笔的用途（如日常记录用还是正式场合签名用）、书写的习惯（如习惯回弹力较好的软尖需要笔尖的含金量较高、习惯于用力写字的需要笔尖含金量较低的硬尖）、握感、质感、上水方式、笔身的造型艺术乃至对品牌的钟爱度、墨水的配套选择等方面来选择自己心仪的笔具。

对于大部分对笔具要求不高的人来说，中性笔、中油笔就完全可以满足其需求。可以选择按动式笔具，使用过程中不受插拔笔帽的困扰，有灵感随时拿起来就写，也不必担心笔具过于名贵在移动办公或在公共场所丢失的问题。读者可以自行去较大的文具店，逐支笔写写画画选择适合自己手感，质量、重心、材质、颜值最令自己满意的笔具。经过自己精心挑选过的文具一般而言是自己认为最满意的，一旦拿起笔来就会有一种成就感和幸福感，这会促进多巴胺的分泌，使我们提笔作业的工作过程更加优质高效。这正是本书所要表明的，微小的工具能够提升工作的幸福感，能让工作效率更大化。

由于法律专业的严肃性，律师所提交的书面材料、法官阅卷形成的材料都需要由前述笔具记载或批阅，呈现在卷宗中的铅笔字痕是需要涂抹掉的。所以不像绘画专业，铅笔的用途相对较少。如果是代理企业法人的案件较多，这些委托人送来的书面材料往往比较规整，资料量也比较大。这时需要初步阅读、整理、消化，那么在原始资料上进行简单的铅笔涂抹和记录也是可以的，方便我们日后依据初读的成果整理成系统性的法律意见。铅笔的选用规则和上述笔具是相通的。除了对古典自动铅笔的机械性情有独钟的人之外，无论是自动铅笔还是木杆铅笔，它们最重要的部分都是与纸密切接触的铅体。书写体验往往取决于铅的质量、颜色、阻尼等因素。如果工作内容需要大量使用铅笔，对铅笔记录的颜色深度没有特别要求，又需要免削笔或少换铅，可以考虑所谓"写不完的铅笔"。虽说"写不完的铅笔"也是消耗品，也会有写完的时候，但其理论可书写量却远远超过传统铅笔。

二、记录载体类

法律实务工作者离不开书写记录。法庭就是手写记录的集中场所。法庭上，在原告方陈述诉讼请求及事实理由时，如果有诉状没有载明的内容，被告方的委托代理人一般会用笔迅速记录要点，以便答辩时回应。被告方答辩时，原告方的委托代理人一般也会记录要点，在后面的庭审辩论程序中予以回应。针对法官总结的争议焦点，一般也需进行书面记录，以便庭审辩论环节更为周全。刑事案件庭审中，公诉人和辩护律师一样会做要点的记录工作。法官更是需要及时记录当事人主张的要点，以便总结庭审的争议焦点。另外，法官需要对各方陈述的案件事实中难以自圆其说、与常理不符的地方展开发问。在庭审中也需要快速记录当事人陈述中的疑问点以及记下想要在庭审过程中了解的事实。

在各自工作运行的场所，手写记录就更是家常便饭。从律师的角度上看，其生产的法律产品只有在提交法庭阶段，我们才看到它的成品样态。但在律师生产这些法律产品的时候，往往需要经过数个"初加工品""半成品"的阶段。这些产品虽然是"初级加工产品"，虽然是"半成品"，但是对于律师法律意见的形成，以及分析研判案情来说，却具有非常重要的基础作用。在接待委托人的过程中，虽然往往有录像或电脑设备能够将委托人的诉求、委托人呈现的案件事实固定下来，但对于其中的要点，仍免不了要做手写记录。这些手写记录其实是我们接触案件时大脑中形成的最原始信息。这些信息要点作为最初的"粗加工品"，将经过一步步的思索、提纯，最终走向"成品"。那么针对产品的性质选择最佳的记录载体是非常重要的活动，它将影响法官对于律师职业能力水平的判断，甚至可能对案件的处理方式呈现微妙的影响。

（一）手账类

对于日常活动的安排，有人喜欢在手账册中记录，有人喜欢在电子产品中记录。记录在电子产品中的话，只要记录设备不丢失，就能够随时查阅，还会有定时提醒功能。对于喜欢将其记录在纸质载体上的人来说，这种记录载体首先不能太薄，不能像便签一样随手撕掉，应该在相当长的时间里保持其形态的完整性，能够随时翻阅。可以选用一年一册的记事本，并且记事本要胶装，这样能做到在一年的时间里反复翻阅而不至于拆线掉页。

（二）案情分析类

因为律师接受当事人委托也好，法官承办案件也罢，都是同时经手多个案件。而案件的信息积累往往并非一蹴而就，随着信息量的增加，对案情的分析会不断深入，代理案件的着力点会有所变更，审理案件的思路也会发生变化。所以一个复杂案件的案情分析往往会占据多张纸质载体。此时最合适的工具是活页本。随时能记录案件信息、分析案情、勾画案件攻防配置图。随着信息量的增加，可能需要勾画新的攻防配置图。当这些初步信息都完成的时候，将它们从活页上拆下来放到一起，作为法律文书制作的基本素材，这是比较顺畅的办公流程。

（三）随手贴类

有人喜欢在办公桌上、电脑屏幕旁边使用随手贴，把临时接收的信息（如当事人来电反映的情况）记下要点，作为待办事项或提醒事项贴在醒目的位置上。这样的办公方式对于经常在固定场所办公的法律工作者来说是有效的办公方式，如法官、检察官将待办事项贴在办公桌或台式电脑上，处理掉一个销毁一个，也会有一件一件达成任务的成就感。法学理论工作者也是如此，如将突然迸发的灵感、在长期积累并思考的基础上迸发的创造性观点随手记录，粘贴在自己的工作台上，日后完成深度的加工与整理。但这种办公方法不适合经常采用移动办公方式的人。因为随手贴的黏性不强，如果是粘贴在笔电或平板电脑等常用的办公设备上，在移动的过程中容易出现遗失的情形。

（四）口取纸类

虽然从本质上说，口取纸也是一种随手贴，但它所承载的信息容量更加有限。口取纸主要用作分类标签工具。对于法官来说，用口取纸粘贴在已经成型的卷宗页面上，既能做书签用，同时也可以对卷宗信息进行分类。特别是法律关系相对复杂的案件，这种标签的制作可以起到迅速阅卷，把卷宗读薄了的效果。受制于信息传递的阶段性以及法官工作内容的繁杂性，一个案件的判决有时不能一次写就，如果法律关系复杂，争点繁多，往往要逐渐推进，边梳理关系边写作。如果不能很好地对卷宗进行分类，对要点信息页码作特别粘贴，检索起来不仅费时，往往还会因为遗忘需要再次检索。所以口取纸是书写载体中能够显著提升办案质效的工具。对于律师来说更是如此。在提交多组证据的时候，除了需要制作证据目录以外，还要将证据按目录在正文中贴上口取纸，按目录中从前到后的顺序从页面的右上方开始顺次往下贴，并写明"证据一""证据二""证据三"……如同字典那样顺次排开。口取纸既能作证据册的书签，同时也是检索工具。这样不仅方便己方在法庭举证环节作出清晰的陈述，也方便对方当事人质证以及合议庭查阅。无论是对方当事人还是合议庭成员，都会对这种优雅的、充满逻辑性的分类感到赞叹。反之，有些律师提交证据一大摞：前面所编的目录没有页码，只有证据分类。后面的证据排列则毫无修饰地整理成一沓。质证阶段对方当事人要逐一寻找，一旦散开后连己方都难以在短时间内排序。合议庭成员审阅时更是无从下手。不仅会浪费对方当事人查看证据的时间、合议庭成员审阅证据的时间，这种粗放的工作作风本身也容易招致对代理人能力的质疑，甚至可能也会对合议庭处理案件的态度造成微妙的影响。

三、收纳、装订类

收纳、装订类工具包括了发票信封、档案袋、文件夹、光盘盒（袋）、胶装器等产品。它们有的可以把零散已丢失的文件井然有序地排列好，有的则可以把输出的产品制作得更加工整美观。作为日常办公的耗材应提前储备，以免在实际使用时因时间仓促而未来得及准备。

在本书第一部分中，笔者谈到了信息采集的硬件。在接下来的本论中，我们将在本书第二部分谈论它们的使用方法。好的硬件只有配合好的软件才能实现效果相乘的工具效果，否则规格再高、配置再奢华的硬件，没有对应的软件，没有精选软件、掌握软件的能力，都将使我们前期精心配置的硬件无从施展拳脚。

第二部分

好马配好鞍
——法律实务家的软件选择

因为现代的办公产品最终形态的输出往往都是电子数据形态的输出，所以电子设备的使用是信息的处理设备。既然有硬件方面的需求，自然也有软件方面的需求，好的硬件产品只有借助强大的软件处理，才能最大程度地实现我们思考的过程，产出我们想要的产品。下面介绍的软件，大部分是收费的，特别是业务用的软件，如案例检索类或者企业信息查询类。但考虑到律师的职业特性，这些软件无论是以律所还是律师个人的形式来选购，都是非常必要的：因为免费功能往往在大数据检索方面受到限制，很多关键的信息如股东穿刺结构是无法展现出来的。所以不要把钱都投入给硬件，要给"好马"配上"好鞍"，才能让手边的工具活用到极致。

以下就相关软件的评述和使用心得方面的介绍均为笔者个人使用后的心得体会，仅供读者参考。

第一章　电脑软件篇

前文已述，电脑是法律人最主要的信息处理和输出设备。无论是律师，还是法官、检察官，乃至法学教师，所使用的主力办公设备都是电脑。在开学术研讨会的时候，能够看到不同职业的法律工作者齐聚一堂，他们所携带的办公设备均是笔电。作为主力办公设备，法律实务工作者需要的办公软件可谓少而精。甚至连法学理论工作者要掌握的数据分析软件，实务工作者都用之很少。

对于律师和法检工作者来说，都会有一套案件管理系统。法检系统的软件是通过招投标后由法检系统委托公司特别定制的，个人对此没有选择的余地。而律师的案件管理系统往往由律所来考察决定。

无论使用 Windows 系统还是使用 Mac OS 系统，Office 或 WPS 软件都是必不可少的。Pages、Numbers 目前取代 Word、Excel 等软件尚有难度。在办公软件套装中，最常使用的便是 Word、Excel、PowerPoint 等产品，对于常用武器要想用得更加顺手需要精细掌握。

一、文书制作软件——Word

Word 打字几乎人人都会。而打字速度的提升除了盲打的实战训练，还需要输入法软件的加成。常见的输入法都已经能够很好地满足敲键打字的需要。选择一款自己喜欢的输入法后，尽量保持不再更换。输入法也会与个人的遣词造句习惯相适应，逐渐熟悉个人的语言习惯，默认候选词也会越来越满足个人的需求。

除最基本的打字外，Word 本身也具有强大的排版功能。如果是法官、检察官制作法律文书，法检系统内部统一使用的文书排版系统便能解决排版问题，法院系统出具的文书格式、字体、字号都相对统一，给人以非常规整的感觉。而律师在制作文书时，没有统一排版的工具，往往调整格式比较随意。有的律师代写的诉状用 5 号宋体字，看起来像法学理论杂志上登载的文章。而有的律师为了方便阅读，把字号调整成 2 号宋体字，让读者有观阅 PPT（PowerPoint 的简称）的感觉。更有甚者，有的律师自己出具的前后多份法律文书，排版、字体、字号也不统一，显然会给人以凌乱的感觉。关于文书制作的样式，本书在后文办公技巧的打磨与提升部分还会提到，本处所要表明的是，Word 程序尽管是最简单、最基础的法律产品出产工具，作为职业法律人也不要仅仅把它当成一款打字软件，即便是主司打字的程序也需要掌握它的其他常用功能。在必要的时候也可以下载安装一些体积不大但对常用排版工作非常有帮助的插件，如小恐龙公文排版助手等工具。Word 当中存在人们往往并不熟知的功能，可以通过互联网课程以很小的花费而系统地掌握 Word 的一些高级技巧，一次学习，终身受益。

二、数据统计软件——Excel

Excel 软件对于经常代理民间借贷纠纷以及金融借款合同纠纷、证券投资类纠纷的律师来说是必备的软件。依据款项往来的日期、数额、利率等因素，可以方便地计算出欠付款的本息，免除手工计算的烦琐。但它的使用门槛比 Word 要高，需要更高的学习成本，制表过程既需要有良好的"布局"意识，又要有清晰的数学思想，需要经过一定训练才能掌握。如果你的业务领域涵盖了上述需要大量计算的类型，那么 Excel 使用技巧也是必备的本领。Excel 产品的功能很强大，但需要知晓的函数也较多，为了使人更便捷地掌握 Excel 制作数据及图形的方法，许多插件将函数封装成按钮的形式，使用户界面更为友好。比如，方格子、Power Map、Data Chart 等。

三、宣讲展示软件——PowerPoint

PPT 软件用来辅助说明、演讲，清晰而又直观。比如，服务客户是企业，在涉及公司、证券类风险防控或法律纠纷的处理上，为公司决策层提供一次图文并茂的说明能非常好地达到宣讲目的。又如，召开学术研讨会，法学教授要说明其观点、方法、数据时，PPT 软件能够带给听众直观的感受。再如，法官在专业法官会议、审委会上汇报案件时，也能更清晰地向同事展现案件的事实过程。值得一提的是，Keynote 软件以其漂亮的拟物风格、简洁的设计界面、友好的操作环境惹人喜爱，笔者认为，虽然使用 Keynote 软件的电脑要忍受兼容性方面的"痛苦"，但在幻灯片播放方面，Keynote 确实能够带来更好的制作及演示体验。这里需要注意的是，幻灯片的软件操作方法虽然各有不同，但制作幻灯片最重要的是幻灯片的目的：它应展现的是"点"，尽量不要展示"线"，特别不能展示"面"。如果 PPT 用来播放整屏的文字，那和让听众去读书没有分别。既让人抓不住重点，也没有醒目的提示和动态的播放过程，就没有起到幻灯片辅助说明的功能。关于 PPT 制作的技术技巧，相关学习教程、网课内容非常丰富，读者可以选择学习的空间很大。PPT 软件也有很多提升工作效率或提高幻灯片制作水平的插件，如 islide、OneKey Tools 等。

四、通信软件——Outlook、QQ、微信

相比于前三款软件，Outlook 的使用率则下降不少。邮件管理的客户端

有不少优秀易用的产品，加之个人的使用习惯不同，有人至今仍习惯于登录网页版邮箱。笔者认为，电子邮箱仍然是隔地通信最为便捷、最为正规的通信方式。在与客户沟通的方式中，电子邮箱对沟通内容的保存最为便捷，一些证据资料的数字版也能通过超大附件的方式发送，对方是否读取过信息，通过技术性手段往往也可显示，且公证机关也能对可信时间戳技术建立的数据电文进行公证，具有很强的证据保存效力。针对这一通信的主要方式，笔者建议采用一个自己用得熟、用得惯的客户端。Outlook 对电子邮箱管理的统合性、对日程安排的整合性与 Windows 系统的深度融合性其实都使它成为一个不错的选择。

说起通信工具，除电子邮件这样的正式书面沟通方式外，还有其他非正式的沟通工具如 QQ、微信等日常聊天工具也能实现类似的功能。如果服务的对象是自然人，微信反而是更加常用的沟通方式。除手机端要安装必备的微信工具外，电脑端也应安装 QQ 及微信的客户端，方便将委托人传来的照片、录音录像等资料传输到笔电中作为加工整合的素材。同时，笔电打字往往比手机更为迅捷，如与当事人集中交流沟通又需要保存书面的文本信息，使用电脑客户端也是更优的选择。目前，在我国微信软件的使用普及率很高，使用智能手机的人几乎都有微信工具。微信在保存沟通证据、付款凭证方面都具有取证上的优势。特别是交涉内容、交涉时间与款项授受（法律用语上的交付和受领）时间结合使用，在举证阶段往往能达成非常出色的效果。所以法律实务工作者不仅要使用、会用微信的基本功能，对于微信记录的恢复、调取方法也要学习。例如，关于恢复微信聊天记录的软件，傲梅分区助手可以实现这一点。对于微信证据的调取方法，其官方网站上也有相关的说明。本书在前文已经提到，法律人的工作手机和电脑不能频繁更换，为的就是保存相关沟通资料。但手机比起电脑来，其更换的频率确实更高。对于微信、短信这样的日常沟通记录，要定期用笔电进行备份并拷贝到专用的存储设备中。特别是自主更换手机前，更要对这两项重要的书证载体进行备份。

五、远程视频会议软件——Zoom、腾讯会议、钉钉

除上述以文本为主的通信软件外，法院开庭、律师接待、法律职业共同体召开研讨会等工作环节很多时候都会借助视频会议软件进行。虽然 QQ 或微信都具有视频通话功能，但在多人协作作业、录制并保存视频通话内容、对会议内容进行整理等方面，专业的视频会议软件显然更胜一筹。Zoom、腾讯会议、钉钉都是使用率较高的软件。对于法院安排的互联网庭审，通常有指定的程序及软件使用说明。对于指定的平台或软件，应在开庭前预先下载程序并对操作流程进行熟悉体验，以免在正式庭审时因操作流程不熟而导致手忙脚乱。在这里笔者根据多次组织互联网庭审的经验给出一个小提示：一定要在远程庭审前准备一个带麦的有线耳机。据笔者的经验来看，当事人亲自参与庭审时既有使用手机也有使用电脑的情况，而律师代为参加诉讼时一般使用笔电。使用笔电的效果一般更为稳定，但缺点在于声音往往不能聚拢，法庭和对方当事人难以听清发言内容。使用带麦的有线耳机可以在很大程度上改善声音输出效果。随着互联网庭审的日益普及，律师的手头工具应针对远程庭审作出优化。笔电耳机的选择，尽量不要选择头戴式而要选择入耳式，否则一天庭审下来会有头昏脑涨的感觉。笔者认为，远程开庭、远程会议、远程办公成为一种常态化的办公手段是互联网时代的必然课题。法律工作者应积极适应这种客观形势的变化，用上、用好这些现代通信软件。

六、流程制图软件——Visio

最后要说的 Office 项下的一个单独收费软件：Visio。虽然在 Word 当中也能制作流程图，但这款专业软件无疑在流程图的制作上更具优势。在代理或审理复杂案件的过程中，如果仅仅依靠口头辩论来说服法官或依靠口头汇报来说服法官专业委员会成员、审判委员会委员，不仅耗时长，成效低，还有遗忘率高的缺点。

　　因为文字信息和视觉（图像）信息在人类大脑中的信息处理路径不同，二者处理的速度和效果均不同。文字信息仅有人类的大脑能够处理，而几乎所有的高等生物都能够处理视觉（图像）信息。这是因为如果不能在一瞬间处理完毕视觉（图像）信息，那么就可能被外敌捕获。所以视觉信息的处理速度要远远超过文字信息以及文字信息转换成的听觉信息。如果在说明案件的过程中，依据人类大脑的工作机理，用证据整理出的线索勾画出案件时间线索图、当事人攻防配置图，可以在极大程度上使案件的分析说明清晰化。律师绘制的线索清晰的流程图能有效地说服法官，法官绘制的流程图能有效说明案件情况并说服同行。画图不仅在法律文件写作中，在法学论文写作过程中也日益具有重要的地位。在 Windows 系统下，Visio 可以帮你实现思维导图、流程图的想法。如果你使用的是 Mac，那么可以使用 Omnigraffle 这款具有类似功能的软件。

　　除在软件的使用上要积累相关知识外，电子文稿的保存问题也是一门学问。有的人喜欢在操作系统的桌面上保存文稿，以至于一打开电脑，映入眼帘地是密密麻麻的图标，让人眼花缭乱。有的人保存文稿不分类，或分类过于随意，以至于检索起来十分费力。对法律实务工作者而言，工作应该是围绕案件来进行的，所以案件本身在分门别类上应起到非常重要的作用。对律师来说，本书后文所要讲到的法律产品的产出性质决定了律师的角色是把信息接力棒传递给法官，所以律师在案件前期的基础工作十分重要。对于律师而言，相关资料宜按案件分别建立文件夹。在某一案件的文件夹项下，就证据问题（收集的电子版证据资料，包括书证的扫描件、录音、录像资料），法律意见问题（加工产品，包括事实线索的勾画图例、文档描述，法律适用问题的分析）等建立下属文件夹，分类进行存放。对于法官而言，由于证据资料已经以纸质版的形式呈现在卷宗中，法官需要使用的电子版资料一般是庭审笔录、已出的法律文书（如办理二审案件时需要用到一审法律文书）等资料。有的法官习惯于将上述电子资料下载到办公电脑中保存并整理完毕后再动手写判决，而有的法官则习惯于随时打开法综系统，在案件项下搜读相关文件后再行制作文书。如果习惯于前者，那么也应像律师一样就每个案件单独设立一个文件夹。如果习惯于后者

（往往在二审案件中适用），也可以就二审裁判文书总体制作一个文件夹。因为法律实务工作者所处理的工作量都非常大，所以在以上分类之前宜将年度别作为一级文件夹，首先按年度来分割文档，这样不至于在数年工作后同一文件夹项下出现密度过高、检索困难的情况。

第二章　手机软件篇

智能手机现在成为移动办公的主力工具之一。比起笔电那样相对长途、有座位环境才能办公的硬件，手机可以在一切交通工具上随时随地查看，是信息获取及初步加工法律产品的必备装备。甚至由于移动端数据流量已经占据软件使用主流，某些软件已经不再开发电脑客户端软件而仅开发移动端软件。根据笔者的使用经验及与同行的交流情况，法律实务工作者需要常备这样一些软件：

一、案例检索类

刚才已述，手机的机动性与便携性决定了它随时可以接受、调查信息，而在律师、法官、检察官等法律实务工作者眼中，有一类信息是他们所共同关注的。个案事实千变万化，但那都是具体事实，要由律师、检察官、法官通过接力棒的形式逐渐深入个案事实的真相，每个人关注的点并不相同，事实调查的深度、广度也不尽相同。但有一点可以肯定的是，当代法律绝不可能针对千变万化的具体事实作出规定，只能针对某类事实群去规定要件事实。而一旦具体事实查明后落入了某一要件事实的范畴，如何适用法律就变成法官必备的课题，这也是律师在法庭辩论时想要拿下的"兵家必争之地"。在为己方论证准备资料时，案例检索工具是必要的。在案例检索类工具中，笔者推荐"聚法案例"App。软件更新速度快，优化也很好。结合最高人民法院的"中国裁判文书网"一并查询，可以快速检索、分析类案的裁判尺度。App内还能接到委托、发出委托，是集资料检索、辅助工具、专业学习及业务委托于一体的便捷工具。

二、法条检索类

很多法律实务工作者手机中也装有"看法"等法条检索类 App 软件。对此笔者认为，案例检索如果单纯依靠搜索引擎，得到的冗余信息、广告内容非常之多，效率会非常低下。和案例检索不同，只依靠传统的搜索引擎检索法条，就往往能得到所要的法条内容。所以即便不单独安装法条检索类 App 软件，实现法条检索亦非难事。本着奥卡姆剃刀的原理，在能够尽量精简的情况下，可以不必安装法条检索类 App 软件。而且如果安装了案例检索类 App 软件，它们往往都设有"工具"选项卡，在"法规"一栏输入关键词进行检索即可。

三、辅助计算工具类

对于律师费、诉讼费、保全费、人身损害赔偿标准、最低工资标准等计算类辅助工作，App 的使用往往能使工作事半功倍。因为常用的计算类型往往附着于各种法律服务类 App 上，所以反而没有必要单独下载。如果是新人律师，某些法律文件的写作还处在探索阶段，可以借由 App 内提供的文书范本作为草拟文书的起点。这种整合型的 App 如"丁丁律师版""多问律师版""律师计算器"等。

四、工商信息查询类

无论是律师还是法官，工商登记信息及其变化情况往往是个案审理中不可或缺的。公司的性质、股东情况、公司登记的变更情况不仅对正确记载当事人信息来说非常必要，而且往往对案件实体法律问题具有重要的分析判断作用。这类 App 如"启信宝""企查查"等，其客户端往往能查阅到网页版查询不到的内容，所以在智能手机中是必备的。特别是对于律师而言，能查看股权穿透情况、股权变动的历史沿革情况及企业涉诉情况，对于代理案件而言往往也是非常有用的。

五、卷宗扫描类

律师仅是一方当事人的代理人，其掌握的信息往往限于己方当事人。如果对方当事人提交了重要的证据材料或书面意见，律师往往需要阅读、分析其内容，才能有针对性地予以回应。此外，某些委托人中途更换代理人，某些律师在二审阶段才介入委托代理事项，那么复印卷宗中的部分材料便不可不为。传统印制卷宗的方式非常单一，律师需要到法院用复印机复制卷宗，不仅费时费力，也不便于材料的再整理和归档。特别是案卷卷帙浩繁的情况下，逐页复印往往没有必要，而复印现场又不允许律师逐页阅读文本决定取舍，所以在若干年前，代理建筑工程施工案件的律师往往背上行李箱到法院复制案卷材料。智能手机的出现改变了这种情形。手机的摄像功能可以作为扫描仪使用，结合特定的 App 可以在复制卷宗的当场便实现卷宗的电子化制作，另外还能将所拍摄的内容转换为数字版的文字材料，十分便捷。由于卷宗保存在法官处，法官虽然不必复制卷宗便能依据手中的材料撰写法律文书，但某些特定的案件如商标权纠纷案件中，判决对于商标外观作出分析时往往也需要将商标图样"扣"进判决书中以供分析使用，也有涉及扫描卷宗内容的需要。所以卷宗扫描软件往往也是法律实务工作者必备的软件。"扫描全能王""Scanner pro"是扫描类 App 中常用的软件，可以满足法律类人士的需求。如果对清晰度与整合性有相对比较高的要求，也可以选择先拍照、再整合的方式，选用如 Acrobat 等软件把照片统合成为一个 PDF① 文件。

除上述可以说是法律实务工作者每天都要做的工作外，还有一些辅助性的法律工作需要律师、法官、检察官去完成，如查阅发票真伪（核验证据）、查阅传票送达情况（核验诉讼程序的正当性），这些往往借助微信小

---

① PDF（Portable Document Format），是一种电子文件格式。以下不再标注。

程序、支付宝扫一扫便可以解决，本书便不再作为单独的 App 予以推荐说明。无论是法律工作者还是其他文职工作者，都涉及对自己日常行程的安排与处理，这方面的 App 繁多，读者选用的空间非常大。笔者想说的是，日程管理类的 App 选择最主要的标准是能做到与笔电同步，这样既能免去多次输入的烦琐，也可以使笔电、手机分别记载的事项自动叠加，让日程记载不再拘泥于某种特定的设备。

第三章　平板电脑软件篇

如果说平板电脑集合了笔电和手机的优点，那么也可以说它集中了笔电和手机的缺点。它比笔电轻，续航能力往往比笔电更强；它比手机屏幕大，能够实时输出信息，满足商务人士长时间读屏的需求，但其没有固定的外设键盘，比起手机的质量来说又重了数倍，携带性也显然不如手机一样方便，有的软件在平板电脑上的功能也不完善，因此基本不能作为办公主力使用。所以，单纯的平板电脑定位非常尴尬，定位于笔电那样的办公设备条件尚不成熟，定位于手机那样的携带设备又太大。但是，正如本书在开篇时所提到的，我们就某个物品的使用定位，要依靠这个物品的本性来发掘并提升，这样才能更好地使用它。既然平板电脑难当打字排版这样的信息输出的大任，我们就要找到适应它的使用方法：平板电脑的特性在于显示屏幕大，并且均具有触摸功能。那么分析了它的这两大特性后，我们就能找到适应于它的工作，那就是"读"与"记"。

笔电的屏幕也和平板一般大，也适合于读屏，但限于笔电的结构，对于长文档的阅读体验肯定不如平板好。特别是阅读 PDF、CAJ① 等格式的文章时，平板电脑如同读杂志，而笔电则需要在同一页上下滚屏来翻动页面，阅读体验大打折扣。按前文所述，法律人的信息输入有两类：一类是案件事实所形成的素材，是个案诉讼中需准备的"小前提"；另一类则是法律法

---

① CAJ（China Academic Journals），是中国学术期刊全文数据库中文件的一种格式。以下不再标注。

学的知识前见，是个案形成以前便存在，需要我们不断学习吸收的"大前提"。法律条文浩如烟海，法学知识博大精深。即便是专打民事诉讼的律师，专审民事案件的法官，也不可能掌握民事实体法、诉讼法的全部知识。这就需要我们在办案的过程中，针对案件搜索资料，利用案件学，借由案件思，源源不断地补充作为大前提的知识前见。在这些知识前见中，如果成文法没有明确的规定，最高人民法院也没有指导性案例，甚至也没有公报案例可以参阅，各地判决也未见类案，那么此时我们如何处理？当然，在有类案的情况下，律师会寻找对己方结果有利的判例，但问题在于对方律师也会做同样的功课。这样结果便又陷入未可知又难以控制的状态。对于法官而言，这一问题更加棘手。成文法是法官最好的指引，如果成文法暂时缺失，就相当于没有规定航向。此时如果案例资源又不能起到相应的指引作用，就相当于没有前船开路，或前船彼此冲撞，不能提供合理的航行路线。这时该怎么办？这就需要法学理论知识的登场，对于所设法律问题进行条分缕析地分析。而阅读、消化、吸收法学文章的过程，平板电脑是当之无愧为第一的工具。由于其"读"的属性突出，平板电脑也可以作为消化"小前提"——读卷工作的利器。如果之前已经用手机、扫描笔等工具将卷宗信息电子化，那么用平板电脑如阅读论文一样阅读并勾画电子卷宗，既能做到突出重点、随记要点，同时还能保持原始卷宗材料的清洁，是个一举两得的优质工作方法。既然平板电脑的角色定位于此，那么不妨沿此更进一步，在选择平板电脑时优选那些对于阅读、笔记软件优化更好的产品。

在 iPad 产品线上，配合 Apple Pencil 使用有着很丰富的高质量 App 可以用于阅读与笔记。如果以阅读为主，如阅读图书或 PDF 格式论文，系统自带的 iBook 就能满足需求。如果手边有电子法学文献是 epub、mobi 或 azw3 格式的书籍，Kindle 软件或 KyBook3 软件都可以解决阅读问题。虽然笔记功能比起专业笔记软件要逊色，但上述软件中大部分都能实现勾勾画画、突出重点等功能，在阅读书籍时已能满足需要。当然，鉴于法律实务工作者工作方案的个案志向型、结果指向型需求，阅读专著的机会其实并不算多，阅读专题论文的情况反而是最多的。考虑到对于主题的分类归档、阅读中提取有效信息的方式、能随时记载阅读感想以及记录经办案件给人的启发，这类文献的阅读笔者建议采用笔记类 App 来完成。首先需要解决的是知网论文的问题。如果一个问题已经迫于成文法规定、案例指引的不明确，需要用到法学专业文献来解决问题，中国知网便以其庞大的资源库、便利的检索条件、自动化的文献趋势分析成为首选。从中国知网下载的杂志论文一般分为 CAJ 和 PDF 两种格式。其中前者内容无变形，如同阅读纸质版文献一样，单纯阅读情况下首推下载 CAJ 格式。此外，中国知网的硕博士学位毕业论文是非常优质的文献库。特定问题的专题研究能通过硕博学位论文的文献综述部分得到前人研究成果的综合性分析，是从空白阶段开始研究某一问题的捷径。而硕博学位论文目前所保存的格式尚未提供 PDF 格式的选择空间。此时需要使用的 App 是 CAJ 云阅读。CAJ 云阅读 App 能够满足下载后储存、分类以及阅读等基本需求，截至本书成稿时尚不能实现手写批注。当然，CAJ 云阅读 App 还有一个重要功能，就是把 CAJ 格式的文献转换成 PDF 格式，这样就能通过各种花式批注软件读破文献了。

对于电子文献来说，PDF 格式占据主流。例如，前文所述，律师将卷宗材料整理成为 PDF 版电子资料后，需要阅读与分析。所以，对 PDF 文档的读解、笔记、归档是一项日常性的重要工作。一定要在各软件中好中选优，选择适合自己工作习惯的作为主力工作 App，在操作中熟悉，通过熟悉精通 App 的功能，使学与用互动型地增长。在 PDF 管理的 App 中，根据笔者的尝试和使用经验，GoodNotes、MarginNote 2、Notability、NotesWriter Pro、PDF Expert 等 App 能够较好地满足阅读 PDF 文献兼作笔记记录、笔记归档等多方面的需求，是知识更新的重要生产力工具。它们的设计理念有所不同，功能按钮亦不尽相同，可以在试验后择一采用，做到越用越熟、越用越顺手。在平板电脑及电容笔出现以前，笔者在阅读文献时均是将文献打印出来后阅读，在纸质版文献上标注笔记，再汇总到文献分析用的电脑上。由于通常针对个案使用，时间一长，纸质版文献便散失了，所以原始资料的保存是个很大的问题。而平板电脑的出现，使得这一情况大大改观。

对于法律实务工作者而言，始终需要保持办案大前提——法律知识体系的更新，学术研讨交流、律所例会、法官专业会议、法学家授课都是很好的平台。这些知识输入的渠道如能借由高效的软硬件载体善加利用、形成记录、分类保存、定期翻检，势必能助推自我提升，使自己每办一个案件都有所悟所得，而不再是每日如同田间种地一般地重复劳动，劳作过后年年所得相差无几。

下编 办公流程编

第三部分

信息输入的前奏曲

——"小前提"的采编

引　子

本书的第一部分、第二部分说明了良好的办公条件、得心应手的办公设备、功能适当的软件对于提升生产力，促进产品生产的作用，也就是"器"与"道"关系中前者的作用。但没有一套好的方法，没有丰厚的积累，没有出众的思考能力，即便拿着一套天价摄影设备，所拍摄的照片还不如优秀摄影者用手机镜头留下的一瞬更富有震撼力。这种关于"器"与"道"关系的思考，同样适用于具有高度分析判断特性及创新性的法律服务行业。使用这些硬件、软件的人如果不具备思考、反馈、整理、创新这样的积累能力，就难以发挥这些软硬件产品的全部或大部分功效，所出产的产品也难以让人满意。

那么首先我们就要搞清楚：什么是令人满意的产品呢？如果作出了这样的设问，那么我们还是要回到那个问题：就是这个产品的本质特征是什么，它面向谁制造。因为产品的好坏由用户说了算。用户群定位不准，许多事情将事倍功半。笔者也曾见过这样的律师，辩论过程慷慨激昂，一说起来就是数个小时，但在事实调查阶段却一问三不知。庭下为了庭审发言也做了不少准备，但从最终判决的效果上看难谓令人满意。笔者无意臧否代理人的努力，但想要由此说明的是，如果不弄清我们的产品定位，就很难在提高产品质量上下功夫，结果往往是我们努力提高了我们认为想要提高的，改善了我们认为应该改善的，但实际上并没有站在客户的角度上来看待产品中存在的问题，实际上的效果就是没有什么可见的提高，也没有什么可见的改善。所以，一切生产活动的起点在于使用者的感受。

首先来看律师产品的客户。有的律师认为，律师服务的就是个案中的委托人，当然委托人便是律师的客户。我们不能说这种思想是错误的，因为律师与当事人之间存在委托合同关系，当事人是委托人，律师是受托人，当事人自然天经地义地是律师的客户。但是，这样的考虑是缺乏对事物本性的思索的，因而往往是缺乏实际用处的。我们要考虑的是产品由谁来使用、由谁来检验。当事人固然是客户，但律师生产的产品却大多不是让当事人用的（非诉律师的主要业务除外），而是让法官来使用的。在这一点上，检察官的产品也具有类似的性质。抽象地看，检察官代表国家利益提起公诉，但在具体个案中能不能认定犯罪，如何量刑，那要看检察官出产的产品是不是精密完整，足以让直接使用者——法官敢于放心去用它来定罪量刑。所以我们对于产品的定位不能过于安逸，想当然地设定出发点和落脚点就相当于没有设定出发点和落脚点。

本书前文所提到的，律师在法庭辩论阶段过于慷慨激昂其实源于其口头演说的定位——通过具有一定表演色彩的口头作品，让在座的当事人形成律师能说、会说的印象，从而加强与委托人之间的信赖合作关系。就笔者十余年的工作阅历来看，除非律师已经笃定己方当事人并无胜算，所输出的产品便纯粹沦为表演性节目，实际上，能够通过诉讼在法律允许的范围内为委托人争取到更多的实体权益才是最符合委托人利益的，同时也是增益律师本身利益的途径。由此可知，了解法官的需要，了解产品直接使用者的意图，才能生产出更好的法律产品，而不是把生产者——使用者的连接打造成律师——当事人的封闭圆环。若是以后者为思考、打造产品的基础，相当于不再为自己的产品设定效果上的检验程序，也就永远没有了反馈的过程。由于生产活动立论之基的错误，20 多岁刚入行的律师可能和50 多岁的律师相比，只有操作流程上更加熟练的区别，产品生产性的向上（实际效果的提升）方面可能仍保持在同一段位上。

那么我们再来看法官工作产品的客户。和律师相比，法官服务的客户群体显然要更为复杂。法官最重要的产品是法律文书，即判决书、裁定书、调解书、决定书等，通过这些文书来实现财富在两方或多方当事人之间的分配或实现对法益的保护。不同于律师工作的私益性，法官出产文书产品的过程本质上是行使国家审判权的行为，表面上看裁判文书是双方当事人来接受，对个案当事人产生直接影响，但它更为深刻的本质特征在于通过国家公权力介入公民生活秩序的方式来实现国家对反秩序行为的治理，由此法官产品的服务对象当然包括社会统治秩序下的公民。我们通俗地称，判决具有示范效果、引领效果，其实是判决对个案利益分配后的余波效应。

所以法官的产品既面向当事人，又面向大众，给人以不好把握的感觉。但是，法官的工作既然只是三百六十行里的一个具体工种，不是远离人间烟火的职业，那我们在考虑法官产品的时候，无外乎还是应该考虑它的使用人、检验人。

当事人是裁判文书产品的直接使用者。胜败皆服是一种理想化的场景，虽然不至于绝对无法实现，但在现实中，败诉方对文书产品的不满从人之本性的角度来看，也会占到绝大部分情形。此时，败诉方的选择便是上诉，上诉后如果仍不满二审法院的产品，还可能会申诉，申诉后不满足再审法院的产品，还可能申请检察监督及抗诉。在上述一系列接受/不接受→使用/申请退换货（申请执行/上诉申诉）→产品形态变更（变现为现实执行的权益产品/文书被撤改，被新的裁判文书产品取代）环节中，当事人作为文书产品的"消费者"虽然是最初的评价者，但在法定程序上却需要由有权机关作出的评价才能发生改变产品形态的结果，当事人的地位是相关程序的发起人。正因为能够有效检验裁判文书产品并对其产生形态改变作用的是有权机关，所以这些有权机关的检验活动恰恰是法官作出裁判文书产品时所要顾忌的主要因素。

法官在判案时常态化的风险是二审法院、再审法院的发改风险，这是法官出产文书产品时需要反复思忖的重要因素。由于法定审判监督程序的存在，法官生产的文书产品将面临着被毁弃或易容的风险。就像每个手工车间的工人都不希望其产品经常"回炉"、良品率太低影响绩效指标一样，每个法官自然也不希望自己精心创造的文书产品被发改。以前学术界曾经发生过法官是否应该在判决文书中大量说理的论争，司法实务界也经常存在法官说理要说到什么程度的探讨。"说"比"不说"显然要耗时费力，但是如果"不说"，那么文书产品受到质疑的概率将显著加大，"说"的直接动机，从理性行为人的角度上看，在于存在有权监督机关这种产品检验人。所以我们常说，好的文书说理能够起到定分止争、息诉服判、教育大众的作用，这些作用一点儿都不假，但我们往往忽略了法官内心深处所最期待的作用，那就是说服检验人的作用。笔者也曾见过这样的法律文书：某某的诉讼请求于法无据，于理不合，本院不予支持。原审判决据情所作的分析并无不妥，本院予以维持云云。一旦当事人申诉，再审法院难以从判决中得出裁判的主要依据。对于那些是非极端分明的个案倒还问题不大，但就大部分并非简单非黑即白的民事案件而言，当事人的主张或抗辩存在不同程度的有理性情况大有所在，一旦上级法院法官心证游移不定，在几乎没有针对性论理的情况下，裁判文书被发改的概率将陡然增加。有的法官往往在论理上做足了功夫，这背后往往深藏着对裁判文书检验活动的忌惮。如果理解了法官的这种立场，那么律师的诉讼准备工作，产品输出工作就会有的放矢而做到事半功倍，就不会再把精力投入到教当事人"说谎"、准备虚假事实材料、教唆当事人跳楼这种低层级、高风险的代理服务活动中去。这才能在塑造健康、良性互动的法律职业人互动环境的基础上，扎实并稳妥地提升自己的硬实力。

当然，法律文书并非法官所出产的唯一产品。前文所说的文书产品也是为了简化说明流程而展现给读者的最直观、最简化的形态。实际上，法官与当事人的口头沟通、书面沟通的方式，通过诉讼服务活动所传达的法官的心意、态度，为查明案件事实而实际采取的行动，对当事人合法程序性权利的维护，乃至法官言谈举止、动作表情，对当事人所展现出的风貌形象，都是法官所输出的信息。它们彼此"咬合"，相互拆补并对最终的裁判产品形成或加或减的影响。考虑到裁判所面临的巨大冲突性，裁判产品的生产是一项富有冒险、创新及守成要素的作业，这也是无论想不想系统思考裁判生产活动过程的法官都不得不亲身体味的过程。

作为法律实务工作者，只有了解自己的客户群，了解彼此的客户群，明确自己的工作目标，才是迈向优质、高效工作的起点。

第一章　最初的对话：追迹剧的出演

第一节　追迹形式论

就像写论文都是从一张白纸开始写起一样，律师代理案件、法官审理案件之初，都是从一张白纸起步的。这种白纸状态并不是说律师、法官什么都不懂，像懵懂幼童学习认知一般，而是指对具体事件的不知。当事人之间是什么关系，他们发生了什么事，他们是怎么交涉的，造成了什么结果，律师也好，法官也罢，人人都不能穿越到事件发生的起点去一看究竟。对于案件接手以前的事，法律实务工作者都是路人甲的角色。所以职业法律人要对具体事实进行溯源性追踪活动，笔者将之称为"追迹"。

律师也好，法官也罢，是在纠纷已经实际发生的状态下才了解案件情况的。这种工作特征决定了法律实务工作者思维的"倒叙式特征"。当事人作为委托人，到律所找到律师商谈，首先要讲明自己想要什么，再讲发生过什么，律师在进行信息整合后会依据自己的职业经验为当事人挑选一条最为适当的诉讼途径。法官在庭审时的程序就更为严整，首先必须要确定诉讼请求，固定当事人的需要，后面的庭审才能有的放矢，否则便会审成大杂烩、一锅粥。

比起法官接触案件的环节，律师接触案件的时间通常更早。在首次接触当事人的过程中，不仅能够发现诉讼提起，矛盾激化后所无法发现的事实情况，由此而预作判断、预作准备，实现委托人权益的最大化，甚至可能发现当事人陈述中的疑点，乃至借由具体事实推论出，当事人陈述主要事实的虚假性。不独在委托人为自然人，即便在委托人是法人的情况下，通过原始的书面资料也能发现这样的问题。这些信息对于律师合理规避职业风险，决定是否承接案件来说是非常重要的事实素材。

前文我们谈到了信息输入设备的选择与使用。在对话的初步阶段，录像设备的使用往往是必要的。律所一般是律师会客接待的主要场所。有的律所这样考虑，律师和委托人建立信赖关系是委托合同建立、持续的基础，所以必须要创造能够让委托人心情放松的场所，消除委托人的警惕感。应该说，这种考虑的初衷是非常合理的。但任何事物都有其两面性，是否在信息采集最初的阶段留下沟通资料也需要根据分析沟通记录的设立目的来选择。在初期沟通的过程中，不采用任何录像设备来保存主要沟通的过程，固然能使委托人安心，但这并非让委托人安心的唯一方法。即便对于主要沟通记录保留相关录像资料，也能够通过提升安全措施、提供安全的存储服务来最大限度地化解委托人紧张感的问题。并且，并非交往伊始就需要留存所有的沟通记录，这也不符合人们交往的习惯。可以在律所的咖啡厅或无录像设施的场所进行最初的商谈。待基本信息了解后进入正式委托阶段，再对谈话的内容进行录制保存。必要的时候，对于商谈的内容应使用纸笔作重点记录，笔者将这些信息称为"节点信息"。"节点信息"是日后制作具体事实的根干，而具体事实的成立则是要件事实的匹配对象。

保存交谈录像的目的在于：对委托事项的原始信息有原汁原味的保留，确有必要时（如委托人与受托人经常无法碰面）可以调阅并多次提取有效信息；对于当事人委托事项做原汁原味的记录有助于日后就委托关系发生纠纷的时候保存原始凭据；鉴于法律职业全体的风险性，如当事人意图通过诉讼行为、通过代理人实施犯罪行为时（如恶意诉讼、虚假诉讼），可以通过委托合同磋商的过程分清责任。保存沟通中"节点信息"的目的在于：弄清楚案件发生的经过，勾勒时间顺序线索图，对存疑部分的事实进一步了解，初步决定取证方向和内容，为主张事实的成形提供素材。

也就是说，同样是在与当事人初步沟通的过程中，信息采集输入的目的是并不相同的。录像解决的主要是原始信息的可信度问题，"节点信息"的记录则是法律服务工作的真正起点，它解决的是法律服务工作的生产性问题。当然，如有必要，两者也可以在一定程度上同时作业。

通过以上论述不难看出，在与当事人对谈过程中，"节点信息"记录是后续一连工作的开始，称它们为案件的"原点信息"也不为过。尽管在某些案情简单、法律关系简单的纠纷中，单纯地听取当事人陈述就能获得想要获取的大部分或者说是全部信息，但笔者仍建议进行节点记录。这不仅是一种工作习惯，更是一种高效的工作方法。

为什么笔者要在此以及本书后文反复倡导手书记录的重要性呢？原因主要是以下几点：

第一，刺激作用。一旦开始动笔，人的脑干便发射信号指令：请集中精力！请记住！由此，注意力便会集中，大脑的活动就会增强。就所思索并记载的节点信息而言，人的记忆力和吸收能力都会比单纯地听取信息要强得多。

第二，分析道具作用。要知道，听取当事人陈述只是案件的开始，特别是委托人的陈述多带有片面性，所构造的事实往往并不全面。作为委托代理人的律师虽然不必像法官那样查明全面的事实，在分析两造陈情的基础上作出分析判断，但正所谓知己知彼，百战不殆，如果不能了解案件的大致全貌，在法庭上遭受对方当事人及其代理人的突击，就会面临非常被动的局面。有些不利于己方的事实可以不必尽言（当然在法庭已经查明并追问的情况下再行沉默，也会按照证据规则承担不利后果；此外不必尽言事实更不意味着可以虚构事实，如果虚构主要的事实并由此导致对方当事人遭受损失的，依据《最高人民法院、最高人民检察院关于办理虚假诉讼刑事案件适用法律若干问题的解释》的规定要承担相应的刑事责任），但律师不能不了解。由此，"节点信息"的记录及分析便是十分有效的道具。倘若经过一般理性人的判断，"节点信息"相连后事实完整，并无违和感，那么就可以进入后续分析环节了。但如果将"节点信息"连接以后发现委托人所述的事实有割裂感，不连续甚至不符合常理，那么应该就相关事实进行深入挖掘。如果经过深入挖掘发现了虚假诉讼犯罪情况，则应在提示当事人的基础上避免自己介入共同犯罪的境地。

第三，取证提示作用。"节点信息"之所以能够形成，是由于它们是带有知识前见的。委托人在叙述故事时，律师对具体事实的经过就像在脑海中勾勒一幅工程草图一样，通过当事人的零星、不连贯、不完整的叙述，用铅笔在白纸上描描画画。但在草图描写的过程中，律师带有法律知识的前见，清楚哪些事实素材是地基、哪些素材是楼体、哪些素材是管线、哪些素材是外檐。有一些内容，如外墙的颜色、管线的位置对案件仅能起到增益的作用；而有些内容，如地基、楼体是案件的根基，根基不牢，地动山摇。所以律师未来将在案件的根基上着力，取证就是为案件事实打根基的过程。但打根基之前要先行设计，"节点信息"就像草图上的根基部位一样，能够指引日后的实际施工。也就是说，未来取证的方向，是在最原始的根基图示里载明的内容。律师和法官一样，也会同时处理多起案件。如果单是听取陈述而不作记录，在事务繁忙的情况下很可能会遗漏部分重要线索：本来应立四根大柱来支撑房子的，到了取证环节时仅取来三根柱子，当然会影响房子的支撑效果。

第四，归档作用。如果常用纸笔来登录这些"节点信息"，笔者建议定期将它们扫描成电子版，归档放在卷宗的初期位置。在思考案件处理方向的过程中，这些"节点信息"会像一颗颗珍珠一样等待用线把它们串好，形成"项链"的成品。如果没有前期素材的保留，"穿项链"环节再同时靠回忆制作"珍珠"，那么不仅是低效的工艺流程，而且"良品率"也必将大打折扣。

第二节　追迹方法论

上一节我们谈到的是信息记录内容和方法的问题。这些信息可以说是律师最初的产品输出环节。除了运用知识前见来固定四梁八柱的位置，从而把它们勾勒出来作为"节点"信息框架之外，这些信息基本处于未加工的状态。它们是最初级的农产品，离能卖出去、卖得好还有很长一段路要走。

委托人在陈述事实的过程中，自然免不了叙述冗余事实，也免不了有想说到哪儿就说到哪儿的特征，甚至免不了夸大、缩小某些事实，虚构某些事实。所以尽管律师听到的陈述过程是连续的，但接受到的事实信息未必是连续的。即便是法人单位进行委托，出具的书面材料及单位相关负责人员的叙述也会出现类似的情形。在此情况下，去粗取精，去伪存真成为筛选信息的第一步。但我们筛选信息的目的是什么？

那就是我们接受到的原点信息：委托人的诉求。这也是我们为什么要把案件信息勾连、整合、加工、输出的根本目的，也就是说这些信息输入过程是诉求逆推以后伸展开来的四梁八柱。无论是律师与委托人的会面，还是法官与当事人的会面，这种倒叙的叙事模式使得律师的取证环节、法官的事实调查环节在一定程度上颇有侦探小说的行文风格。

在诉讼法学理论当中，当事人的请求内容（旨趣）和依据的事实理由一起构成了诉讼标的。诉讼标的是什么呢？它是指在一个案件的判决主文中，应被裁判事项的最小基本单位。这样看来，从当事人张口提出委托事项开始，到案件实际执行完毕，连接当事人、诉讼代理人、检察官、审判庭法官、执行局法官等一系列人员的基本元素就是诉讼标的。说白了，就是当事人要了什么，最后法院给了什么。诉讼标的在此既是起点，也是终点。为了让迈出起点的人迈向成功的终点，律师扮演的重要角色之一便是事实信息整理与加工的角色。这里所谈的加工事实信息绝非指矫揉造作、构造虚假事实，而是指要拽出符合需要的事实。

什么是符合需要的事实？涵摄法（请求权基础检索法）、要件事实论给出了这方面的提示。在此想说明的是，它们具备的共通特征在于，经过分析请求权的基础或规定要件事实的成文法群，会得出一些待证的事实要素。这些事实要素或者是法条的规定：满足什么样的条件，可以形成什么样的实体处理结果；或者是当事人的约定：成就什么样的条件，就可以行使什么样的权利。这种关于条件的规定或者约定、习惯、常理（实际上范围就是我们所说的法源）就是我们要寻找的事实要素。这样固定的、类型化的事实就叫作要件事实，它们便是我们的匹配目标。我们搜罗的具体事实便是要契合这些要件事实，从而在最大程度上塑造要件事实的造型，进而适用有利于己方的实体法处理方式。

细心的读者读到这里时可能会发现一个悖论。无论是涵摄法还是要件事实论，其分析脉络都是首先确定诉讼标的，在诉讼标的中寻找法源，向法源靠岸，再提取法源中的"条件式"用语，由"条件式"用语确定固定的类型事实，最后在本案中拿具体事实和类型事实配对，如果匹配再进入适用实体法的程序。此时的悖论就在于，既然请求权基础需要预先决定，我们在追迹案件经过的时候又怎么记录这些事实要素？在请求权基础还没选定的前提下，我们记录、发现事实又有何作用？这不是成为无的放矢了吗？如果你注意到确定请求权基础和事实追索之间的这种悖论，那么恭喜你，你从源头阶段便了解了法官与律师思维模式的不同，操作方式的不同！也就是说，你已经从惯常性的裁判时思维扭转到了受托人思维。后文我们还将反复游走于庭审活动的技巧，在那里，你将看到法官标准的请求权基础或要件事实论思维。而在这里，在初接触当事人的此时，作为律师的你必须反其道而行之！

法官的思维是把事实审薄了，审精了，这就是请求权基础检索法、要件事实论的核心目的。但律师在初步追踪事实时，要把案件事实做厚了，查全了。这是一个看似相悖的运动，然而具有深刻的同调性。就像后文我们进入审判环节后在法官的工作方法中所能看到的，法官一开始就能看到当事人的请求权，知道其请求权基础。而律师不能在一开始就做到这一点，不仅不能做到这一点，由于错误地预判导致错误地选择了请求权并导致本诉最终以失败告终的例子也大有所在。其中，本诉失利后转而依靠其他请求权基础获得成功的例证不在少数，而未能准确地发现请求权基础并由此承担失败结果的也不乏有之。

基于这样的原因，本书在事实追踪阶段所要讲的调查方法，便是"网罗的要素事实追踪法"：

第一步，如前文所谈，记录"节点信息"。这一点前文已经论述，此处不再展开。

第二步，分析"节点信息"触及请求权基础的全部可能性。请求权基础检索法在案例分析中的应用步骤为，首先需要确认本诉的性质：是确认之诉、形成之诉还是给付之诉。只有给付之诉能使用该方法。在给付之诉中，要进一步判断请求关系的主体和内容：即谁基于什么理由向谁提出何种请求。其次，围绕这种请求，列出所有可能的请求权。请求权基础检索法要求我们无论是以居中裁判者的思维，还是以力求己方利益最大化的受托人思维看待这一问题，都需要考虑请求权的全面性。

第三步，围绕全部请求权，分支、分类地向委托人核实事实，深挖事实信息。举个笔者审理过的案子来说明：① 原告甲未依法取得机动车驾驶证，驾驶一辆两轮摩托车，沿公路行驶时刮撞前方同向行驶的被告乙摩托车左后部，后原告甲的摩托车向右倒地滑行至对向车道，其车体前部及骑车人原告被对向丙驾驶的小型轿车撞击碾轧，造成三方车辆损坏、原告甲受伤的交通事故。此后，原告甲与被告乙就此事签订调解协议，协议约定被告乙共计赔偿原告 25000 元。被告乙为原告甲出具欠据一份，欠据载明今向原告甲借现金××元，于××年××月××日之前还清。如逾期给付，自愿支付××元利息。被告乙在欠据上签名并按手印予以确认。后原告甲多次向被告乙催要未果而成讼。从案件事发过程来看，原告甲当然可以选择侵权损害赔偿请求权起诉。但双方当事人在事后形成调解合意，合意的性质是准消费借贷合同，在被告乙未按约定付款的情况下原告甲也可以依据违约责任请求权提起诉讼。这样，围绕原告甲的请求旨趣，便形成了两个请求权（依据诉讼标理论的不同学说，也可能是两个请求权基础）。作为原告的代理律师来说，此时要进行的步骤便是分类核实事实信息。如果选择侵权之诉，就需要进一步了解事故是什么时候发生的、什么地点发生的，事故的参与主体都有谁，交管部门对事故的责任是如何划分的，事故造成了什么样的危害后果，是否存在保险公司代偿的可能性，如存在，保险人是谁，保险合同是否有效，事故是否发生在保险期间，事故发生是否由免赔条款约定的情形引起，保险的限额、性质等信息。如下图所示，侵权责任的请求权需要查询、深挖以下事实，可以说它们是"节点信息"经过发酵升华后的二次"节点信息"，它们已经很明显是针对个别请求权的构成要件"索要"事实素材了。如果选择准消费借贷之诉，那么合同是如何签订的，合同的效力如何，合同约定的背景如何（包括是否有过金钱授受的事实，当事人之间的关系如何，为何以欠据形式达成合意），合同的履行期是否届满等信息。采用分支法，把原告的意愿通过罗列请求权的方式，在每个请求权项下深入挖掘符合该请求权的事实要素。这一环节同样需要做书写记录，这是为试错与"进门"所作的必要热身环节。

---

① 参见尹春海：《和解协议之债与侵权责任竞合时当事人请求权的认定》，载《人民法院案例选》2019 年第 9 辑。

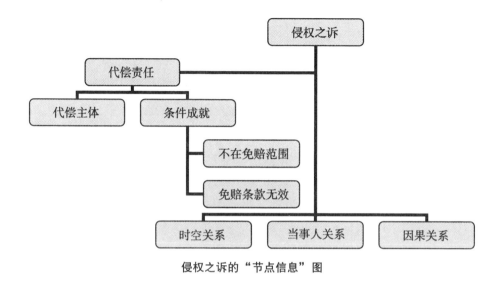

侵权之诉的"节点信息"图

第四步，向委托人核实证据情况，与分好类的事实作衔接，探明请求权选择的基础。这是非常关键的一步。就如同公安机关根据现场留下的蛛丝马迹追溯凶案的过程、法官通过已获得的事实素材为案件事实试探性地"搭架子"一样，律师将通过对证据的初探蹚出案件的代理方向。当事人的陈述也许就是案件的客观事实，也许是其有意或无意当中已经加工过的事实，甚至有部分是其虚构的事实。即使当事人所记忆的事实是客观的具体事实，当事人也未必能够理解这些具体事实所代表的法律含义。还是拿刚才的交通事故案件来举例。各方当事人都知道所签订的欠据实际上是对交通事故赔偿问题达成的合意，但是为什么没有直接写成"调解协议"的文书呢？推测起来，当事人是为了避免日后麻烦，避免还要就事故内容作出说明，还要把事故经过、责任比例、损失情况逐一说清楚，所以干脆以借款的形式订立了合同，可以免去许多说明上的、证明上的麻烦。但是，当事人并不真正理解这些具体事实的法律含义。其实，自然人之间的借贷合同是要物合同，金钱授受与借贷合意都是债权人需证明的合同成立的要件事实，如果以借贷关系来起诉，往往证明的门槛会更高。在当事人的眼里，他们并不清楚自己订立的借贷合同其实是个准消费借贷合同。这样看来，选择哪个请求权提起诉讼是着眼于最后胜诉的概率的，而胜诉的概率取决于当事人的证据情况，那么当事人就每个请求权项下的基础事实能够保存证明力多强的证据，就成为律师"搭建"主张事实的重要参考标准。法律关系简单的案件可能仅有一条事实主线，而诸多复合法律关系的案件中，多条事实线往往是犬牙交错的，需要律师按照民事法律关系的典型类型分类，在每一类事实项下填补证据的"血肉"。

在此以笔者审理的一起案件为例加以说明。① 在某招标公司与某大学委托合同纠纷案中，某大学委托招标公司负责食堂设备采购事宜。后某大学使用了招标公司编订的招投标文件对食堂设备采购进行招投标。在选定中标公司后，其他公司对招投标过程举报。经查，评标过程未按照招标文件的要求进行，同时招标文件本身也存在违反部门规章的情况，从而导致了中标合同被行政机关撤销。由此产生了两个案件：某大学由于中标合同被撤销而被中标单位诉请赔偿损失，以及本案由于招标公司在编制招标文件时未能审慎履行义务而导致某大学支付了中标单位的损失，某大学请求招标公司赔偿损失的案件。一方面，原告与被告直接存在委托合同是没有疑义的，原告的请求权当然包括违约责任请求权的选择空间。另一方面，由于被告编订文件过程中未尽到其专业公司所应尽到的审慎义务，导致的连锁反应是原告与案外人签订的合同被撤销，原告需对案外人承担损害赔偿责任。由此原告产生的损失突破了本案诉争合同的涵摄范围，波及了原告与案外人的合同。这是一种典型的加害给付情形。所以原告也有权利选择侵权损害赔偿请求权。这两个请求权（基础）的竞合是法条规范的竞合，也就是说原告选择哪个都是有法可依的，都不是错的。那么此时选择哪个更有利于原告实现诉请呢？这时就要考虑两个请求权各自的构成要件，以及能够支持各自构成要件的证据情况了。在选择了某一请求权起诉的情况下，该请求权所依赖的证据越充分，就说明该项具体事实越完整、越具有高度盖然性，适用有利于原告的实体法规范规则的可能性就越高。具体可见下图。在复合型法律关系中，各典型法律关系事实呈现交错状态。某种

---

① 天津市第一中级人民法院（2020）津 01 民终 1880 号民事判决书，载中国裁判文书网，https：//wenshu. court. gov. cn/website/wenshu/181107ANFZ0BXSK4/index. html？docId ＝ LPj ＋ cE-zjlIPJe73TzjCRh ＋ VuR9Q4WkrMH9vFWFiUyrYIFFMbz5UFsfUKq3u ＋ IEo4w4OaGAbnG2A8A8lfcm-2NXSN05NRB6QgWvb77MR4zDn65E66uBgYg4GE＋/0ufKCRq，最后访问时间：2023 年 1 月 5 日。

法律事实项下证据依托可能相对充分（如图示的事实 A）；某种证据既能说明事实 C 的存在可能，也能说明事实 D 的存在可能（如图示中的证据 5）。作为诉讼策略，事实 A 可以作为主要事实来主张，其成立的可能性也最大。

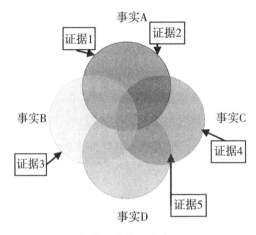

复合法律关系事实图

第三节　记录与分析技法

　　上面四个步骤过后，就可以进入律师法律产品产出的第一阶段——诉状撰写阶段了。但正像在序言里所讲到的，本书是"结合术"指导下的产物，本书各个地方都将贯穿从目的到方法，从方法到技术，从技术到生产这样一套从无到有的过程，这是实务工作者必经的产品流程。所以，在前文所讲的方法基础上，要让诉状撰写成为现实可能，还需完成前文出现的追迹剧剧本。这是属于操作技术的内容，也是把我们前文所讲的硬件、软件和人的思维、方法活动进行高度整合，成就生产力的过程。

　　虽然平板电脑产品已经能够把手写信息直接作为图片格式保存在数码产品中，也非常便于分类和保存，但在与委托人当面对话初步沟通的过程中，作为节点信息的记录工具，笔者更为推荐使用传统纸笔载体。因为委托人的诉求常常很多，故事的叙述过程往往也非常零散，平板电脑工具一般来说尺寸比较大，重量也要数百克，端着平板电脑时刻预备做记录是非常累人的姿势。且当事人叙述中有时节点信息含量比较少，半个工作日的沟通可能都不能留下超过五条节点信息，那么用平板电脑去记录就是一件费力不讨好的方法。如果委托人是法人，由法人的工作人员预先沟通后寄来了书面材料，那么记录节点信息是通过阅读活动来完成的。这种节点信息的记录兼具信息提取、整合功能，而且书面语言比起口头表达已经经过一轮加工整理，收录较多节点信息的可能性很高，这种情况下使用平板电脑做记录效果就比较好。

使用纸笔也好、使用数码工具也罢，对于细节的把控能在各处微妙地提升生产力水平，所以在载体工具的使用环节中，应强化这种细节意识。比如，在接待当事人过程中使用的是纸笔工具，正常情况下肯定不会选用A4白纸，那样随手放置时可能导致部分页码缺失，也不利于排列顺序；一般也不应选用那些巴掌大的随手贴，一来它们的单页容量有限，在初记录环节不知道对方要谈什么时，如果进行大量记录显然随手贴的信息承载量不足，二来随手贴的黏性不足，如果重要信息页被不经意间刮掉，轻则使效率打了折扣，重则在委托人只有短暂有限的会晤机会时造成不易弥补的损失。所以节点信息的记录应选用记事本完成。在节点信息录入全部完成时，通过扫描或拍照的方式注入笔电等工具进行深度加工。这样的工作流程决定了对笔记本载体纸张的选择应保持一致性、连贯性，让自己熟悉某种纸张的风格，以便最大限度地利用模板创造信息价值。除了考虑笔记本纸张模板、纸张选材之外，在数码工具上也应选择同样风格的书写模板，这样无论选用哪种载体都不会有违和感、断裂感。

一、节点信息的记法

在软硬件都配好后，我们接下来要面临的问题在于"记什么""怎么记"。那么首先我们要分析待获取信息的目的和本性。

首先来看节点信息。根据节点信息的事物本性，它的记录方法由两个方面来决定：作为 Memo① 的一种，它遵从笔记的一般性记载规律；作为记载法律事实的备忘录，它遵从法律类笔记文书的特别性质。

Memo 既有其起源意义上的"记录"功能，也包含有高级智力活动的"知识生产"功能。律师要做的节点信息记录，当然首先具有"备忘"的性质，但那就像是我们拿着购物清单到超市购物一样，没有知识的创出因素。而节点信息作为后续产品制造的素材性记录产品，当然具有"知识生产功能"。如果是单纯的备忘录，那么对于格式、记载的字句显然没有过多的要求，但是作为后续生产的起点，记录如果随意，容易让人找不到重点，难以提取有效信息要素。当然，如果处于执业的初期，Memo 的记录方法可能还在摸索阶段，难免出现"音转字"式的记载法，但笔者相信，在掌握了节点信息的用法后，你会很快上手并熟悉它的记载方法。

关于节点信息的内容，一是重要时间点。在节点信息记入时，律师尚未捋清案件的事实脉络，只是根据委托人的陈述就要点进行记录。这一阶段当然是以倾听为主，但记载的信息要有哪些内容呢？历史上发生的事件可以称为故事，按照人类认识的一般规律，对于故事的讲授与倾听以时间线索为主线是最容易被人接受的。但委托人的陈述未免有跳跃、混乱之处，因此，节点信息的必要内容是重要时间点。如果能把重要时间点记录下来，即使当事人讲述的过程存在跳跃性、不连贯性，律师也便于按照时间点线索重新整理事实脉络。

二是诉讼请求所涉及的各方当事人的关系，关系代表立场。比如，在民间借贷纠纷案件中，出借人可能通过自己的亲朋好友转出款项，借款人又可能通过自己的亲朋好友收入款项。表面上看是原告张三和被告李四之间建立的借贷关系，实际的金钱授受过程可能通过王五、赵六、刘七、陈八等发生。其间谁与谁是什么关系，往往代表着他与原告、被告之间的相向或相反立场。这还是王五、赵六、刘七、陈八处于履行辅助人的角色，都需要弄清楚他们之间的人物关系。更何况，在某些特定类型的案件中，

---

① Memo，来源于拉丁语的语源 memini，日常生活中所遇到的英语单词 memory，remember 同样含有 mem 的词根。memo 从语源学背景上看，是跟记忆有关的事物，所以我们称 memo 为备忘录。以下不再标注。

如继承纠纷，当事人关系恰恰就是法律关系的本质要素。解决好当事人关系，就能解决他们有没有继承权的问题，就能解决遗产在几个人中间分配的问题，甚至能解决多分少分的问题，这些问题解决了，案件也就解决了。把错综复杂的人物关系、法人控股或关联关系搞清楚了，就朝捋清主要事实脉络的方向前进了一大步。所以第二个"节点信息"要记当事人关系。

三是动态。这就是案件发生的本质所在了。在发生纠纷前，即便关系不睦，当事人的关系也是平稳的，什么时候出现冲突呢？发生了动态变化，也就是我们专业术语里讲的法律关系发生了、变更了、消灭了。只有变，才是冲突。只有变，权利与义务才进入一个新的阶段，呈现出新的样态。当事人才会由此有诉求：要么积极追求、维持这种新样态，要么想回到过去，破坏这种新样态。而法律关系的变化，预示着在诉讼法上举证责任的分配要开始发生或改变了。①

四是后果。后果是当事人赖以主张的主要依据。他认为秩序受到破坏了，怎样弥补才能回到以前的秩序？以前的秩序无法恢复时，需要作出何种等价的补偿？这都需要对事件的后果作出分析、评述，而分析、评述的前期功课就是在倾听当事人陈述的过程中，将后果要素作为节点信息予以记录。

就像是读书过程中做笔记一样，有的人读书从不勾画或记录阅读感想，他们是"净读派"读者；有的人不动笔不读书，书读毕，书上充满了勾勾画画、涂写的痕迹，笔者称他们是"污读派"读者。笔者在早年求学期间，凡是笔者读过的书籍，不管是看过百八十遍的教科书，还是看过一两遍的扩展资料，上面全部都是一尘不染，可以说是一个地地道道的"净读派"，没有体味过"污读"的好处，也不知道究竟如何"污读"。但在从事审判工

---

① 符合某个权利发生的法定要件，该权利能够认定发生以后，只要没有该权利消灭的要件事实，我们就认为该权利一直存续。这就是权利关系不变公理。由该公理延伸到民事诉讼的证明责任上，主张法律关系存在的一方（通常为提出主张的原告）应就该权利发生的要件事实负担证明责任，而一旦该事实得以证明，就需要由主张该权利已经消灭的一方（通常为提起抗辩的被告）就权利消灭的事实负担证明责任。许多实务界同人认为这是证明责任的转换，实际这种认识是错误的。同一要件事实，负有证明责任的只能是一方。所谓转换，说的已经不是一个事实了。

作以后,每年读破卷宗字数达数百万甚至上千万,一方面受身边"污读派"同事优良做法的影响,另一方面切实感到"净读"的低效,也转向了"污读派"。所谓"污读"的本质就是做笔记,读书过程需要做笔记,听讲过程亦然。案件节点信息的记录主要就是在"听讲"过程中形成的笔记。所以,案件节点信息的记录具有笔记记录的一般属性。它和阅读笔记的相似性在于均通过简短、扼要,采用了重点记录式方法。它和听课笔记的相似性在于均通过对听感信息的抓取而完成,不像阅读那样可以反复提取信息。基于节点信息的一般笔记类文书属性,可以借鉴一般性笔记的记载方式。

就一般的读书笔记而言,根据记录习惯不同,有的人勾画涂写的内容非常多,有的人则在非常重要的节点上勾画涂写,页面相对比较干净。就勾画涂写作为攻读的方法来说,过多的勾画或书写会显得主次不分,重点皆无,也就起不到笔记的效果了,做笔记反而成为浪费时间的行为,一般而言,一本书勾画涂写的内容超过书体内容的三分之一,就可以说勾画内容过多,难以让人发现重点了。那么初读一本书时,要勾画和记载什么内容最为有效呢?那就是能够刺激脑神经回路的新鲜知识,让人能发出这种感慨:原来如此!第一次听说!信息够震撼!真正的有效记录,就是要记录这种信息素材。除非初次踏入一个全新的知识领域,否则一本书能有几个这种知识点就很不错了,不要力求全面记录。节点信息并非知识体系的摄入,更不必力求全面。听记节点信息的方法是共通的:在与当事人交谈的过程中,我们自然而然会捕捉到对当事人有利或不利的事件信息,有些让我们觉得:原来有这种事!如果这个事实是真的,那么当事人肯定能赢(胜诉)!如果我们的朴素认知或经过训练的前见知识告诉我们这种结论,这样的信息就应该是节点信息的记载内容。

就节点信息的特殊属性而言,它是为日后支持当事人的诉请来探路的。既然如此,它就有专属于法律类 Memo 的特殊内容。本书在前文已经讲述了根据法律关系的要素,时间、主体、事件、后果等信息是节点信息记录的重要内容,把它们和上文所讲的普通笔记的记载方法叠加起来,会发现记载的内容就是"有了这个时间、这两个当事人发生过的这件事,造成了这种后果",这样的信息为真的话,这个案子就拿下了!所以,通过对其性质展开的思考，笔者认为前述节点信息内容正是我们需要记载的。

关于记录方法，前田裕二在《笔记的魔力》（李优雅译，中国青年出版社 2021 年版）讲述了标题、事实、抽象画、转用的四步记录法。这一记录方法是符合笔记的本质特征（人类思维过程的描绘）的，在本书的示例中，也会采用这种记载方法的精髓。如果当事人陈述相对完整，逻辑连贯，或案件事实线索单一，可以在捕捉上述信息后一体罗列式记入。

示例 1：

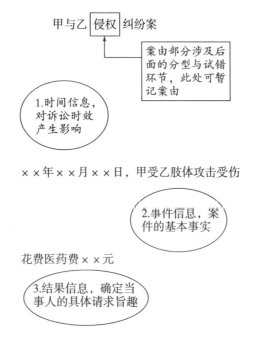

最初级的节点信息模型图，在案件法律关系单一、事实线索单一情况下的记录：这种记载方案包括时间信息、事件信息及结果信息三个构成要素

在上图中，我们看到，作为原始信息的节点信息要素非常简单明了。方框与椭圆内的文字仅作首个示例的说明使用。在实际书写过程中，上述说明部分可做留白使用，为日后添加辅助性信息、证据线索预留空间。如果是这种单线发展的事实主线，稿纸可以横过来使用，通常效率更高。要注意的是，节点信息记录与阅读笔记稍有不同，信息是通过叙述—倾听方式源源不断获得的，出于交往礼节以及保证当事人陈述时的思维连续性考虑，如无特别必要尽量不要打断当事人的讲话，特别是反复打断其谈话让其复述相同内容。因为这样的信息输入特点，节点信息记录时不能换笔。不要想着像阅读文献作记录一样，选用不同颜色的笔标注不同信息，那是不现实的。当然在日后整理节点信息、加工节点信息的过程中，彩色笔的使用往往可以使分析过程更加清楚明了。对于通过初步交谈了解到案件是由单一事实线索构成时，也可以采用问记法，以节点信息的发问为主进行记录，此时页面空间要尽量合理分配，在节点信息书写时适当拉开距离，为后续分析整合资料提供便利。

如果当事人陈述并不连贯，或案件涉及的具体事实复杂，或案件涉及的法律关系复杂，可以采用线性记事法叠加的方法罗列节点线索。下图以笔者审理的一起劳动争议纠纷案件为模型说明单一型法律关系中具体事实呈现多层性、复杂性特点的记录方法。

示例2：

甲与乙公司劳动争议案件①

时间线	主体	行为/事件	主体
1. 2021. 3. 2	甲	休假	/
2. 2021. 3. 3	甲	电话请假	张三（部门经理）
3. 2021. 3. 20	甲	邮寄诊断证明、书面请假单	李四（传达方）
4. 2021. 3. 31	乙	内部系统批假	/
5. 2021. 4. 20	甲	邮寄诊断证明、书面请假单	李四
6. 2021. 4. 30	乙	内部系统批假	/
7. 2021. 5. 20	甲	邮寄诊断证明、请假单	李四
8. 2021. 5. 31	乙	内部系统批假	/
9. 2021. 6. 3	王五（人事主管）	邮寄复岗通知	甲（未送达）
10. 2021. 6. 7	王五（人事主管）	邮寄解除劳动合同通知	

稍微复杂的节点信息模型图，在案件法律关系单一、事实线索多层嵌套情况下的记录：这种记载方案着眼于交涉行为的往返性、多层性

---

① 本书案例均为笔者亲自审理的案件。如未特别注明来源，系由于当事人曾申请文书不公开，为保护当事人隐私需要，不再提示案件的案号。以下不再标注。

在上图中，我们看到案件的法律关系仍然是单一的（劳动合同关系），但事实不再是单一的行为或事件发生作用的结果。劳动者的诉求是想起诉单位方违法解除劳动合同。在劳动者自己与用人单位协商的过程中，单位就已经表示其解除劳动合同合法，依据包括劳动者请假不及时（没有按公司规章事先请假而是事后请假）、法定医疗期满后公司不再准假，寄送复岗通知书后劳动者仍未到岗上班，在这种情况下解除的劳动合同，单位方认为是合法解除。单位解除劳动合同是否符合法定程序，与双方当事人之间的约定、交涉的过程有着密不可分的关系。所以在这个案件中，提取当事人陈述中的双方交涉过程就非常重要。沿着时间线索，罗列出双方往来的重要事件，就能对当事人之间请假、批假惯例，单位解除劳动合同前是否与劳动者进行了有效协商，解除劳动合同是否符合法律规定的程序要件有比较清晰明了的认识。所以律师在记录节点信息时，对信息量的控制、对节点信息的记载方法选择能对后续的加工环节产生很大影响，而在初步交谈过程中确定自己的记录方法，既需要律师对于法律关系本性、法律关系要素等知识前见的准确把握，更需要千八百件案子的反复捶打。这是实务工作者必走的成长之路，以业务为人生志向的法官、检察官概莫能外。

如果法律关系不再单一，具体事实的层次又呈现多样化的特征，那么上面那种以时间轴为线索，根据诉讼主体交互行动排开的记述方法也难以掌握案件的全貌。这时就要以法律关系为主线，以法律关系包摄具体事实的方法来勾勒节点信息。下面以笔者审理的一起建筑工程施工合同纠纷案件为例来说明。

示例 3：

甲公司诉乙公司建筑工程施工合同纠纷案

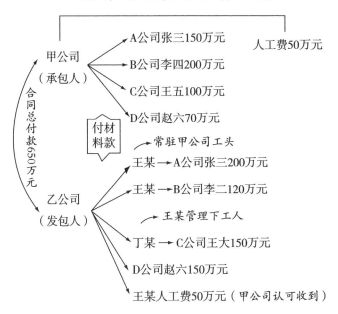

更加复杂的节点信息模型图，在案件法律关系复合、事实线索多层嵌套情况下的记录：这种记载方案着眼于法律关系本身的完整性、兼顾典型法律行为项下具体事实要素的构成

上图记载的案件是一个关于清偿债权准占有人的典型案件，本书在后文的论述过程中还将以它为例进行分析。这个案件的法律关系复杂，并非单一的法律关系。承包人已经支付了材料商材料款，而发包人由于某种原因也支付了大致相同的材料款，那么此时承包人还能依据建筑工程施工合同向发包人要回这部分款项吗？这时已经无法采用示例 1、示例 2 中的线性记事法或采纳前述方法记述的效果并不理想，就可以根据各个要素的必要性采用时间图、关系图、事件图分别记载的方式。

二、具体事实的记法

"节点信息"是在听当事人叙述过程中记录的手账，对于记忆委托事项、案件内容，提示重要信息，作为信息加工整合的原材料当然具有固本清源的重要意义。但只有这些显然还是不够的。法学教授可以从这些"节点信息"提取素材，进行头脑风暴，想象、编写案例，但法律实务工作者可不行。案件能不能胜诉，案件怎么裁判，固然有"节点信息"对法律关系的性质决定所起到的辅助作用，但更主要的往往还是看还原的具体事实是否真实。尽管民事案件的证明标准从学理上看就是高度盖然性，但无论是大众对于司法的认知和期待，还是司法政策对于案件评判标准的要求，显然并不是"节点信息"里事实的有无就能解决的问题。为了最大限度地保证当事人的实体权利，最大程度上以法律真实还原客观真实，也是为了最大程度上维护裁判结果的稳定性，现代民事审判对事实审查的精细度要求大幅提升。在审理某些案件的过程中，在直接事实的证据不充分的情况下，常常需要游走于各方当事人叙述的间接事实、提供的间接证据中，评判各方陈述的可信性、合理性，在此基础上分析主要事实的成立性。所以，按照本书前文所讲的追溯案件经过的步骤，具体事实的丰满与补充也是非常重要的一环。因为具体事实的过程同样只有当事人自己亲身经历过，律师不能凭借自己的想象随意发挥，这一步往往需要在"问听"的方法下完成。

这一环节是对"节点信息"的"补漏"，甚至还会决定律师代理案件的方向。如果方向是合同纠纷，双方只有口头约定，又没有间接事实能够说明双方之间存在合同关系的合理性、可信性，那么放弃合同之诉的方向，转而向准合同纠纷（无因管理、不当得利）关系进军往往效果更好。笔者在审理的民间借贷纠纷案件中，发现有这样一类案件：当事人之间对款项授受并没有形成书面借款合意，口头借款合意又不能证明。例如，村委会要修路，但缺乏资金，村干部临时垫付了资金。但村委会既未就垫付款入账，又没有与村干部签订借款合同。村委会改选以后，继任的村委会委员不承认借款关系。在这种情况下，一方面，"节点信息"中就缺乏借贷的合意、借贷交涉过程这样的重要信息，即便以借贷关系起诉，诉请得到支持的概率也很低。但另一方面，村干部产生了支出，村委会也委托施工人修了路，村子实际得到益处，现有的具体事实能够使无因管理法律关系得到更充分、更饱满的解说，无因管理就成为原告代理律师更好的进攻方向。但是光有一方支出、一方受益、损益变动有联系的抽象事实，"节点信息"还是不够的。这就需要律师询问具体事实，以确认具体事实满不满足要件事实的要求。还是继续以上面的事例来说明。村委会是修成了路，这是受益的具体事实，但村委会自己有没有支出？如果村委会有支出，那么村委会修路便是支付对价—获得利益的合同行为，村干部与村委会的损益变动也就没有了联系；如果村委会没有支出，是不是损益变动的联系就产生了呢？那也未必。比如，时间节点不对，村干部支出和村里修路相差时间久远，那么从经验法则出发合理性也不大，也就是说具体事实的支撑度不够。又如，收款人和施工人根本不能形成直接的或者间接的联系（笔者称其为有效连接），款项支付的对象明显与施工人挂不上边儿，也说明具体事实的支撑度不够。所以本书前文为什么要提出"网罗的要素事实追踪法"呢？正是由于这些具体的事实要通过像齿轮一样咬合、转动，才能拧成一股主要事实，当事人请求所依托的事实才能证成。这是法律实务工作者和法学教授思考出发点的不同，也是在"车间"通过反复操作而不是"书房"里静思冥想才能掌握的技术。要言之，这些具体事实的信息补充就不能仅仅局限在法律关系发生、变更、消灭的重要节点事件中，而应是拧动"节点信息"的齿轮组！所以，律师在记录信息时绝不应是简单地照搬照抄，律师也绝不应是当事人的传声筒，而是应把当事人所讲述的零散事实记录、整理成凸显要件事实的"具体事实"的过程。

示例 4：

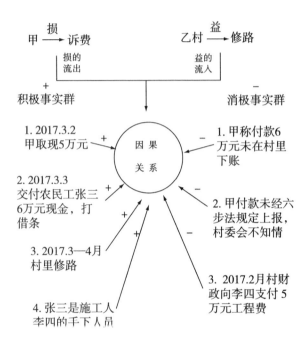

某甲诉某乙村委会无因管理纠纷

在节点信息上附加了具体事实要素的模型，本案要件事实的说明难点在于损益变动因果关系的成立：左边是能够说明因果关系要件事实成立的具体事实群，右边是动摇因果关系成立盖然性的事实群。示例中，除"积极事实群""消极事实群""损的流出""益是流入"等为了说明记载方式而添加的分析性标记外，其余内容均应是听记的内容。

在上图中，围绕节点信息，律师要思考，节点事实如何为真？需要哪些具体事实补充？哪些事实对无因管理法律关系的成立是积极的、建设性的？哪些事实对该法律关系的成立是消极的、破坏性的？有没有对该法律关系的成立颠覆性（一票否决式）的具体事实存在？考虑到此时还处在向当事人发问，以倾听作为信息的输入源的阶段，更换书写用笔一样不具有可行性。为了清晰地区分信息的不同效用，此时可将正向信息用"＋"符号表示，负向信息用"－"符号表示，在记录具体事实信息的过程中，做好信息效用的初步区分。此外，由于律师的工作特性决定了他的听述总是处于

"偏听"的状态，不像法官能在庭审上及时"兼听"。为了进一步向当事人核实信息情报，避免在日后与对方交锋时形成措手不及的尴尬局面，律师要在自己的案件处理经验范围内最大限度地向当事人探知积极信息和消极信息。积极信息要素越多，建设性准备就越充足；消极性信息需提前设防，最大限度地予以合理化消解。在记录具体事实的过程中，往往围绕一个节点事实呈现出发散式状态的多个具体事实，把这种节点事实单独抽出来，以发散式图形来记录，便能突出此处的记录目的，效果往往更好。

三、证据情况的填入

如果说节点信息塑造了一个人的大体外形，具体事实信息就是对人的样貌精雕细刻的血肉。有了这些，人似乎已经变得好看了，但是还少了一样关键的东西，那就是骨骼。证据就是让人挺立起来的骨骼。试想，没有证据支撑的事实，无论讲述得多么天花乱坠，都不过是难以具有法律意义的陈述，对于未亲身经历过事件的法官乃至社会大众来说，都是难置可否的故事。而证据恰恰是事发以后还保存的材料，它们就像是一座座信息孤岛一样，本身不能说明事实的流程经过，但这一座座孤岛串联起来就形成了一条弯曲有度的海岸线，铸成了事实的堤防。所以证据是附着于具体事实的材料，可以在具体事实信息 Memo 中，加入证据的名称，日后便于查阅与取证。拿示例 4 来说，在"取现 5 万元"处可以圈写"流水"；在"交付农民工张三 6 万元现金"处可以圈写"收据"；在"村里修路"处可以圈写"照片""施工日志""人证"；在"张三的身份"处可圈写"李四证言"；等等。这些圈写的内容日后将决定着诉讼的成败，对于具体的事实信息，应全面深挖、向当事人主动了解，以期掌握尽可能多的有利信息。

当这些基本事实信息完成时，还要进行回溯、检验。对于当事人所主张的事实来说，事实岛屿的海岸线是否断裂，事实的堤防是否有重大缺口，就要看当事人的陈述中，支持其叙述的事实部分有没有证据出现裂口的地方。如果有这样的事实信息存在，应在 Memo 中记录自己熟悉的标识，以便在后面的环节中夯实事实基础，对缺口查缺补漏。这样的事实一般有两大类：一类是客观书证记录，当事人手中没有，保存在某个中立的第三方机构中，这时需要预作记录，待案件进入司法程序后，借由司法机关的力量来申请调取。另一类则是目前无从得知是否还能取得，可能在全案结束时都不能取得的证据，这一类要做特别标记，预判对方当事人是否能从这一缺口做出进攻，其攻击的方向如何并预作分析。这种事实的回环检验过程已经不需要当着当事人的面做"听写"记录了，已经可以反映律师思考整合的过程了，这时就可以使用异色笔来记录了。对于刚才提到的这两部分事实信息，由于牵涉后面的调查程序，笔者建议用异色笔标出。可以使用多功能圆珠笔用不同的颜色区分；如果是电子设备记录，可以更方便地取用不同的颜色做标记。比如，上述第一类事实用蓝色笔标出，表示今后可以通过申请法院调查令的方式来获取；上述第二类事实用红色笔标出，表示尚不清楚获取的渠道，要预防对方从此处进攻。值得注意的是，上面的证据分类不是固定的，到了法庭环节，也许可以从对方当事人的答辩或庭审攻防中获取线索，对于标记为红色的部分就要始终留意信息的发掘渠道。当这样的无证据依托事实也标注记录后，"进门"前的素材准备工作便完成了。

第二章 "小前提"的前提：分型、试错与"进门"

法律实务工作者的产品并非一蹴而就，需要经历信息输入—粗加工—信息再输入—精加工—信息再补充—深加工这样的螺旋式整理，才能生产出令人满意的产品。在准备工作初步完成后，就到了第一级分析环节——粗加工了。刚才我们所讲的对于案件事实的追溯主要发生在当事人与律师面谈期间。在送走当事人后，下一步就需要对信息进行初步整合与分析了。这是对已经接收到的事实信息进行第一次整理的过程，整理的内容是对法律关系的线索进行分型，方法是按照典型的请求权进行试错，目的是本案诉讼能顺利"进入法院"——立案。只有案件顺利进入法院进行审理，才谈得上案件的小前提——要件事实是否成立的审查，所以这一步可以看成"小前提"的前提准备工作。

一、信息粗加工的时机

如果没有紧急情况或事先安排，应在信息输入环节完成后，也就是送走当事人以后当即完成。这是因为，人类大脑对某一事件所保有的信息量最多的时候就是"输入完成"时。此后，随着时间的消逝，信息内容将逐渐减少，信息质量将逐渐劣化，细节信息将逐步变得模糊乃至成为空白。所以在大脑"收货"完成后，应尽快"盘货"，把收到的信息分门别类地保存起来。笔者遇到的许多优秀同事，他们案件审结率高、发改率低，他们有一个共同的好习惯：对于法律关系简单的案件，开完庭就写判决，此时细节都保存在脑海里，最容易对信息进行整合判断。如果案件法律关系或基础事实相对单一，那么整合判断直接可以通过判决的形式体现出来，避免了将来的二道工序。如果法律关系相对复杂，判决并非一时半刻能够写就，至少在开庭后要初步记录案件所涉法律关系的类型，每一类如何处理，在方向上有初步的记录。这种工作法就是"及时盘货法"在审判工作中的运用典范。

二、信息粗加工的媒介

这种保存可以通过纸笔记录或电脑端录入来完成。这个阶段的工作可以因个人工作习惯而异。一般来说，通过纸笔勾画草图的方法相较电脑绘图来说效率更高。可以先用纸笔进行草图勾画，待成熟后用电脑进行加工整理。但有的人使用思维导图类软件非常熟练，在录入了具体事实要素的关键词后，能够迅速地制作思维导图，在此基础上结合各类型法律关系的构成要件重新"捏合"事实信息。这时候直接使用电脑软件进行加工制作也是可以的。

如果是使用纸笔工具，好处就是格式随意。事实的关联要素可以随意进行笔触勾画，也无须拘泥于纯文字的表达形式。图画、简易素描、英文单词、缩写词、阿拉伯数字，这些比书面语言更能刺激大脑反馈的信号应该较多地使用。即便是以文字为主的素材底盘，通过勾画、连线的方式也能起到示例图的效果。草图的勾勒对于再认识、再聚合案件事实要素，提高案件的事实发现能力具有非常有益的作用。

在具体的应用过程中，首先要把事实要素进行散开式排列，然后利用已有的法律知识对这些事实进行圈点，看哪几个事实点组合成什么样的事实线，哪几条事实线能够拎出来组成一个事实面。

三、分型思维的前见——法律概念的系谱

从类型上来把握事物的本质特征是人类思维方式的独有特性。类型能够把具体的、无限的事项装入人类大脑有限的认知空间中，并迅速定位、意识、反馈某一事物的本质特征。比如，我们听到"杯子"这个词，或者看到纸上画着的"杯子"图形时，我们的大脑迅速展开联想，与"杯子"实物的功能相联系。这样我们就能在广袤无垠的宇宙中把"盛水的容器"这种类属性和其他的事物区分开来。所以缺乏了分型思维，可以说人类就无法认识这个世界。

那么什么是分型（categorization）呢？那就是利用人类对于已知类型（category）的信息——概念，来对事物进行分类。对于法律事务，一样需要用到分型思维。今天的民事司法活动能够以民法典作为遵循依据，律师的代理活动也将以民法典赋予当事人的各项权利为原点展开思考。那么民法典的思维原型在哪里呢？民法典体系导源于民法各分项立法的汇编与整合。有的当事人在诉讼中会说，一会儿说让诉个债权，一会儿说让诉个物权，到底它们是什么我怎么知道？我就知道想要钱，法律、法院给我设了这么多条条框框，不是成心为难我吗？这话乍一听似乎有些道理，但真的是这样吗？这是一种十分安逸、不动用大脑做深入思考的想法，没有看到由于付出了所谓"烦琐""麻烦"的成本而收获的巨大受益——裁判结果的稳定性和可预见性！我们当然知道，原告只想要钱，他不在乎请求权的种类

（基础），一次诉讼拿到钱对于原告来说是成本最低的，看起来这样的法律也是最合乎人性的。但是这种想法没考虑到如下三个理由：

第一，原告是依法享有权利的公民主体，被告当然也是，原告诉的不对，凭什么为了节省原告的诉讼成本，在原告请求内容不对的情况下支持原告，让被告"买单"？被告的抗辩性主张（关于权利的抗辩）难道是儿戏？被告难道从主体地位上要低原告一等吗？这涉及原、被告两方当事人的机会均等问题，这是程序正义最重要的内涵。

第二，这种精细化的思维方法最终走向了裁判的标准化，即同案（同类型）同判的现代司法理念。这比前面的程序性保护更为重要。因为没有精细的类型、细到几乎针尖难插的权利堡垒作为原告的护盾，约束法官的戒尺是不存在的。原告固然想要回欠款，如果法官内心公正，从解决实际问题的角度出发，不管原告请求的具体类型而综合分析双方的情势，最后支持原告的请求，这是理想的状态。但我们都知道，没有硬性的条条框框作限制，谁能从制度上限制法官的自由裁量权？所以千万不要以为权利的分型、试错只是一个繁文缛节，它是一个用来卡住普通大众的尺子，然而它并不是！本质上，它是用来卡法官的尺子，用来卡公权力的尺子，让现代裁判呈现了它该有的可预期性。所以民事案件的案由也好、当事人的请求权基础也罢，都是精密而贵重的权利分析工具、权利保障工具。它固然有不能便宜从事的时刻，但不能便宜也是强力约束法官行为形成的余波而已，想一想它带来的巨大好处，谁又能拒绝呢？而且这种不能便宜并非不可克服，一个合格的律师自然会帮助委托人完成其力所不逮的分型工作，分型就是律师作为法律实务工作者要生产的主要产品之一。法官同样作为法律实务工作者，则承担着再分型的工作。

第三，民法典体系无论是立法技术，还是法的解释技术，都受到法律构成方法①的深深影响。在立法设计时，已经充分考虑到这种利益的精细化衡量问题，从价值伦理学的角度上看已经作出了符合理性人假说的梯级权利位阶制度安排。为什么民法典要把财产划分为物权和债权？因为前者所有人都能看得见，后者除了当事人以外的人都看不见。看得见的东西就能公示，公示就是外观，有了外观，哪怕内里和外表不一致，也要树立外观的法定权威，保护一般人的信赖，学理上称其为保护交易的动态安全，这就是物权的公信原则。因为里外有别时按"外在"来保护，肯定会伤及"里面"（静的安全中真正的所有权人），所以这个"口"不能无限打开，必须把这种情况限定住，这就是物权的（类型、数量）法定原则，有了物权法定原则，才能放心地设定物权性请求权优先于债权性请求权的原则。这一切请求权的设计都是一环套一环，借由价值序列精巧排列而成的。当事人最终在诉讼实践中选择了哪种请求权路径，当然也得和民事实体法上的权利类型相匹配。不可能说实体法上的请求权精密而严整，当事人在拿起来用的时候却粗放无比，到了法院就向法院说，我就要被告赔偿两千块钱，都不说明请求权的具体类型就能被支持其请求。

四、分型的初衷与最终目的

律师作出分型的初衷是什么？从委托人的角度上讲，是实现委托人胜诉的终极目的，但要实现这种目的，首先要过两道关：一是立案庭的法官；二是审判庭的法官。在案件试图进入国家公权力，由公权力进行裁决的阶

---

① 法律构成方法（juristische Konstruktion），是一种以法规为基础进行间接利益衡量的操作技术：某个事实 A 应产生什么样的法律效果？虽然通过利益衡量 β 效果最为妥当，但不能直接将 A→β 关系作为法规发现的正当化方法。此时，要着眼于 A 事实的各种要素 a，b，c，d，e，f……A 事实所共有的要素，如 a，b，p，q，r，s……中，a、b 共有要素能够构成 B 事实，这种共有要素构成事实 B 的效果就是 β。在此基础上，a 和 b 两个要素构成了概念 X，这时虽然 B 事实成立了，具有了 β 的效果，但从本质上看 β 并非 B 的效果，而是概念 X 的效果。由此，a、b 两要素＝包含了 X 概念的事实 A，经过 X 概念的 β 化推演出了 B。所以 A 事实直接产生某种效果的法律规定空白时，通过 X 这个法律构成的媒介，能够推导出妥当的结论。这样，各种各样的利益衡量都涵摄（subsumieren）在法律项下，法律构成就是这样一种创造性的技术。这种技术不同于此前将法源直接套用于具体事实的方法，也就是直接的利益衡量法。参见碧海纯一等著：《法学史》，东京大学出版会 1976 年版，第 148~149 页。

段，立案庭的法官会对案件作出最初的分型。这种分型也主要分为两大环节：

第一，案件是不是该由这个法院主管，这种分型解决的是受理不受理的问题。包括当事人的请求是不是能由法院受理，如当事人请求让单位补缴公积金，这就不属于人民法院民事案件的主管范围。即便属于人民法院民事案件的主管范围，如果接受案件材料的法院没有管辖权，也同样不能受理该案。这虽然是一个程序问题，但很多时候可以借由不同类型的合同特质、履行地的不同来选择方便原告的法院。

第二，如果决定受理某个案件，立案庭的法官会给案件冠上一个案由。这个案由源于立案庭法官对案件初步材料的认知，是一个初步的分型过程，它的主要作用在于向不同的业务庭输送案件，保证案件顺利进入审判庭审理。正是由于当事人所委托的目标是否达成还要经过后面一系列环节，所以分型的第一次目的是使案件进入法律程序，不必在审理前求全责备。实际上，由于当事人在委托过程中的陈述可能避重就轻，或对某些事实问题避而不谈，导致在开庭的时候，通过对方当事人的陈述才能一窥案件的事实全貌，所以在立案前的分型工作不能以案件最终的胜诉为首要目的。比如，律师在分析完事实素材后发现，委托人通过甲种法律关系起诉，事实依据尚显匮乏，实体胜诉的概率不高。但是，通过甲种法律关系起诉，与委托人的关系最为密切，进入实体审理的可能性最大。通过乙种法律关系起诉，虽然目前的证据材料、具体事实显得更为丰沛，能够确认该具体事实成立的概率高，但是委托人就该法律关系却缺乏诉的利益。作为诉讼策略，是选择甲种法律关系作为请求权的依据好，还是乙种法律关系更好呢？显然，在此首先要解决的是"进门"的问题，而不是"胜诉"的问题。案件程序的一个阶段有这个阶段的本质特征，要针对这种特征优化律师的法律产品。此时当然需要以被告明确、诉请具体、原告对于诉讼标的有诉的利益这种"进门"条件作为挑选请求权类型的依据。至于诉讼请求在实体法上能不能得到支持，在庭审辩论终结前还有修正的余地。像《中华人民共和国民法典》施行后，原告请求确认合同无效的事例中，如果原告并非合同当事人，而请求权基础又指向合同相对无效的条文，显然，原告因为欠缺诉的利益（也可以解释成原告缺乏主体的适格性）很有可能被挡在司法程序的门外。此时，以撤销权之诉先行解决"进门"的问题，在诉讼中如发现具体事实存在无效的情形，也可再行变更诉讼请求。当然，这是一种比较极端的情形。更多的情况还是"进门"与胜诉合一的分型，也就是说"进门"的时候和"出门"的时候（判决结果作出时），选择的诉讼请求是一以贯之的。

那么律师的分型工具是什么呢？目的决定手法，分型的初衷是让案件"进门"，最终目的是成功"出门"。其实，法律实务工作者都是围绕一个具体的案件，在不同的时候以不同的立场介入案件。各方之间在诸多程序上都存在交集。就拿分型工作来说，律师在第一步分型的环节解决的是分好型，使案件顺利进入法院审理的问题；第二步分型则是依据诉讼活动中双方当事人递进展开的事实作细分型，以便在最大程度上取得诉讼结果的利好。检察官关于罪与非罪、罪名的选择与民事案件律师的前述工作具有实质上的相通性。法官则是在全面听取原被告所陈述的事实，审查原被告出示证据的基础上，依据分型的方法对案件法律关系进行定性，从而选出适应本案法律关系本性的法律来适用。所以，分型工作是法律实务工作者都需要自觉或不自觉而为之的工作。即使律师在代理案件的前期对此没有自觉的意识，到法庭审理环节，许多法官也会问：请求权基础是什么？依据违约责任请求权还是侵权责任请求权提起的本诉？如果是合同法上的请求权，那么是基于合同无效的返还请求权还是基于合同解除的返还请求权？有的律师在前期准备阶段不注重分型问题，眉毛胡子一把抓，不仅导致在法庭询问环节不能即刻讲明委托人的请求权基础，甚至还因陷入自我矛盾造成庭审表现被动。比如，在房屋价格上涨后，出卖人意图毁约，不再出售房屋，此时房屋所有权登记变更已经完成。委托律师代为参加诉讼后，提出买卖合同因未取得委托人配偶的同意，买卖合同无效。后又主张买卖合同应于原告起诉时解除，被告应按合同解除的法定效果返还原告房屋。在庭审时，笔者询问原告方的委托代理人，到底是主张合同无效的返还请求权还是合同解除的返还请求权，该律师并未深入思考这两种请求权类型的区别，只好当庭陈述两者均予主张。笔者再行询问，既然主张合同无效，那么无效的合同何来解除的可能？代理人想了想，只好再陈述，先行主张无效，如果无效不能认定，再主张合同解除。这样一来，合同效力问题和违约问题便是两个截然不同的请求权基础，能否在一个诉讼中加以审理也不无疑问。如果我们允许原告作这种性质的预备性请求，那么无异于说原告方把所有试错的成本全部在一个案件中推给对方当事人甚至是司法机关，把本应由他自己先行分型、试错的步骤都在一个诉讼中解决了。本案原告只试探性地提出了这两种请求权，如果一个案件的法律关系复杂或存在多个条法规竞合的情况，原告同时提出五六个独立类型的诉讼请求作为预备性请求，岂不是要法官逐个对原告的请求进行检索性试错？这显然是不符合现代民事诉讼本质特征的。因为诉讼标的在本质上就不是一个类型，并非在一案中能审理。

通过上面的例子，我们可以看出，既然分型工作是法律人工作的公因式，那么由此我们就能得出两个结论：第一，分型工作是贯穿整个案件处理期间的共通性内容，也就必然会有共通性的方法。虽然不同职业群体分型的最终目的会有一些差别，但它们在事理的性质上是共通的。由此，分析的手法、分析的道具具有相当程度的共同性。除法学基本知识、法律法规知识这些共通性的知识前见外，由知识前见所产生的方法论也是共通的。这就好比是医生看病，在诊疗以前的过程中，医生们都要有在医学院系统训练的知识前见，以及运用这些知识前见给病症种类分型的手法。这种知识背景和分析病症种类的手法在医生中是共通的，所以常见的病症、有处理范式的病症才能有相对固定的诊治方法。这样的工作方法不至于产生甲医生这么认为，这么施治，乙医生却那么认为，那么施治的情况。如果在常规病例情况下，都是这种因大夫不同治疗方法就大不相同的处理方式，那就难谓诊疗行为是一门科学了，因为它不再具有可检验性、可重复性。法律的实务操作也是一样。如果一个律师一种手法，一个法官一种方法，谈不上在方法上的交集，也就谈不上普遍性的方法问题，最后裁判活动乃至包含裁判方法的全体法学都难谓一门科学了。第二，律师的分型工作或检察官的分型工作是法官分型工作的前提准备，律师、检察官的分型足够精细而准确，法官的工作量将大幅减少，而随着法官直接采纳运用其分型概率的上升，律师、检察官达成其工作目的的可能性将增加。换句话说，就是律师、检察官出产的法律产品经过检验，成为合格或优秀的产品，产品的价值也就会随之上升，产品价值的提升会为律师带来更多的客户，特别对于以商业活动为中心的律师而言，这就进入了一个正循环的境地。在此，有人肯定会问，难道法官判案是靠律师的前期工作才能进行？如果请不起律师案子就得败诉？这是一个非常犀利的问题，但是却是一个"伪问题"。为什么这么说呢？

第一，能不能在本案中支持原告的诉讼请求，需要考虑的是原告在本诉中的合理性问题。如前所述，这种合理性是通过形式正义与实体正义两个方面的内容来体现出来的，势必要呈现出一定的专业性。如果不具备这样的专业知识，又不能聘请律师，或者享受免费的法律援助服务，那么认知水平不如专业人士高是一种正常现象。这就如同生病以后看医生一样，如果由于经济上的窘迫而无法到医院就诊，只能自行诊断并购药，诊治的正确性、适当性自然是要低于医生诊治的，否则医生的专业性谈何而来？但是，这不意味着穷人无法就医，因为医保体系、贫困救助制度将在很大程度上改善这　现象，制度设立的初衷就是改善物竞天择情况下产生的优劣地位的弊端。司法过程更是如此，法律援助制度、法官的释明制度都在其中起到调控的作用。当然，我们也不能否定有些人运用财富寻找更优资源的正当性。在法律领域里自然也有类似的现象，由律师代为出庭参加诉讼活动，特别是有业务过硬、素养很高的律师代为参加诉讼时，由于意见分析准确、搜集证据严密完整而一次性达到诉讼目的的概率确实更高，这是不容否认的客观现象。如果自己看病与自己参加诉讼都和医生看病、律师代为参加诉讼没有区别，那还有谁生病去找大夫，打官司去请律师呢？只要底线以上的保证到位，即通过制度安排能让人看病，通过制度安排能让人打官司并最终有解决其实体权利的渠道，就不能否认医生看病、律师代理活动的正当性。

第二，学习过民法理论的法律人都知道，上面所说的医生看病、律师代理活动在民法上都是一类不同于买卖、借贷关系的民事活动。前者我们称之为手段之债，后者我们称之为结果之债。在买卖、借贷关系中，我们要的就是买卖合同的标的物，借的就是一定数额的金钱，但在诊疗活动中、律师代理活动中，我们是通过享受相关服务而追求某种结果，但某种特定结果的实现却不是合同履行没履行的衡量标准，所以我们才称它们是手段之债。也就是说，即便有诸如医生或律师这样的专业人士出场，最终的结果也未必尽如人意。同样是医生，有的病情甲医生看不好，乙医生却能医治。同样是律师，甲律师未必能准确分析案情，作出妥当分型，选择了适合的请求权基础，但乙律师可能一次便可准确完成分析工作，使案件最大程度上朝有利于委托人的方向进行。

　　用笔者最为熟悉的，也是人们最可能经历的民事诉讼来举例。在单纯的财产纠纷领域里，那种非黑即白、非此即彼的案例在案件全体总量当中已经占比非常低了。最为常见的情形、绝大多数的情况并不是善恶泾渭分明，而是当事人通过其互动、交涉的过程，你中有我、我中有你，原告的诉请、被告的抗辩各自有其合理的成分。原告的诉请并非均应支持，而是其中合理性强、证据充分、在法律允许幅度内的部分应予支持。家事纠纷则更是历来如此。离婚纠纷、继承纠纷中，本来就难以说清谁的行为更具有一般社会通念上的合理性、谁更应多分财产、谁又该少分财产这些问题。所以，多数情形并不是非败即胜，非胜即败，而是胜中有败，败中有胜。此时，胜多还是败多，往往取决于事实准备的充分性、法律关系诉求的准确性（如复合型法律关系的拆解、降级及分类）等一系列工作。

　　就以"借债还钱"事例来说，原告作为出借人，要求被告还钱，按照普通人的思维习惯来看不是天经地义吗？但是这也要看情况。例如，本书前文所举的村干部与村委会垫付款返还纠纷，双方并没有形成书面借贷合同，也没有口头借贷合意的证据，按借贷关系起诉一定能得到法律支持吗？有人进而就会问：这种情形按借贷起诉返还借款和按无因管理起诉返还垫付款有什么实质差别？不过是文字游戏而已。但是，真的是这样吗？如果能够证明双方当事人之间存在借贷关系，按照借贷合同来起诉，当双方当事人就合同履行期约定不明时，按照法律规定，是允许预留合理履行期，当事人是能随时主张履行的。这样，原告在起诉时主张履行便就有了合理性，不涉及超过诉讼时效的问题。但是，如果按照无因管理的返还请求权，这种准合同关系可没有什么约定上的履行期问题，原告一旦垫付款项便知道自己受到损失，对方由此得益，就开始计算诉讼时效了。所以以无因管理来起诉，往往需要保留更多的追债记录。在金钱交付并非原、被告两方当事人之间进行的情况下，上面形成的两种思路就有了以下差别：选择借贷之债起诉要证明借款合意，这正是借款合同的难点所在；选择无因管理之债起诉根本无须提供借款合意的证据，但难点往往在于诉讼时效中止、中断事实的证明。详见下图。

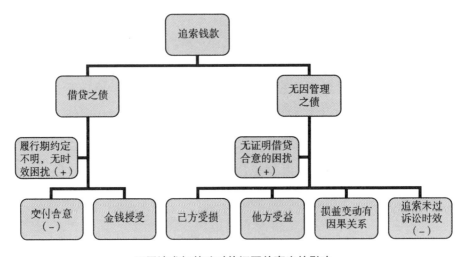

不同请求权基础对待证要件事实的影响

选择什么样的请求权类型是对主张的实体权利能否得到法律承认的关键所在！而这种关键因素，会因律师的前期调查、分析、分型、试错工作得到最大程度的优化设计。所以不要看轻分型这一步，也不要仍然让它处于无意识的潜在生产状态，或是作为一种副产品来生产，应该把它大大方方地摆在法律实务工作者案台的显眼位置。

五、分型、再分型的技法：动笔与诉讼实验

尽管我们意识到了分型的作用，也想把分型的产品摆上律师的售货架，但我们也只是有了制造产品的意识，距离产品的生产、成形还欠缺制品工

艺的磨砺。在接下来的内容里，本书将探讨这种产品的生产工艺流程。

在前章案件事实的追踪部分，本书已经探讨了事实要素的积累及留痕、分析方法。现在展现在我们面前的应该就是那些具体事实信息。如果是单一型的法律关系，或具体事实呈两方当事人之间的、线性的排列构造，那么这是一种理想的案件事实类型。这种相对极端而纯粹的事实要素反而更容易说明分型的方法：在这种情况下，分型工作明里依据法律关系的性质来做，暗里更为倚重各请求权基础规范所规定的要件事实来衡量。接下来将以此作为分析基础，展现分型的基本技法。

前文已经说过，立案前律师的分型工作往往是初步的。而在审判阶段，在所有的事实要素收集完毕，进入法律适用环节前，法官的分型工作是最为精细的分型。正是由于这种精度的差别，导致他们的主要工具有所不同。在立案阶段，初步分型的依据主要依靠法律关系分析法就能完成。在此举一例来说明：张三与李四是好友，李四向张三借款 10 万元，把一块名表质押给了张三。在质押前，张三曾到柜台询价，得知该表市值也在 10 万元左右。后来，张三的另一朋友王五到张三家做客，见到表爱不释手，以 20 万元的价格购下了此表。张三认为，手表既然市值 10 万元，以 20 万元卖出后，再购买同款手表还能赚取 10 万元的差价，遂出售了此表。张三和李四就表的处置行为发生纠纷。这是一个线性事实构成的案例。无论前缀的具体事实多么"丰满"，节点事实就一个：张三对李四的手表进行了无权处分。如果非要在这个节点事实里寻到具有法律效果的具体事实，也就只能看构成该节点事实的具体事实中，是否存在委托占有的事实，这一事实的有无未来可能会产生表见代理或盗失物追索两种不同的案件事实，从而导致适用实体法的不同。但在事实要素既定的情况下，马上我们要面临的问题便是分型，即具体有几种可能的请求权类型。无权处分他人财产，可能引发违约损害赔偿请求权、侵权损害赔偿请求权、不当得利返还请求权等多个请求权。此时选择哪个请求权提起诉讼，可以将各请求权的类型在 Memo 纸上排开。

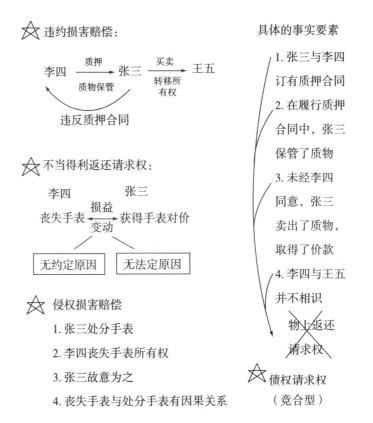

☆ 违约损害赔偿：

李四 ——质押/质物保管—→ 张三 ——买卖/转移所有权—→ 王五

违反质押合同

☆ 不当得利返还请求权：

李四　　　　张三

丧失手表 ←损益变动→ 获得手表对价

无约定原因　　无法定原因

☆ 侵权损害赔偿

1. 张三处分手表
2. 李四丧失手表所有权
3. 张三故意为之
4. 丧失手表与处分手表有因果关系

具体的事实要素

1. 张三与李四订有质押合同
2. 在履行质押合同中，张三保管了质物
3. 未经李四同意，张三卖出了质物，取得了价款
4. 李四与王五并不相识

物上返还请求权

☆ 债权请求权（竞合型）

具体的要素事实罗列在 Memo 中，根据这些要素事实，由法律规定的法律关系类型试探性匹配，最后根据分型目的作出最优选择

如上图所示，在这种相对单一的事实（无权处分）引起的损害中，各请求权处于竞合关系，且均是债权性的请求权。虽然在适用要件上还存在不小的差异，但都不存在难以证明的问题。所以分型的结果便是，多种请求权无论是从性质上看，还是从主张以后的立证难度来看，差别并不明显。最后回到程序问题进行检验，会发现在违约之诉中，请求内容并非合同特征的履行义务，不属于接收货币一方作为履行地的情形，所以三个请求权都会以被告住所地作为主要连接点确定管辖法院。其中，唯有选择侵权损害赔偿之诉还多了侵权行为发生地、结果发生地等连接点，如果双方处于异地，此时可以考虑将其作为方便管辖的因素而提起诉讼，也就是说方便程序上"进门"问题也是请求权类型选择的初衷之一。

　　在大部分情况下，案件事实呈现非线性的、多方当事人之间的、多法律关系集合的样态，这时分型工作不仅显得必要，往往还需要进行试错性地多次分型，对分型结果进行预想性的甚至现实性的立案实验，才能达成比较好的效果。

　　仍以笔者审理过的一起返还原物纠纷为例加以说明。该案的具体事实主要是：乙公司与丙公司之间存在长年供销合同关系，乙公司向丙公司出售生产原料。丙公司有段时间与下游公司发生纠纷，导致现金流断裂，所以用出售丙公司自有房屋的形式代为清偿对乙公司的欠付货款。房屋买卖合同签订后，一直未办理产权变更登记。此后，乙公司因欠付甲公司货款，想将房屋直接变更登记为甲公司，就与甲公司签订了债权转让合同，合同约定了一个月的变更登记履行期。履行期届满后，甲公司认为其已享有涉案房屋的所有权，遂提起了一个所有权确认之诉，一个返还原物之诉。在两案成讼前，丙公司已经法院受理进入破产清算程序。两案经法院判决，确认甲公司对案涉房屋拥有所有权，丙公司配合甲公司办理变更登记。后经丙公司申诉，两案均进入再审程序。再审审理中，法院认为，再审案件的专门管辖被破产案件的专门管辖所吸收，将案件移送到破产案件的受理法院进行审理。如果你是再审案件两案的原告代理律师，此时你会选择哪个请求权提起诉讼呢？

　　本案的原告在再审审理期间，仍然以原审期间的诉讼请求提起诉讼，后被法院裁定驳回起诉。两审法院的裁定理由也各不相同。一审法院认为，既然原告起诉被告时，被告已经进入了破产清算程序，那么原告应向管理人申报债权，而不是再向人民法院提起诉讼，遂裁定驳回起诉。二审法院认为，原告关于返还原物的诉讼请求在被告进入破产清算程序后，实际成为行使取回权的请求，应履行向管理人主张取回权的前置程序，故裁定驳回起诉。从结果上看，原告并未实现"进门"的愿望，是因为他想象的请求权基础和提出的具体事实在类型上不匹配，而与法匹配的类型又未被其采用。

　　通过这个事例我们可以很明显地看出，律师把事实要素收集完毕后作分型工作的首要目的是"进门"。很多实务工作者看到这些事实要素的集合后，都会不由自主地分析原告到底能不能享有所有权？有没有依据提起确认所有权之诉？进而有没有依据提起返还原物之诉？这就是一插到底的想法在"作祟"。在某些情况下，律师拥有较大的自主权，能够决定代理案件的方向。但某些情况下，委托人已经限定了欲争取的结果，请求权的选择空间就当然地有所限缩。本案中，原告在再审过程中已经知道丙公司进入了破产清算程序，正是惧怕房屋回收无望，才要求对案涉房屋行使物权性的请求权。所以，律师不能在接受委托的第一步就以裁判者思维来分析物权性的请求权能否得到支持的问题，而是要依委托人的意愿，先行解决物权性的请求权怎么"进门"的问题。那么我们需先勾画一张请求权情况的草图以供分析。

对于房屋变更登记的主张或者基于物权性的请求权，或者基于合同上的继续履行请求权，通过对案件具体事实要素的网罗，我们发现，在本案中，甲公司并不是通过支付金钱的方式购买的涉案房屋，而是为了实现其对乙公司的债权，通过债权转让的方式取得了房屋买卖合同中债权人的地位。甲公司是否享有对涉案房屋的物权性的请求权是案件通过实体审理需要解决的问题。无论是原告所选择的请求权基础，还是一审法院的裁定，实际上都犯了"操之过急"的错误，把法解释论的思维惯性带到了案件"进门"的阶段。本案中，被告丙公司已经进入破产清算程序，尚未进入重整阶段，起诉也好、审查法院的管辖权依据也好，当然无法绕开这个影响程序性进度的重要因素。首先来看，在不考虑丙公司进入破产清算程序这个特殊情况的前提下，甲公司的两个请求权选择的是否合适。依据民事诉讼法的理论和实践，在存在给付之诉的情况下，确认之诉被给付之诉所吸收。一方面，这是节省司法成本的"两便"原则（便于当事人诉讼，便于人民法院依法独立、公正和高效行使审判权）的需要；另一方面，也是为了避免一方当事人对另一方实施证据突袭，或利用法律程序对抗债权的合理形式，形成滥用诉权的局面。比如，在合同有效的情况下，仅需通过行使继续履行请求权的方式实现己方的权利，就不允许其先行提出确认合同有效之诉预先进行攻击。本案中，通过原告请求依据的事实理由能够看出，原告并未主张不动产登记机关存在登记错误，由于登记不实而提起所有权的确认之诉。如果是由于单纯地登记错误而导致的变更登记请求，那么请求权的基础将是物权性的请求权，在所有权变更登记环节不存在给付之诉发生的可能。但本案原告依然主张其已支付过转让合同的对价，需依合同取得涉案房屋的所有权。这样一来，就存在两个问题：第一，请求的理由与请求旨趣并不匹配；第二，请求权的基础系债的继续履行请求权，如此便成就了确认之诉被给付之诉吸收的情形。法院对案件作出判断虽然会有对全案事实综合判断的因素，但最根本的还是基于对原告请求内容及请求理由（诉讼标的）的判断。如果以原告请求的理由为前提，本案实质上仅需一诉便可了结，即请求履行债权转让合同的内容，变更登记和物的交付均是合同项下权利义务的履行。但在原告坚持行使物权性的请求权的情况下，就需要基于物上的返还请求权来提起诉讼，不管能否得到法院的支持。此时，在加入了丙公司进入破产清算程序的因素后，就需要考量这种物权性的请求权在破产清算程序发动后的行使路径。破产清算程序提出后，对被告提起的请求要么处于均分状态（申报并分配债权），要么处于独享状态（如优先权、担保物权等）。原告为了实现对案涉房屋"独享"的目的，当然需要提出物权性的请求权。在本案中，既然原告试图通过所有权确认之诉来解决其物权权属的正当性和物的返还问题，此时也只得借助于优先权制度来保障自己的权利。所以，此时甲公司需先行向破产管理人主张行使取回权，在未能实现其目的后再以破产主体为被告提起取回权之诉。如此，案件便可进入实体审理环节，原告将在程序上罄尽其保障程序。

由上面的事例可以看出，律师对于案件法律关系的初步分型，并不总是以实体纠纷的最终解决和"胜诉"作为目的的，案件能够"进门"才是初步分型的初衷。而要解决"进门"的问题，一来需要请求的内容和理由相匹配，是一个分类（法律关系：事实→请求）下的体系；二来需要解决方便己方当事人的管辖问题。进了门，才有办法想如何胜诉的问题，如何更大程度上争取当事人利益的问题，如果不能解决"进门"的问题，就像上面谈到的案例一样，那么无论是物权性的请求权，还是债权性的请求权，连作出分析的机会都没有了。

第三章 "小前提"的真身：素材及成型

到了这一环节，案件已经顺利"进门"，后面的程序当然便是配合法院进行事实调查。只有事实成立，才谈得上适用实体法的问题，才能产生法解释上争论的余地。

第一节 "小前提"的内容

第一目 程序篇

一、原告方律师的准备工作

一旦法院受理了原告的诉讼请求，这时候就会开始启动另一个委托代理的程序。受理案件的法院会向被告方发送起诉状副本、应诉通知书、举证通知书、诉讼权利义务告知书等文书材料，这样被告方将在收到应诉材料后也正式进入诉讼程序。如果被告选择通过委托代理律师的方法代为参加诉讼程序，此时第二个委托代理程序便开始启动了。无论是诉讼程序的进行，还是案件在实体法上的审查，此后双方的委托代理人与各自的委托人一起，在诉讼的推进过程中呈现出对抗关系。从此时开始，各方的委托代理律师将在法律允许的框架内，围绕程序问题、实体问题展开反复较量。

虽说起诉被人民法院受理后，应诉材料的发放主要是法院来负责的，但作为提起诉讼的原告，绝大多数情况下不仅希望胜诉以保障自己的合法权利，还希望尽快执结以实现自己的合法权利。正是基于原告处于进攻方的这一地位，其更具有配合法院推进审理程序的动力。但是光有动力还是不够的，还需要有推进程序的方法。法院发送应诉材料，基本上依赖于原告所提供的地址，如果不能形成有效送达，那么程序上反而要经历更多坎坷。所以千万不要认为案件进了门，就可以放松了，就可以缓上一缓。以笔者的审判经验来看，送达的有效与否可以在很大程度上影响案件是否能够对席审理，从而决定双方当事人是否能有效进行攻守，最终影响判决结果的稳定性。

其中一类案件为原告不希望应诉材料实际送达对方当事人，为了达到其通过诉讼手段获取不当利益的目的，原告方会提供虚假的地址，启动诉讼程序后靠虚假的证明资料或片面截取的证据资料和判决的方式实现其诉讼目的。但是，无论原告提起的是确认之诉还是给付之诉，都肯定会迎来信息"泄露"的时刻。在给付之诉中，一旦判决进入执行阶段，由于执行信息系统的高度覆盖性，对方当事人肯定会第一时间知晓判决内容，案件便会因为对方当事人申诉而进入再审程序。而在确认之诉中，当事人请求确认合同的效力必然有其目的，在确认之诉达成后必然会有后续行动，最终也会波及合法权利人的利益，被合法权利人发现后，从而进入再审程序。无论是哪种情况，当事人通过诉讼方式取得的不当利益不仅不能保留，而且依据《最高人民法院、最高人民检察院关于办理虚假诉讼刑事案件适用法律若干问题的解释》的规定，当事人及其委托代理人还可能因此而承担刑事责任。所以，通过诉讼方式意图获取不当利益，从而故意向法院提供虚假地址的方式是断然不可取的。

另外一类案件为原告方本可以在送达程序中起到更重要的作用，但由于前期准备工作没有做好，导致案件缺席判决。判决作出后，对方当事人通过其他途径了解到判决结果的内容，对判决申请再审。由于案件是在缺席情况下作出的，被告提出的微妙抗辩（如计算数额的抗辩）都很有可能造成实体结果的不同，所以发回或改判的概率比对席判决的情形要高得多。这样一来，诉讼程序便再度增加，审理时间也将大幅延长。这些本可以通过原告方周到的调查义务加以避免。

如果是自然人之间打官司，一般而言，原告已经到了对被告提起诉讼的阶段，双方关系恐怕多半已经不睦。为此，被告方不再接听原告电话、拒绝回复短信的情况大有所在。被告方的送达地址是原告方通常无法直接取得的。如果被告方也想通过诉讼方式尽快解决实体问题，那么原告与被告之前的联系方式实际上可以交由法院继续发动送达程序。但如果被告拒不配合接受诉讼材料，或被告方希望通过程序事项延长诉讼时间，甚至借由程序性事项对原告方展开攻击，此时送达问题甚至会成为双方当事人的争议焦点之一，这就不容马虎了。

（一）被告唯一性身份信息的确定

在诉讼文书送达阶段，作为原告方的委托代理人需要调查哪些事项呢？首先，要确定被告的身份。在大多数情况下，原告通过与被告的前期联系，都会知道被告的姓名。少数情形中，原告仅知晓被告的"绰号"或被告公司的简称，并不了解准确的名称信息。这时就要借助辅助信息情报，甚至由律师亲赴现场调查的方式确定送达信息。对于自然人的信息，确定身份的最佳办法便是居民身份证号码。笔者还在作书记员的时候，曾经出现过这样一件奇特的案子：原告起诉被告后，提供了被告的姓名和大致的住址。原告仅知道被告居住的小区，一审法院为了向被告进行有效送达，没有在地址不详的情况下直接进行公告送达，而是到了当地居委会，向居委会查询了被告的详细住址。此后法院依据居委会提供的地址向被告进行了送达。被告按照传票指定的日期到庭参加了诉讼，在诉讼过程中也提交了其身份证原件以供核对。在庭审中，被告一直抗辩未见过原告，也没有与原告打过交道。承办法官经庭审审查，观察原告的庭审表现，听取原告陈述的合理性，认为被告提出的单纯否认可能正是俗套性的否认，借故拖延诉讼，遂判决支持了原告的诉请。案件到了执行阶段，通过调查发现，同一城区还居住了一位"同名同姓"的其他案件的被执行人。经调取执行卷宗发现，两位"被执行人"长相酷似，而且居然居住在同一小区。连与被告交往不深的原告也未能发现主体的不适格，这才出现了前面的一幕。当然，案件最终通过再审程序解决，这种情况也是极为罕见的。但由此笔者想到的是，如何能更为精准地调查被告个人信息，向法院输出更为精确的程序性产品，从而也最终避免因送达程序的不畅导致己方产生损失。

从民事诉讼的基本结构上看，当事人将所争执的民事纠纷提交给法院，在审理过程中始终都贯穿着处分原则和辩论原则。这就意味着原告除了有义务把争执的内容告知法院以外，还要告诉法院他和"谁"争执。这就是《中华人民共和国民事诉讼法》（以下简称《民事诉讼法》）第一百二十二条第二项所规定的起诉条件之一：有明确的被告。当然，当事人委托的诉讼代理人虽然可能比普通的公民有更多的调查权限和调查手段，但也无法做到"根查"被告个人信息的程度。前文本书所提到的极端案例，就是在连法院都未能调查清楚被告信息的情况下所产生的。所以《民事诉讼法》也并没有规定，被告的信息要精确到能定位居民身份证号码才可以立案的程度。只不过，被告的信息越具体、越明确，在审理程序上越能迅速进行，在实体上越能获得胜诉机会。而被告的准确身份信息，将是诉讼程序开始后，律师为委托人生产的第一个法律产品。

那么律师调查被告信息的抓手有哪些呢？我们首先来看情形最为复杂的、困难程度最高的自然人被告。在大部分案件中，双方当事人的纠纷并非某一事件所导致，而是双方在发生纠纷前就已经有了某种程度的交往和联系，在这种情况下，原告作为委托人是知晓被告的身份信息的。这种情况可以借由原告提供的间接信息进一步强化被告的信息，确定被告的唯一性。能够确定自然人居民身份唯一性的信息首推居民身份证号码，此外社会保障卡号码信息、护照信息等在国内都是能够确定当事人居民身份信息的"强效武器"。只要需求正当，法院一般都会为律师开具调查令，能让律师到有关机关去调取涉案当事人的相关信息。调查令制度体现了人民法院在审理民事纠纷的过程中向平等型、对抗型现代诉讼体系的转型，凸显了律师在法律服务活动中的作用，使法律职业共同体更具有在一个平面对话的可能。

调查令制度的出现，使律师成为"法官"之手的延长线，对于调查客观性信息非常有用。原、被告的律师应准确分析并预判客观信息对己方当事人所产生的影响，对此善加利用，在获取这些客观性信息的基础上为各自委托人的利益服务。由法院开具调查令来查询被告自然人的身份信息，是最便捷而迅速的方法。

在少部分案件中，被告因侵权行为同原告发生接触，双方当事人在案件发生前并未发生过接触，原告并不知道被告的任何身份信息。在这种情况下，只能首先报警，借助公安机关的力量做信息初步调查。所以在此提醒所有侵权案件的受害者，发生损害时，只要还有一点"余力"，一定要"咬牙"报警，不管是由于他人的侵害还是在公共场所不慎出现意外事故，都需要第一时间报警，不仅能够保存日后提交法院的事实证据，而且能固定案件进入实体审理最重要的线索——被告是谁的问题。在第一时间报警，侵权行为人一般难以离开现场，公安机关会就报警内容制作询问笔录，在制作询问笔录前便会核对各方当事人身份。即便是不慎在公共场所摔伤，不存在侵权行为人的场合，公安机关的接警记录对于确定事故发生地点，从而确定场所管理人都具有重要的作用。并且，报警的另一个关涉实体问题的好处在于，能够借由公安机关的力量调查可能存在的录像证据。虽然在事后报警并非不可，但效果上与事发当时报警还是有一定差距的。

对于被告是法人的情况，一般可以通过"启信宝""企查查"等 App 来确定公司的准确名称。但是，在少数情况下，如在民间借贷纠纷案件中，专业从事放贷业务的公司有的手续并不齐全，有的未经金融机关批准放贷而从事放贷业务，为规避法律关于合同效力的强制性规定，或规避法律关于利息限制的规定，采用比较隐蔽的方式从事放贷营业。比如，通过印发小传单，并在路边电线杆张贴、在不动产登记中心周边发放（因房屋出售后会形成大额资金变现，有的小额贷借款不是以自有资金放贷，而是通过介绍客户的形式促成资金所有人与使用人订立借贷合同）、通过网络发布等形式吸引用资人。而公司自身的办公地点并不设公司铭牌，办公地点也不常固定在一处，工作人员与客户接触后始终以公司简称形式称呼公司。甚至在订立借贷合同时，即便是公司行为，也以公司员工的名义签订合同，以员工名下户头进行资金往来交易。在此情况下，如果原告是用资人，为了正确定位法律关系的主体，从而支撑后续实体问题中关于合同效力问题的主张，应列公司为被告。如此一来，就需要查明公司的基本信息。对于已登记的公司来说，需要通过对公司实地走访、公司"简称"、公司股东、公司办公所在地等线索，结合"启信宝""企查查"等 App 关键词检索功能，确定公司的准确名称。对于未登记的公司或个体，由于不具有民事权利能力，又没有任何登记信息可供查询，就只能以自然人为被告提起诉讼。

自然人基本信息的查询方法前文已述，此处不赘述。

（二）被告有效送达地址信息的查明

现代民事诉讼活动，原、被告作为平等的当事人主体，他们在诉讼程序上要同法院协动发挥作用。在送达被告应诉材料环节，既调动原告作为诉讼程序发动者的积极性和能力，也体现文书发送过程中法院作为公权力的权威。在送达程序上，首先要由原告提供被告的送达地址，法院向该地址寄发应诉材料，或由法院向该地址直接送达。在送达未果后，由原告继续补充提供其他地址，再次由法院负责送达。如原告所提供的多处地址均不能有效送达，在穷尽调查方法后无法确定被告地址时，要依法进行公告送达。公告送达是在别无他法的情况下，法律对于送达程序作出的一种"视为"规定，不仅应在穷尽调查手段后使用，而且这种方法往往会走到缺席审理的一步，容易在实体审理过程中造成对席判决所不存在的问题，所以作为原告方的代理律师，应尽量避免送达程序走到这一步。

对于诉讼，如果应诉材料不能有效送达，原告所力求实现的经过攻防战战胜对方，最终实现诉请的愿望就大打折扣，精心准备的庭审表现也将如挥拳打空气一般，有一种有劲儿使不出来的感觉。为此，对于被告地址的调查也是原告方委托律师所要提供的一项法律服务产品。那么，在调查被告住址信息时，有哪些关键因素可寻呢？一个有经验的律师，能够通过被告的个人信息、被告的行为轨迹、双方当事人的交往记录、被告与其他人的交往记录、案件事实过程中展现出的信息要素调查出被告的住所信息，精确地定位被告的所在住址，协助法院完成送达程序，从而顺利推动案件程序的进行。

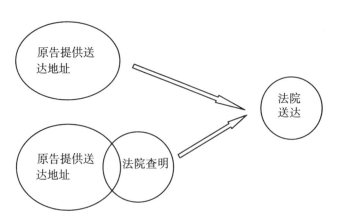

原告方在协助法院调查送达地址上的精确用力将成倍提升送达的成功率

被告的地址查询工作并非一项易事。当然，在大多数案件中，不用查询被告的地址。在原告预留了被告的联系方式后，人民法院在通知被告时，被告恨不得能立刻跳出来和原告"当面锣对面鼓"，其本身就会向人民法院提供送达地址。另外，在部分合同类案件中，原、被告约定了诉讼文书的送达地址，送达起来自然也没有问题。但被告故意逃避与原告交锋，原告手中并不掌握被告住址信息的情况就令人棘手。这种情况下也并非毫无办法。第一，《民事诉讼法》虽然并未强制规定委托律师作为诉讼代理人的制度，但已经大幅限缩了以前公民随意为他人代理案件的情况。而随着我国经济发展水平的提升，律师代为参加诉讼活动的案件比例已经大幅提升。第二，已有许多省、自治区、直辖市高级人民法院对律师调查令制度作出规定，律师调查案件当事人信息有了法律依据。而且随着律师调查令制度的运行，越来越多的单位接收、认可了律师调查令，能够在审查调查令的前提下为律师提供相关的调查服务。第三，最高人民法院关于民事诉讼送达程序的司法解释提供了能够"视为"送达的应然性选项，为原告调查被告送达地址提供了有力的抓手。这是调查地址信息中最重要的武器，本书也将围绕这个问题再作细化探讨。

其中两个重要且常用的规范是《最高人民法院关于以法院专递方式邮寄送达民事诉讼文书的若干规定》（法释〔2014〕13 号）和《最高人民法院关于进一步加强民事送达工作的若干意见》（法发〔2017〕19 号）。根据

《最高人民法院关于以法院专递方式邮寄送达民事诉讼书的若干规定》（法释〔2014〕13 号）第五条的规定，当事人拒绝提供自己的送达地址，经人民法院告知后仍不提供的，自然人以其户籍登记中的住所地或者经常居住地为送达地址；法人或者其他组织以其工商登记或者其他依法登记、备案中的住所地为送达地址。根据这一规定，在前期与当事人建立联系的情况下，人民法院应尽早告知当事人提供送达地址义务，如当事人拒不提供，则可以进入"户籍地""经常居住地""登记、备案住所地"的调查程序。后一程序以前一程序的发动为前提。这就需要法官在前期与双方当事人沟通的过程中心存程序意识，将这一程序前置处理。有些初任法官，特别是经常处理自然人之间纠纷的基层法官在审判经验尚不充分时，容易忽视这一点。比如，有的法官使用即时通信软件联系双方当事人，本意是方便双方诉讼。在建立案件当事人群后，开始进行调解工作，调解也曾一度比较顺畅。但后来由于某种原因，双方当事人无法形成一致意见，调解宣告失败，就要进入法庭开庭程序了。此时法官再给当事人发信息，发现当事人已经把他删除了，再拨打当事人电话，不是关机就是停机状态。当事人的地址信息没有固定下来，案件庭审信息最终还要经公告程序送达，这就造成工作被动的局面。如果把这一环节的工作前置，趁双方当事人之间沟通气氛友好的时候固定下来送达地址信息，即便当事人拒绝提供送达地址，也可以直接依据"视为"条款行事了。当完成了这一环节后，原告律师就可以经由调查令而到有关机关调查相关信息了。

根据《最高人民法院关于进一步加强民事送达工作的若干意见》（法发〔2017〕19 号）第八条的规定，当事人拒绝确认送达地址或以拒绝应诉、拒接电话、避而不见送达人员、搬离原住所等躲避、规避送达，人民法院不能或无法要求其确认送达地址的，可以分别以下列情形处理：（一）当事人在诉讼所涉及的合同、往来函件中对送达地址有明确约定的，以约定的地址为送达地址；（二）没有约定的，以当事人在诉讼中提交的书面材料中载明的自己的地址为送达地址；（三）没有约定、当事人也未提交书面材料或者书面材料中未载明地址的，以一年内进行其他诉讼、仲裁案件中提供的地址为送达地址；（四）无以上情形的，以当事人一年内进行民事活动时经常使用的地址为送达地址。人民法院按照上述地址进行送达的，可以同时以电话、微信等方式通知受送达人。上述情形是对当事人地址调查义务的细化，并且上述调查程序进一步成为"户籍地""经常居住地""登记、备案住所地"的使用前提。上述规定中，原告方可以抓住的调查要点便是本法第八条第一款第三项和第四项的规定。由于人民法院会在互联网公布裁判文书，通过互联网上的文书查阅系统，可以调取出本案被告可能的涉诉情况。如果被告由于其他案由纠纷涉诉，或者被告与原告之前就发生过诉讼纠纷，在本次涉诉后规避送达问题，那么原告的委托代理律师就可以通过调阅卷宗的方式，调取一年内其他诉讼、仲裁案件被告所提供的地址作为送达地址。这一步骤可以概括为网络文书检索→法院调取卷宗的两步法。如果被告近一年来没有涉诉、涉仲裁、涉执行案件的记录，此时要调查被告一年内民事活动经常使用的地址。在过去，自然人为被告的情况下，是几乎不可能完成的调查任务。但随着我国网络购物交易的发达，这种调查已非不可能实现。网络购物越来越成为现今人们实施民事活动的主要交易形式之一。这些购物方式的一个重要特点便是以隔地交易为主（不能片面地理解为跨省、跨市或跨区交易，只要是非当面交易，都可以纳入这一范畴），需要买受人提供收货地址，这个收货地址就是其民事活动所经常使用的地址。此时，原告方的委托律师可以向法院申请开具调查令，向上述交易服务管理公司调取相关交易信息。此时就可以对收货地址情况进行分析，以交易记录较多，收货频次较多的地址为从事民事交易活动经常使用的地址。在现代信息社会，只要当事人不是从不上网购物的"漏网之鱼"，这种调查的结果往往是有效的。

当然，如果上述情况均无法定位当事人的有效住址信息，那么也就只能做好公告送达的准备了。如果是公告送达应诉材料，法院通常会一并公告送达开庭传票。此时，无论是法官还是原告方的委托律师，均应一致注意的问题是：由于公告内容是在原告方交纳公告费用后一段时间才安排见报，而见报一段时间后报社才向委托公告的法院或当事人寄送纸版报刊材料，各个程序之间均有一定的时间差。在一审案件繁多，公告案件繁多的情况下，就容易遗忘某个具体案件的见报时间。因此，就公告案件来说，无论是法官还是原告方（缴费方）代理律师，都要养成良好的记录习惯。人民法院报寄送的纸质版报刊程序非常严谨，会在大信封的封面上印有具体案件刊登于某年某月某日的信息，即便不拆封，也能根据信封上载明的信息及时计算开庭日期。现在大多数人民法院都有诉讼办公平台系统①，使用公告开庭系统计算器后能够及时计算出开庭日期，并将开庭信息登记在案件项下，这样就能及时向送达中心推送信息，向非公告当事人寄送开庭传票了。此外，还有一个更为便捷的方案，不受纸版报纸材料的束缚。在人民法院公告网②上，输入案件案号以后可以方便地查询到案件公告信息。可以在每个月或每半个月设定一个自己固定查询公告期的日子，集中查询已登记交费的案件何时见报，集中推算开庭日期。而且在集中查询后可以集中打印公告信息，免去了剪报贴纸归档的烦琐。

当然，原告的律师也不应在公告程序中处于"撒手不管"的状态。首先，作为诉讼程序的发起人，原告方当然应该关注诉讼程序进入了哪个环节，以便及时做出准备。其次，更不要因为案件进入公告程序了，就可以在庭审环节的证据准备、进攻防御方法准备、辩论意见准备上掉以轻心：很多被告规避送达可不是因为他们收不到法院寄发的应诉材料和传票，而是因为不想收到这些材料。一旦案件进入公告程序，对于这样的被告而言已经得到了他能够争取到的最大时限利益，而若再不出庭，缺乏了庭审防御环节，对其可能就会产生不利的实体结果，此时他们会通过阅览公告信息内容，计算开庭日期的方式等待开庭日期的到来。比如，在笔者审理的许多金融借款案件中，寄往各被告的开庭传票、应诉材料无一接收，但案件公告开庭后，许多被告能在法院指定的日期参加诉讼，形成完整的法庭攻守程序。如果原告不提前将证据原件、复印件一并准备齐全，不将利息、复利、罚息计算方法预作演习，在法庭攻防过程中很容易让被告抓住程序、实体问题上的细节瑕疵，让好不容易组织起来的庭审不能实现其应有的效果。所以，原告方委托代理律师应及时跟进案件开庭信息，在交纳公告费

---

① 如北京法院电子诉讼平台，http：//sspt. bjcourt. gov. cn/cas/login？service＝http%3A%2F%2Fsspt. bjcourt. gov. cn%2Fbcourt%2Fcaseindex%2Findex%2F#page1，最后访问日期：2023 年 1 月 7 日。
② 人民法院公告网，https：//rmfygg. court. gov. cn/，最后访问日期：2023 年 2 月 20 日。

时记录案件的案号信息，己方交纳公告费半个月后，就可以通过人民法院公告网查询案件是否已经见报公告，并自行计算开庭日期。在计算出开庭日期后，要及时与法官或法官助理、书记员联系，核实开庭日期是否准确，也可借此敦促、提醒法院工作人员及时安排庭审。在信息核实无误后，用相关软件记录开庭日期，以免日后自己安排行程时未考虑公告开庭问题而导致行程冲撞。因为公告开庭日期是登载在报刊上的，一般情况下是不能变更开庭日期的。届时万一其他法院安排庭审，要争取其他庭审时间的变更，公告时间则是固定的。

对于行程安排的软件，笔者推荐用 Outlook 来进行。本书在后文还将进一步谈及律师与委托人客户、与对方律师交换证据、向法院提供电子文档或视听资料的沟通方法，电子邮件是目前正式场合沟通所使用的主要工具之一。将电子邮件沟通记录、沟通内容中的行程安排整合在一个软件中，Outlook 作为办公软件产品，有着高度的整合性体验。而且对于日程安排这种常规性、大量频繁的记录活动，笔者并不建议使用传统纸笔工具来完成。纸质版的年历通常一年一换，而且记录空间是统一的，对于某日行程安排紧密的情况，书写上也存在不便。最重要的问题是，日程安排手册需要经常记录、翻阅，而市面上常见的大型日历制本通常非常薄（一年十二张），难以胶装，翻阅时间一长容易掉页、烂边，非常不利于保管。而笔记本样式的日程记录表又过于厚重，与前文所说的笔电一并使用又无必要，没有特殊情况尽量不要增加随身物品的数量和重量。况且电子档案信息是最方便查阅的，使用电子产品记录的方法调阅起来不仅直观，能够设定提醒功能，而且能永久性保存，对于多年前曾经委托的案件也便于随时调取记录信息。所以，即便电脑或手机记录在随时随地使用方面比起纸笔工具差一些，但仍然是利大于弊的。如果由于应急情况使用纸笔记录了日程性信息，也要在方便时及时录入电子设备。这一点不仅针对公告开庭的案件，其他日程活动也是一样的。

在被告的地址信息调查过程中，还有一个问题应予重视，甚至在案件进入法院之前就应预作准备。那就是在被告存在多个住址的情况下，究竟以哪个地址作为送达地址的问题。从方便己方诉讼的角度上看，应优先选择距离自己住所较近的，有利于节省诉讼成本的法院管辖。在笔者与当事人沟通的过程中，很多当事人还有所谓的"主场情节"，认为在己方住所辖区内打官司容易胜诉，到了对方当事人管辖法院，自己成为"客场作战"，气势上不如对方，不利于自己诉讼。如果抱有这种想法，不管这种想法有没有根据，通常都要在立案前排查好对方当事人的住所情况（被告就原告管辖以及专属管辖的一些特殊管辖案件除外，如合同纠纷中某些给付义务的履行地就是原告住所地）。当然，能否最终如愿，还要看对方当事人就管辖问题所持有的观点及相关法律依据了。

（三）保全的理性提出及提出时机

确定了被告方的身份、住址信息后，法院方面就可以依此完成应诉材料的送达工作了。但在送达前，原告方还应适时分析、判断是否提出保全的问题。财产保全措施应该在被告有财产可供保全或者有可能有财产可供执行的情况下申请。对于某些案件，被告早已上了失信名单，是众所周知难以执行的自然人或法人，那就没有必要再去交纳保全担保费用和保全费了。因为保全工作也是法院的执行局在做，如果被告同时是其他多个案件的被告，其他案件已经进入执行程序了，法院没有办法执行他的财产，那么保全当然也没有实际做下来的可能性，还会徒增己方的花费。保全裁定又不同于生效判决，这个临时性的措施又不能称为最终获取财产的依据，此种情况下大可不予申请。

多数人对于财产保全的一般反应是，被告有财产可供执行，但又可能转移财产。那么是否会转移财产是不是申请保全的考虑因素呢？有些案件中，被告是有履行能力的大型企业，不会出现转移财产的可能性，这时是否有保全的必要呢？在笔者审理的一起上亿元的金融借款合同纠纷中，原告起诉后，经原告申请，在审核了放贷手续、款项发放记录后，笔者为原告及时作出了保全手续。保全裁定的下发距立案不足一周，被告在财产被保全后，为了保障生产经营的正常运行，直接向原告履行了涉案债务。后经过调解，双方分摊了诉讼费等费用，案件审结距立案不足一个月的时间。由此可见，财产保全并非被告可能转移财产时才应申请，即便是被告履行能力充足，财产保全有时也是非常必要的，它能起到敦促现实履行，加快案件进程的作用。特别对那些法律关系相对简单，权利义务方便确定的案件来说，财产保全的这种效果还是非常明显的。有的律师因缺乏执行的整体观，仅着眼于审判的胜负，在一审胜诉后对方开始转移财产时才想起来要保全。而案件又处在一审向二审移送的中间环节，难以处理紧急保全申请，这时就陷入了非常被动的局面。

二、被告方律师的应诉工作

一个有经验的律师，在接受被告的委托，拿到原告的起诉材料后，自然也会有一番调查程序。但作为被告的律师，首先应着眼于原告起诉的当否问题，包括原告起诉被告是否主体适格、原告的起诉是否具有"一事不再理"的情况，原告是否有权在受案法院接受审理等问题，而不是急于进入案件实体问题的调查。当然，实体问题的迅速解决同样有利于被告利益的情形除外，此时原、被告关于迅速推进实体审理的利益是一致的，即便法院并无管辖权，也可以借出应诉管辖制度快速进入实体审理过程中。上面这些阻碍案件进入实体审理的因素中，唯有管辖问题是近乎纯粹的程序性问题，其他能够支撑裁定驳回起诉的支点，或多或少都同案件实体问题挂钩，需要借由实体问题的脉络来决定是否能够提出。当然，我们说管辖问题是一个近乎纯粹的程序问题，是因为即便是单纯的管辖问题，在某些案件中也需要借助对于本案法律关系性质的分析来判断管辖法院，仍会牵扯到实体法律关系的性质。

被告方的委托律师在接到法院寄送的应诉材料后，应做如下信息的分析与排查：（一）原告的请求权基础→本案法律关系的性质；（二）第一优先级→专属管辖、特别管辖（不动产所在地的属地管辖、破产受理后以破产人为被告的管辖、第三人撤销之诉的管辖、执行异议之诉的管辖、专利案件的管辖）；（三）第二优先级→当事人的约定管辖；（四）第三优先级：法定管辖→特殊地域管辖→普通管辖：原告诉讼可能存在的连接点→受案法院受理本案的可能原因→性质错误→连接点错误；性质正确→连接点正确→地点事实错误。

从上面的分析可以看出，被告方律师不仅需要进行分型工作，甚至第一步就需要对本案的诉讼标的做分型工作！分型是管辖试错的前提，不能确定本案法律关系的性质，就谈不上管辖权异议的提起。

如果是单一性质的法律关系，即便对被告方不利，还是要承认该法律关系项下关于管辖法院的刚性规定。即便硬性提起管辖异议程序，也只能做到争取诉讼时间的地步。而且需要注意的是，如果当事人之间明确存在约定管辖，当事人提起管辖程序并穷尽上诉手段的做法不仅得不到法院的支持，近年来还出现了制裁当事人恶意提出管辖异议程序的先例，如对当事人恶意利用管辖权异议程序拖延诉讼的行为进行罚款。所以对于法律关系明确，特别是合同纠纷中双方当事人约定了管辖法院的情况下，单纯用管辖异议程序延长诉讼时间，并且穷尽管辖异议审级程序的做法应当就个案进行分析，在某些情况下应慎用，以免被法院认定为恶意提出管辖程序并由此遭到司法制裁。

如果是多种性质混合的法律关系，如请求权基础的竞合、多种典型合同的复合，法律关系的性质并非单一，在法律关系性质的解释上也存在争论的余地，这就为被告提出管辖异议申请提供了丰厚的土壤。例如，涉案合同是复合型合同，原告主张甲种典型合同关系，如果乙种合同关系情况下的管辖确定原则对被告有利，被告可从乙种典型合同关系的角度进行防御，在管辖异议申请中争执本案法律关系的本质是乙种法律关系。又如，在法律关系竞合的情况下，原告请求的理由有时会发生与诉请不对应的情况，此时可攻击原告诉请中依据的事实理由与请求权基础的不符，从而以有利己方的请求权基础进行争执。

因此，被告方律师的首要工作也是案件的分型。但此时的分型与原告不同，原告律师是空白性初分型，被告方则是检错性再分型。这种分型不仅有了原告方梳理的事实基础，也能加入己方对法律关系的理解。那么此时被告方的分型是否能够借助于被告对于全案事实的补充来进行呢？从法院审理程序上看，管辖异议程序是赋予当事人争执最优法院的程序性机会，在管辖提出阶段，法院并不会深入审查案件实体法律关系，被告在此加入大幅的事实补充是不会被法院所接受的。即便被告所加入的事实要素可能会对法律关系的定性产生实质性的影响，对案件的最终处理结果产生决定性的影响，那也是进入实体审查后才能决定的问题了。所谓在提出答辩状阶段进行程序性审查，是指法院依靠原告的诉讼请求，结合原告自己提出的事实理由来审查受案法院的管辖权依据。因此，被告攻击方法的着眼点应该是原告自己提出的请求、事实理由及依此产生的连接点。此时不宜掺杂被告抗辩事实。

（一）管辖权异议程序的攻防

管辖权异议表面上是诉讼法赋予当事人的一项程序上的权利，但实质内容却比法条规定的内容丰富得多。善用管辖权异议程序不仅能够让被告获得降低诉讼成本的收益，也能为己方争取诉讼时间。毕竟诉讼的发动者是对方当事人，对方很可能在诉讼程序发动前就已经进行了充分准备，在案件事实线索较多，需要整理多条证据链以防御原告进攻的情况下，管辖权异议程序也是争取时间的一种诉讼技巧。

按照民事诉讼的一般原则，原告需就被告住所地提起诉讼。原告虽在起诉前后尽其所能调查了被告的住所，但被告作为当事人本人最清楚自己的经常居住地或主要营业场所所在地。如原告所调查的住址确有错误或原告为便于己方诉讼提供了虚假地址，被告方的律师便需要调取相关证据，提出有依据的管辖权异议申请。此时被告方律师需要调查哪些事项呢？当然是围绕原告提起诉讼的连接点进行攻击。原告起诉时，受案法院自然已经经过一轮管辖问题的筛查，这种筛查自然会确认立案法院的管辖连接点。而案件受理时，双方当事人并未进行攻防交锋，原告所提供的连接点有可能是虚假的或是错误的。在此，被告对于管辖权的进攻要向两点展开：第一，受案法院没有管辖权；第二，有管辖权的法院是哪个或哪些，被告认为应移送哪个法院来管辖。

其中的难点主要在于第一点能否成立，如果攻下第一点，那么管辖权异议的申请就成功了90%。在笔者处理的管辖权异议案件中，被告的异议成立，却不依被告的异议申请移送，而是通过职权移送其他法院管辖的案件非常之少。为什么异议成立，却还能够不依异议申请移送呢？这看似是一个矛盾的命题，实际上是涉及管辖权异议诉讼标的的本质问题。后面我们还会进一步谈到这个问题，它涉及复杂的管辖权异议案件的处理问题。而在此处，我们首先聚焦于受案法院没有管辖权的攻击方法上。

（二）专属管辖、特别管辖的筛查

在确定了案件法律关系的性质后，就能依据《民事诉讼法》及其司法解释找到普通型、特殊型、专属型的管辖归属原则。在分型结束后，要结合所确定的法律关系类型首先检索是否存在专属管辖、特别管辖的情况。如存在这些情况，应作为提出管辖异议的首选依据。它们是优先级最高的管辖依据。在存在程序法的刚性规定时，似乎并没有争执的余地，但实际上并非如此。比如，在专属管辖的案件中，非常重要的一种类型是因不动产纠纷提起的诉讼，由不动产所在地人民法院管辖。本书前文所提到的案例便涉及这一问题：甲公司诉丙公司要求确认对登记在丙公司名下房屋的所有权。甲公司起诉时，丙公司已经进入破产清算程序。这时候是依据专属管辖的规定认定不动产所在地法院有管辖权，还是依据破产法的规定认定破产案件受理法院具有管辖权呢？这涉及不动产案件管辖与破产案件管辖这两种管辖原则谁更特殊（特别法）的问题。再拿笔者审理过的一个案件来举例：原告以第三人撤销之诉起诉被告，但立案前被告进入破产清算程序。按照法律规定，第三人撤销之诉需由前诉审理法院管辖，而进入破产清算程序后以破产人为被告的案件需由破产案件受理法院管辖，那么此时谁吸收谁（哪个管辖原则更属于特别法），应由哪个法院来管辖并非全无争议。要解决这些疑问，笔者仍然坚持从事物的本性理论出发，看案件的特则性究竟在哪一边，也就是说要找到案涉法律关系需要解决的本质特性，这样才能比较出符合两个以上特殊管辖类型时，要优选哪一个更具有特殊性的管辖规范来适用。当然，这主要是由法院来分析判断的，它也超出了本书所要讨论的主题。但是，笔者在这里需要指出的是，上述的判断过程并非全然不费力，能简单地拿法条来套用。对于原、被告律师来说，这些便是具有争执空间，且值得用尽管辖审级程序来解决的问题。关于级别管辖，可以结合《最高人民法院关于审理民事级别管辖异议案件若干问题的规定》（法释〔2009〕17号）、《最高人民法院关于调整中级人民法院管辖第一审民事案件标准的通知》（法发〔2021〕27号）等规定确定基层人民法院、中级人民法院、高级人民法院第一审所辖民事案件的标的。

第一审民商事案件的标的应是确定数额，这一点上本不应出现争议，但事实上并非如此。一种情形是原告为规避级别管辖，拆分诉讼，把本应在一个诉讼中解决的案件拆分为数个。例如，在某些民间借贷案件中，当事人出借款项的合意数额高达数千万元，而转账过程分数笔完成，原告出于某种原因想在其住所地的基层人民法院审理案件，便在每个案件中均以转账金额提起诉讼。本来这是《民事诉讼法》上对部分起诉的态度问题，但在可分之债的场合，便没有办法以禁止部分起诉来制止原告的这种行为。被告可就此提起级别管辖的异议，由法院来判定受理案件是否应合并审理，是否符合级别管辖的规定。除此之外，另一种情形是原告在起诉以后到开庭以前的期间内，通过与法官沟通的过程判断其实体胜诉的概率不高，作为原告又无权提出管辖异议的申请，便故意增加诉讼请求标的以便受案法院能以诉讼标的超过其一审管辖范围为由移送上级法院管辖。此时，被告也可依据《最高人民法院关于调整中级人民法院管辖第一审民事案件标准的通知》（法释〔2009〕17号）第八条的规定，对裁定提起上诉。《最高人民法院关于案件级别管辖几个问题的批复》（法复〔1996〕5号）曾就管辖恒定问题作出包括级别管辖的批复，但根据2020年12月29日发布的《最高人民法院关于废止部分司法解释及相关规范性文件的决定》（法释〔2020〕16号），该批复被废止，级别管辖是否应同地域管辖一起纳入管辖恒定原则的范围内，就成为一个可争议的问题了。当然，如何处理这些问题并不是本书所要关注的，本书关注的恰恰是提出这些问题的能力！作为被告方的委托代理律师，对于案件的防御方法应该是全面的，而不是仅仅埋首于实体问题，甚至首先所要想到的也常常不是实体问题。要知道，程序正义不仅是正义，往往还是迈入实体正义的大门！

（三）普通地域管辖的对抗

普通地域管辖主要包括被告住所地、原告住所地的调查问题，如果涉及法人机构则是主要营业地的确定问题。这一步并非法律规范的分析问题，而是对当事人经常居住地、主要办公场所所在地的查明与证明的问题。自然人当然首推街道出具的居住证明作为依据，而法人则不同，主要办公场所所在地与注册地不一致的情况大有所在，而主营地的证明比起自然人的证明来说则要困难，往往只能是私文书（如房租租赁合同、房屋买卖合同、物业公司出具的证明）及视频图片资料的集合。若想达到证明目的，是需要一条完整且可信度很高的证据链来锁定的。

三、法官的审查工作

在说完了原、被告律师庭前程序准备工作后，我们下面进入法官的职业角色，来看一看作为法律实务工作者的承办法官，在初步接受案卷材料后所应思索、考察的对象。

现如今，初办案的年轻法官绝大多数是法学院毕业的学生，从法学院的思维惯性出发，初办案的年轻法官容易在接触案卷（无论是一审案卷还是二审案卷）时陷入一个思维环节上的误区：先看原告诉讼请求是基于什么样的请求权，法律关系是否复杂，原告所提交的初步证据能否初步印证请求事项，案件在实体审理上将会发生什么问题，审理起来是否费力。这是人之常情，因为案件的难易度和付出的心血完全成比例匹配。别说是初办案的年轻法官，即便是从事多年审判工作的老法官，碰见一个摞满手推车且有一人多高卷宗的案件，都要惊得倒吸几口凉气。在笔者的审判经验中，一审的建筑工程施工合同纠纷、联合开发合同纠纷这样的案件，很多都能做到一个案子装满好几个卷柜，审理期限耗时往往也很长。比如，建筑工程施工合同案件，双方对于增减项工程争议大的，往往相当于要审查成百上千个承揽合同是否存在债的更改；对于工程延期竣工产生的损失，成百上千个购房人起诉请求开发商所赔偿的数额，都会成为这一个案件损失计算的前提依据。所以，许多初办案的新手法官在拿到案卷时，因着眼于案件处理的工作量、案件审理的难度而翻检全案材料，由此忽视了程序性问题的审查也是符合初任法官工作时的一般规律的。受制于学院思维的惯性，把案例分析的手法自觉或不自觉地带进案件分析中，这是作为职业法律人的初任法官所应力图诫勉的。完成案例分析到案件分析思维的转变，是提高法官工作质效的一个重要环节。

那么何为案例思维呢？那就是在事实给定的前提下，寻找纠纷的解决对策。也就是说，案例思维是实体问题处理的思维，是探究案件结论的思维模式。而刚接触卷宗的法官，实际上离这一步还远。如果直接以探索案件结果的方式来审视自己手中的卷宗，就是审理环节倒置错位，相当于我们学写字的时候没有打下良好的基础，总是用倒插笔的顺序写字，虽然不至于写错字，但正确的笔顺是我们的前人多年来反复研究而确定的最优顺位，我们改变这种顺位的同时可能会造成书写速度放慢、字体不够优美等后果。试想你写某些字的时候总是先写最后一划，再倒序写第一划，那么每个汉字结构的完成总是从下到上，从右到左写，对于现在的横版从左至右的书写习惯来说难道不别扭吗？如同写字一样，这时候我们就需要案件思维登场。

什么是案件思维？那就是处理活生生案例的思考过程。它就像盖房子一样，从无到有把案件素材一点一点巧妙地堆叠起来，最后建成漂亮好用的房子。案例思维往往是盖房子的最后环节，就像在房子的结构已经成型，毛坯房已经盖好的情况下，对房子进行精装修一样。虽然看起来精装修完成就能拎包入住了，但它实际上欠缺了前面的若干重要建设过程。法学院对学生实务培养的主要方式就是案例教学，案例教学的有用性根植于此，而迷惑性也滥觞于此。经过案例分析方法的适用后就能直接得出裁判结论，就像是经过精装的房子能够直接入住一样，案例分析的方法给人一种错觉：它就是审判实务所采用的全部方法。然而，真正到了法院审判工作岗位上以后，你会发现，就像装修过程一样，它只是审判工作的一小步，甚至在某些情况下，毛坯房尽管不美观，都可以直接入住，也就是缺了案例分析方法的主要分析步骤和方法，案件一样能够得到解决！但毛坯不搭起来，那是根本没有房子可住的。

那么案件分析的方法和案例分析的方法究竟有哪些不同呢？它们固然有许多宏观的、微观的，直接的、间接的不同，但说直白了，最主要的不同有两个方面：第一，前者是线性的、长时段的思维过程，始终要保持程序意识，绷紧程序弦儿；后者则是点性的、瞬时的思维过程，程序仅是在题设内容存在特别提示的情况下才用思考的事物。第二，前者注重基础建设，基础建设就是关涉案件四梁八柱的事实建设，这是充满经验、推理、分析，甚至会推倒基础建设重来的过程；后者则注重法律适用的妥当性，着眼于法律关系剖析的精巧性，往往能够让房屋成为可以推向市场、推向大众的"样板房"。在此阶段，秉持案件分析思维，我们首先要解决的是程序性思考的问题。这是案件分析思维与案例分析思维的第一个本质不同，也是新手法官往往容易在第一时间所忽略的。

　　虽然立案庭的法官已经对立案材料进行了初步审查，可以说在绝大部分情况下，案件不存在不应"进门"或"进错门"的问题，但这并不是说在程序上就没有审查的必要了。立案庭法官的工作是初分型、初判断，为了解决立案难的问题，立案环节的审查不宜过细。但审判庭的法官就不同了，原告的请求和理由是否匹配？原告主张的法律关系是否正确？本案成诉前有没有牵连性的前诉？是否存在与前诉诉讼标的的部分或全部重合？如存在给付之诉的情况下，原告先行提起确认之诉能否受理并进行实体审查？这些决定能够进门与否的精细性审查，便是承办法官所要做的第一门功课，而不是先进入实体问题的初评阶段。那么法官审查这些问题有什么用呢？有的当事人甚至律师可能不理解，觉得这是不是法官推诿案件的一种表现？其实不但不是法官推诿案件的表现，反而是揖顺当事人请求事项，尽快使当事人的请求进入实质性审查的关键！有的法官在庭审结束后方发现程序性问题，鉴于庭审辩论终结后不能改变诉讼请求，只能裁定驳回原告的诉讼请求，让原告以正确的请求事项再度进入诉讼。这还是相对而言正确的处理方法，有的法官在庭审辩论终结后发现当事人的请求权基础存在问题，又未能及早发现并释明，又想在实体上给当事人解决问题，便在一审庭审结束后又开一庭，让原告变更为正确的请求权基础，以此为基础作出裁判。到了二审阶段，这种明显违反民事诉讼法规定，破坏法官中立性的做法被二审以程序违法为由撤销原判，又发回重审，徒增了当事人的诉累。所以在审查案卷之初，这些问题便是审查的重点因素。

在筛查"进门"环节发现没有问题后，就要筛查是否"进错门"的问题。《民事诉讼法》虽然有关于应诉管辖的规定，但它对抗不了专属管辖及级别管辖的优先效力。笔者曾审理过一起二审的建筑工程施工合同纠纷案件。该案一审甲法院对案件审理了一年半之久，作出判决后，一方当事人不服判决上诉至上级法院。上级法院经审查认为，该案一审法院违反了专属管辖的规定，撤销一审判决，指令工程所在地的乙法院审理。乙法院审理本案后作出判决，当事人不服判决提起上诉，上级法院经审理后认为一审法院认定事实不清，将案件发回重审。重审后又再度上诉，最终上诉案件由笔者承办并处理。这一案件历时非常长，如果甲法院的承办法官能够及时筛查专属管辖信息，发现自己并没有管辖权，及早移送乙法院管辖，不仅可以节省自己大量的工作精力，也能让当事人早日获得正确的审判籍，让案件早归审理"正途"。虽然法院借由管辖问题推诿案件是错误的，但不顾管辖的规定而硬性接收案件，争夺案件更是错误的。作为法官，在处理管辖问题上不能像原、被告的代理律师一样仅设想一方当事人的利益，而是要严格按照法律规定的框架检索本案的全部信息，审查手中的案件是否能够依法管辖，这是对双方当事人负责的一种体现。

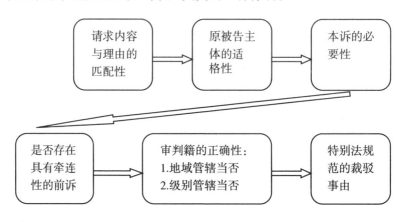

程序筛查的若干重要抓手图

不要以为程序性筛查可有可无，查与不查都是一个样，审查起来难度也不大。其实程序筛查过程本身是针对当事人的诉讼请求能否在本诉中继续下去，能否在本院继续下去的第一道分流器。许多问题本身就存在很大的争论余地。比如，管辖权异议的一个富有争论性的问题是它能不能成为诉讼标的，它将关涉法官处理管辖异议的流程顺序问题。笔者认为，像管辖权异议请求权这样的程序性请求权，依然要成为法院进行裁判的基本元素，而且对裁判结果不服还能上诉，所以我们应该把它当作一种诉讼标的。

有观点认为，管辖权异议制度的设立初衷在于由法院决定当事人诉讼的正确法院，因此管辖权异议的审查是一种法院的职权。比如，甲在 A 法院起诉乙，乙请求将案件移送至 B 法院审理，A 法院审查后认为该法院不具有管辖权，B 法院也没有管辖权，直接裁定将案件依职权移送给有管辖权的 C 法院。笔者认为，从程序上看，这样的裁定方法实质上未能针对当事人的请求，存在对管辖制度的理解混乱。就好比对实体权利的审理过程一样，管辖权异议案件也是当事人与法院之间互动的结果，当事人的请求能否成立须经法院审查。有人认为，上述情况出现时，妥善的处理方法应为首先裁定驳回乙的异议申请，再裁定依职权移送其他法院（因当事人已经就管辖权问题提出异议，故不能适用应诉管辖）。管辖权异议请求权是当事人的程序性诉权，既然为诉权，就需要对权利的正当性进行审查，不能在忽视诉权的基础上径行移送受诉法院认定的有管辖权的法院。所以管辖权异议申请作为一种请求权，必然有其诉讼标的。笔者认为，管辖权异议请求权的诉讼标的应是当事人就本案诉讼系属获得正确的审判籍的权利。

如果这一论断为真，那么当事人提出管辖异议有理，但申请移送的法院无据时，仍然应认定管辖异议是成立的。当复数当事人提起多个管辖异议申请时，我们就管辖问题不能拆分审理的原则（详见后述）正是导源于管辖异议申请在诉讼标的上的同一性，即审判籍的正确性。

我国民事诉讼法成文法体系中，对管辖问题有诸多规定。综观这些规定，它们均是以方便当事人诉讼、方便法院审理为目的，在梳理各种诉讼所涉及的法律行为性质的本质基础上，为受诉法院与诉讼当事人之间创建最优的连接点，当这种连接点得以确定时，我们便把由此连接点确定的法院管辖称为该当诉讼系属的正确审判籍。

如果说获得正确的审判籍是被告用以对抗原告滥诉，并方便诉讼的一种程序性请求权，那么所有的被告均应享有这种权利。如果法官没有等待所有被告答辩期满便仅针对部分被告提起的管辖权异议申请而作出裁定，实际上剥夺了这些当事人提起管辖权异议的诉权。为什么这么说呢？因为如果一个被告提出管辖异议，法院就作出一个裁定，那么一个案子的管辖权就可能出现多份裁定，一会儿刚把案件移送走，一会儿又得回来在本院审理。一个是上级法院刚刚维持的移送管辖的裁定，一个又得作出在本院审理的一审裁定，以哪个为准？下级法院能改变上级法院的管辖裁定结果吗？在后的裁定结果能当然推翻在先的裁定结果吗？如果还有更在后的裁定可能，到底管辖裁定还有没有严肃性？有一种思路是针对一个被告提起的管辖异议，法院作出一个管辖结果，认为即便管辖结果不同，也是因为提起的当事人不同。真是这样的吗？如果这种思路是对的，那我们把它延伸到案件实体审查过程中，有一个应该参加诉讼的被告没参加，但案件结果实质上损害了他的利益，他本来就应该参加诉讼并提出抗辩，抗辩了以后实体结果就不同了，这种情况怎么救济这个被告呢？我们赋予他提起第三人撤销之诉的权利。第三人撤销之诉的结果是什么呢？是撤销原判决的实体判项部分！我们会不会像刚才说的那样，以在后的判决更改在先的判决呢？当然不会！所以认为管辖裁定能够一人一出的做法就是完全没有针对管辖异议申请的本质进行思考的产物。

如果进一步考察这种被告提出管辖权异议的时差所造成的多重裁判可能，我们会发现管辖权异议请求权更深层的问题。在笔者处理的一个管辖权异议案件中，便存在这种问题。在该案中，原告起诉了两位被告，两位被告是夫妻关系。其中一位被告甲由于有联系方式，一审法院对其送达了上诉状副本并指定了答辩期。该被告甲在答辩期内提出了管辖权异议后，一审法院作出裁定，驳回其管辖权异议的请求。甲不服该裁定，上诉至二审法院。此时一审法院联系到另一被告乙，并同样进行送达程序。被告乙在答辩期内亦提出管辖权异议的申请，一审法院作出第二个裁定，同样驳回了乙的管辖权异议请求。乙不服该裁定，亦上诉至二审法院。笔者在处理该案的过程中，首先遇到的问题在于，两个当事人就两个裁定提起上诉，而一审法院将管辖权异议裁定视为对同一案件程序性权利的处理，故在移送卷宗及上诉立案时，将该案仅立为一个案件。与一审审理阶段针对原告提出的诉讼请求审理相同，二审也需针对上诉人的上诉请求事项进行审查。本案的二审上诉人不同，针对的一审裁定不同，故无法在同一案件中处理两个针对不同一审法律文书的上诉请求。因此，无论该裁定结果正确与否，在二审中首先需要解决的技术性问题在于分案处理（即便裁定需要撤销亦需分别立案）。但这一技术性操作带给笔者的思考在于：能否针对同一案件作出两个以上管辖权异议的裁定，即使这些裁定的结果是相同的。

笔者对这一问题的意见是否定的。首先，我们从结果志向的角度出发，逆推这种裁判思路将引发的问题。设例为被告在一审诉讼过程中答辩期届满前提出管辖权异议，理由为根据法定管辖的某项规定，如合同履行地或被告住所地法院应将本案移送其他法院管辖，经审查后受诉法院根据法定管辖规定有管辖权，便不能移送其他法院管辖，遂裁定驳回被告的管辖权异议申请。而被告提出上诉后，二审法院亦维持了一审法院作出的裁定。此时，一审其他被告收到起诉状，在提交答辩状期间提出管辖权异议，其理由为当事人之间存在约定管辖。经过审查，当事人之间确实存在约定管辖条款，本案应移送其他法院管辖。在这种情况下，现有的民事诉讼制度无法解决这种矛盾。理由如下：

第一，现行的民事诉讼法再审制度没有对管辖裁定错误处理的明确依据。《民事诉讼法》（2007 年）第一百七十九条第一款第七项曾明确规定，违反法律规定，管辖错误的应当再审。但 2012 年修订的《民事诉讼法》第二百条在继承 2007 年《民事诉讼法》第一百七十九条规定时删去了这一项规定，且此修改在民事诉讼法 2017 年修订、2021 年修订中得以延续。使管辖错误不再以成文法规定的形式成为再审的对象。以审判实践中管辖权异议申请的实际状况来看，以拖延诉讼为目的在管辖权异议案件中确实占据了较高比例，而《民事诉讼法》（2007 年）的规定无疑为当事人在经历了管辖权二审程序后再度申诉从而继续拖延诉讼提供了制度上的选择空间。管辖权异议制度从立法目的上来说，是通过确定正确的审判籍实现民事诉讼的"两便"原则，如果过分为管辖制度设计程序性保护规定，反而降低了管辖权异议制度的效率预期。两害相权取其轻，为了规制诉讼现实中大量出现的依靠管辖权异议程序争取时间甚至转移财产等现象，民事诉讼法不再将管辖错误明确列入得提起再审的事项范围内。因为管辖权异议的结果涉及本案全体当事人，即使首个裁定针对第一个提出管辖权异议的被告作出，其结果也将波及全体被告。其余被告不能通过新诉的方式来解决其管辖权异议请求，故案外人提起再审曾是在二审裁定作出后唯一可能解决的路径，但这一路径已被现行成文法所封堵。

第二，我国民事诉讼中并不存在自动废除制度，即不能通过判决相互矛盾时"后裁决自动取代前裁决"的原则来纠正这种错误。无论前裁定是否经过二审，一审法院都不能通过对新管辖权异议请求的审理来撤销已经生效的一审或二审管辖权异议裁定。因此，当出现前述情形，生效的管辖权裁定确实存在错误时将如何纠正？当事人获得正确审判籍的权利又将如何实现？

如果我们运用法逻辑学的分析工具对这一情形进行分析，便能"正向"地理解其中的问题所在。之所以能够出现前述管辖权异议裁定矛盾的情况，是因为对同一事物的处理出现了两种结果。而此种情形出现的必要条件便是"事物的同一性"，在此"事物的同一性"便是指审判对象的同一性。如果审判对象不同，就不会出现所谓矛盾的现象。而审判对象，从民事诉讼理论来看，就是本案的诉讼标的。不同被告在同一诉讼系属中所提起的管辖权异议请求的诉讼标的是同一的，这才能解释前述数个裁定矛盾的实质所在。

虽然当事人提出的管辖权异议请求的具体内容可能不同（如甲请求移送至 A 法院管辖，乙请求移送至 B 法院管辖），其理由也可能不同（如甲、乙对本案法律关系的理解不同，依照不同的法定管辖原则应选择不同的连接点；又或者甲依据法定管辖原则，乙依据约定管辖分别提出管辖权异议请求），但就同一诉讼系属而言，全部管辖权异议请求权的诉讼标的皆为获得正确审判籍的请求权。如果我们放眼民事诉讼标的理论的论争现状，就会发现这种解读的合理性所在。

从民事诉讼法理论发展来看，民事诉讼标的论经过重大的观点争锋，形成了旧实体法说、诉讼法说和新实体法说三大学说。虽然诉讼法学者和民法学者现今仍不能说达成一致，但旧实体法说的致命缺陷，即请求权竞合时的双重诉权问题已经遭到学者的一致批判从而遭到摒弃。例如，在加害给付场合，原告基于违约损害赔偿请求权请求被告赔偿 1 万元，基于侵权损害赔偿请求权请求被告赔偿 2 万元，其请求的理由不同，请求内容亦不完全相同，但基于其竞合关系，仅允许提起一个诉讼。即便提起违约之诉获得 1 万元赔偿，亦不得再基于侵权之诉对剩余的 1 万元提起诉讼，理由便在于请求权基础的竞合及部分起诉的禁止。因此，即便请求的内容及理由均不具体相同，但他们的诉讼标的是相同的，这是基于一次性解决纷争的理念对抽象的诉讼标的作出裁判的要求。此时，管辖权异议的理由及请求内容成为获得正确审判籍的攻击防御方法。就如同原告不能通过侵权之诉获得 1 万元的胜诉判决之后再次通过违约之诉获得 1 万元的胜诉判决一样，即便多次管辖权异议裁定均为驳回异议人的请求，法院多次裁定同一案件的管辖问题亦属于数次审理同一诉讼标的，违反了一事不再理的原则。实际上，除了前述诉讼标的同一论使我们可以援用既判力理论解决这一问题以外，还可以运用前诉结果实质性拘束非本案当事人的反射效理论[①]来解释这一现象。只不过，当全部被告均提出不同的管辖权异议请求内容时，彼此成为异议人的被申请人（被告地位），还需要考虑复数的诉的问题，不如诉讼标的同一论更加具有可操作性。而且，由于反射效理论仅在既决案件后发生效力，在极端情形下，难以援用反射效理论对同时发生的诉作出合理解释。

　　在此我们再举一个例子来说明。甲诉乙、丙请求二人承担连带赔偿责任的案件中，乙在答辩期内提出管辖权异议，请求将案件移送至 A 法院管辖，丙亦于答辩期内提出管辖权异议，请求将案件移送至 B 法院管辖。经受案法院审查，A 法院、B 法院均对本案具有管辖权，唯独受诉法院不具有管辖权。此时面临的问题有二：一是究竟将本案移送 A 法院还是 B 法院？二是本案移送到其中一个法院后如何解释另一被告所提起的依法成立的管辖权异议请求权问题。在必要的共同诉讼中，案件不能拆分并分别移送其他法院处理，无论怎样综合考量本案的连接点，最终只能将本案移送其中

---

① 所谓反射效，是指存在于当事人之间的既判力，对和当事人有实体法上特殊关系的第三人产生的有利或不利的影响。

一个有管辖权的法院管辖，而另一个提起管辖权异议请求虽能成立但却不能支持该如何解释？这同样说明了管辖权异议请求权的诉讼标的的本性系获得正确审判籍，复数当事人基于不同理由提出复数的申请，其具体的请求内容之间是彼此吸收的关系。管辖异议的审判对象是唯一的，即关于正确审判籍的确定问题。

上面的设例是比较极端的情形，即乙、丙提出的管辖权异议均成立。但在审判实践中，并非被告提出的管辖权异议总能成立，又或者各异议的内容能同时成立，即最终的结果不是在正确的审判籍法院中选优，获得相对正确的审判籍，实务中更可能出现的情形是某些被告的管辖权异议申请不成立，而某些被告的管辖权异议申请成立，管辖权异议程序的结果是获得绝对正确的审判籍，否则便成为违反法律规定意义上的"错案"。为了使裁判结果达到这种正确审判籍的确定，应待本案全部被告的全部管辖权异议提出期间经过后，就所有提出管辖权异议的请求一并考察并作出统一裁判。

由此我们再进一步引申到下一种情形，当全体有管辖权异议的被告均被同一裁定驳回管辖权异议请求，且该裁定生效后，原告申请追加被告，新追加的被告在提交答辩状期间提起管辖权异议申请，受案法院是否应对其加以审查的问题。有观点认为，提起管辖权异议是当事人的法定权利，只要当事人在法定期间内提起管辖权异议，就应当对该异议申请作出实质性审查。但谈及这种实质性审查将可能带来的裁判结果相异时，论者苦于无法找到解决路径，不得不走向"两次裁判结果一致时方加以实质审查，结果不一致时便不能审查"的道路。裁判结果竟可以成为能否对当事人请求加以审理的依据，这无异于将胜诉权等同于诉权的观念，自然是断不可取的。但这种思维依然孕育着既判力理论的萌芽，即只有第二次裁判结果同第一次裁判结果相同才能作出裁决，实质上是对既判力积极效力（以前诉结果为基础事实进行后诉裁判）的朴素感知。如果认识到管辖权异议请求权的前述诉讼标的本质，那么该问题便可以通过一事不再理制度加以解决。即新追加的被告尽管在提交答辩状期间有提出管辖权异议的权利，但由于其请求事项已经过既决裁判的拘束，应以一事不再理制度的相关规定裁定驳回其管辖权异议的请求。前述多数被告情形需待全部被告管辖权异议期间经过后一并裁判是因为全体被告均有可能成为管辖权异议请求权的提出者，需通观全体异议人的理由决定裁判结果。而新追加的被告在之前虽非本案的当事人，但由于诉讼标的的同一性导致新管辖权异议被前诉既判力遮断而不能被法院再度审理。因此，就后一种情形来看，如果仅把当事人具体的异议请求及其理由视为一个诉讼标的，就只能通过既判力的扩张或反射效理论来驳回新的异议申请，这还需要考虑新旧异议申请的联系紧密性问题，而如果采用管辖权异议之诉的诉讼标的理论，无论何人提出何种请求，只要针对同一诉讼系属，便只存在一个诉讼标的，裁定驳回管辖权异议申请系前诉既判力遮断效①的当然结果。

　　本书在前面不厌其烦地阐述了管辖权案件审理过程中一些富有争议的裁判尺度问题，从本书提高审判工作质效的角度上讲，它对我们有什么样的启示呢？那就是，应待全体被告管辖权异议期间经过再作出管辖权裁定，否则裁定存在遗漏当事人的情形事小，没有办法解决在后提出管辖异议当事人的申请，剥夺当事人程序性权利事大。在管辖异议不能用再审制度解决问题的情况下，二审法院甚至可能用发回重审的方式解决这　问题。所以，一旦承办法官认为案件能够进门，要迅速完成送达手续，在寄发应诉材料、传票的同时，告知被告提交答辩状的期限，这样就能对被告答辩及提出管辖异议的期间同时完成限定了。所以，推进程序高效运行的关键不是尽快完成事务性程序：案子一来就马上着手发诉状、发应诉通知、发传票、定开庭，这些都属于审判过程中的事务性工作，都是流程性的工序。如果每个案子在进入庭审之前都是一样的流程性工序，那这些工作早就都外包给服务公司以解放法官的双手了，为什么在购买第三方服务如此发达的今天，法官还要亲手把握庭审以前的案件工作？那就是因为法官的判断权贯穿于案件审理的始终，程序性的判断过程往往早于实体判断环节而先发性地启动，法官在这些环节的判断工作往往决定了案件能不能真正早日走向审理正轨！那些流程性的、纯事务性的工作远远不如程序性判断决定

---

① 所谓遮断效，是指在前诉中经过充分争执并被法院作出判断的事项不得再度争议，当事人在前诉中应当提出而未提出的攻击防御方法将一并被遮断。

案件的走向后对当事人的影响来得巨大。前者不过是早一天或晚一天的问题，后者往往不仅是早一年或晚一年的问题，往往还会由于裁定驳回起诉对当事人的心理预期产生巨大影响。

当然，法官不是当事人的"保姆"，如果自己全身心地投入对程序性问题的审查与判断中，那么无疑会挤占过多的实体处理精力，也确实难以实现。所以要充分利用双方当事人对程序性问题的观点、态度，站在当事人攻守的基础上分析"进门""进对门"的问题。只有在专属管辖、级别管辖等无法通过当事人攻守或协议来化解的领域，才需要法官主动上心审查。一旦对程序审查发现不存在相关问题后，就要迅速推进流程性的事务工作。

第二目　实体篇

一般而言，原告作为诉讼发起的一方，多是纠纷中的进攻方。只有在少数案件中，为了阻止被告方的进攻，原告先行提起阻碍被告进攻的诉讼，原告才是本质上的防守方。对于给付之诉而言，原告就是进攻方（劳动争议类案件中不服仲裁裁决，请求不支付某种款项的请求除外，因为本质上看仲裁阶段便是给付之诉）。为了实现原告方的诉讼目的，必要的事实素材当然是不可欠缺的。但有的时候，原告并非一定要走到最后一步，即拿到胜诉的生效判决，才有执行依据，进而实现现实的受偿。在诉讼过程中，如果能够善用诉讼策略，就能达到"跳级"的效果，提前实现诉讼目的。在程序篇中，我们曾提到过财产保全的作用，那是加速权益实现进程的一种程序性方法。一旦案件的诉讼系属得到确定（就是前面提到的程序性审查的各个节点已确保没问题），案件便进入了实质性进程。如果案件法律关系单一，权利义务清楚明了，被告仍在程序环节、实体环节与原告"硬磕"，那就很可能是双方在情绪上的矛盾问题。如果不是对立情绪过于激烈，在法庭庭审前的这个时间段就是通过和解或调解提前实现诉讼利益的绝佳时间。法官在做调解工作时为什么往往希望庭前调解呢？因为庭审环节虽然是一个查清案件事实的主要场域，也是推进案件进程的最重要环节，但它有一个缺陷：经过庭审调查、法庭辩论，当事人（特别是自然人的场合）的全部情绪、全部事实主张都在这个场域里喷薄迸发、相互攻错，甚至可能由于庭审引发双方当事人的激烈争辩。庭审结束后，事实虽然可能查清或查不清了，但对立情绪更加严重，也就丧失调解的绝佳时期了。

这个调解时机虽然多由法官掌握并实际运用，但作为原、被告的代理律师，庭前准备的这段时间都不啻为一个契机：对于原告而言，权利义务都处于未决状态，调解结案的执行风险比判决结案小，早日实际取得财产比程序进行完后按判决多拿一点财产往往更符合其自身利益，就更不要说判决以后被告无履行能力导致无法执行的情况了。对于被告而言，案件已经实质上启动，必将滚滚不断向前发展，待判决作出之日再想调解，数额上再行下调就几乎不再可能，到那时就将"悔之晚矣"。当然，受托人虽然要按委托人的指示行事，要为委托人的利益行事，但委托人和受托人有各自的想法和利益追求，二者形成冲突的场面也是有的。当事人本人虽然不拒绝调解，但代理律师基于某些想法不愿促成调解甚至阻碍调解的情况并不鲜见。那么律师将会出于何种目的不同意调解呢？笔者认为，无非这几个原因：（一）律师已经判断案件必败，借诉讼程序为当事人争取时间。但如果当事人本人同意调解，律师仍"为了"当事人的利益而不同意调解的也十分罕见。（二）律师判断案件大概率获胜。但当事人本人也同意调解时，律师坚持不调解会与当事人意愿相悖，又没有由此得到益处，动力也不充分。（三）律师进行风险代理，胜诉后获益较大。只有这条理由似乎能称得上是充分的动力。虽然律师的工作风格和他的案源情况、处理效率、思维水平有很大的联动性，如何行事也是其自由，但本书想要指出的是，律师作为法律实务工作者同时也是法律职业共同体的一环，律师的收益虽然直接来自委托人，但其产品的好坏往往是与对方当事人、与法官互动后才能得到检验的。如果当事人同意调解，每次都由己方律师来否定调解的意向，那么律师在与他方律师、法官互动中的效果是好是坏恐怕也不言自明，长期如此的话也容易减损自己的声誉，形成案源减少的不利局面，此其一。律师即便是进行风险代理，也得在判断大概率获胜的条件下如此行事，如果获胜的概率不足六成，也不建议执着于某一案件"一竿子打到底"，此其二。如果当事人能够达成调解，律师也将省去后续诸多准备工作、二审程序应对工作，此其三。

所以，调解不仅不应是主动拒绝，也不应是被动接受，而是应主动为之！在某一阶段，抓住合适的时机、对方的心理，往往可以让己方当事人取得更优的诉讼成果。

在很多案件中，律师往往是边打边调，法官往往是边审边调。调解工作的策略和方法甚至可以单独出版一本专著。本书并不是侧重于调解工作技法的探讨，所以此处并不以调解工作作为重点展开，在此想要提示法律实务工作者的是，如果案件是正在推进的过程中，应随时把握调解能实现己方利益最大化的时间点和调解方略。

一、原告方律师之证据调查的深化

原告作为进攻方，在案件立案进入诉讼程序前具有先天的调查优势，原告方调查取证的时间是可以不必计入诉讼程序中的。但有一类证据，原告方的委托律师无法在立案前取得，那就是由国家机关或相关企事业单位保管的书证或视听资料。这些资料是律师单独取证所无法取得的，需要由法院开具调查令才能调取。比如，通信公司保存的电话号码的机主信息、银行所保存的交易记录、民政部门登记的当事人婚姻信息、公安机关登记的户籍信息等，它们都是具有较强客观性的书证，虽然本身并不包含意思表示的内容，但与当事人在过去的行为结合在一起，就有了证成意思表示的效果。

在前一章节中，本书讨论了原告方委托律师的案件追溯方法。在案件的事实准备阶段，我们曾经提到过对照原告自己陈述的案件事实，律师需要做证据标记，对于当时没有办法取得的证据部分，这时候就要着手进行了。利用案件已经正确地进入受案法院的诉讼系属，程序问题已经解决后，法院组织开庭以前的这段时间，将前面所标记的未能调查到的事实进行补查，在此基础上塑造有骨骼支持的丰满事实。对于前期用某种颜色笔记录的未取证事实，要充分利用调查令制度逐一解决，在解决后重新增补笔记内容。

二、被告方律师之事实追溯

在前一阶段的工作中，我们谈及了被告方律师要做的分型工作，这种工作的基础是法院寄送的原告起诉材料，目的指向是为被告争取程序性利益。而一旦法院决定本案诉讼系属无误，案件进入实体审理的进程后，被告方律师的事实追溯活动也应早已展开，至少在分型工作的同时便应开始启动，否则就被告的防守方地位而言，调查相关证据的时限少于原告方，如果不提早进入事实整理环节，那么前期分型工作、对程序性事项提出异议的准备工作就全变成了程序空转，没有了实际意义。

对于被告方律师来说，也不全处于劣势。因为除了与原告方律师一样，有当事人陈述及提供相关材料作支持的事实抓手以外，还有一件原告所没有的优势，那就是原告的起诉材料。原告方虽然先发攻击，但出手便可能存有破绽，所以原告方的起诉状便是被告方律师的另一抓手。虽然被告方律师的事实追溯过程从很大程度上看仍然基于委托人的陈述，但结合原告的起诉材料，被告方可以更多地实现"听问"调查，而不像原告方律师那样多数情形只能"听记"调查。被告方的律师在事实上的优势就在于此，可以在分析原告诉讼请求、事实依据的基础上调查事实的详细情况，拥有了类似于法官那样相对全面的信息。

律师毕竟不是法官，无须像法院审理案件那样完全针对原告诉讼请求的类型来了解事实。而且，基于当事人与律师之间的委托关系和信赖基础，律师所能了解的情况甚至要远远超出法官。所以，在被告方律师的事实追溯环节，不能仅就原告主张的那一部分事实去了解是否真实、是否另有细节事实，而是应全面掌握双方当事人之间的关系、发生纠纷的背景、纠纷涉及的事实详情等信息。

一般而言，原告方律师的事实追溯及记载方法是正向的、建设性的，而被告方律师的事实调查方法应该反其道而行之才更为清晰、有效。原告主张的事实存在吗？如果不存在，就从根本上颠覆了原告请求权的依据，那么事实究竟是什么样的，就需要被告方重新建立。如果原告方主张的事实成立，但原告的主张又不能成立，那么中间肯定会存在阻碍其主张成立的事实因素，也就是说进入了"原告主张的 A 事实固然成立，但因为 B 事实的存在（原告所没有提及的），所以原告的请求不能得到支持"这样的环节，这就是民事诉讼法上的抗辩。那么 A 事实一般就处于免证状态，此时被告方律师就要像原告方律师追溯事实的过程一样挖掘 B 事实。所以鉴于被告方的防守地位，以及此时能获得的有限的原告进攻方法，被告方的律师主要应围绕"A 事实不存在，双方之前的交往过程是 B 事实"以及"A 事实存在，但 B 事实也存在"这两点，重点塑造 B 事实的外貌，挖掘它的骨骼。当然，在建立被告主张的 B 事实的过程中，原告方律师的事实调查方法也是可以通用的。

三、原、被告律师之证据整理

证据是事实的骨架，如果说事实能够"鲜活"起来，一定是因为有足够强度的骨骼把它支撑起来。那么我们需要哪些事实？要整理出哪些事实？这就是律师在代理案件过程中要出产的最重要的产品。在庭审前、庭审中以及庭审后发现证据的方法和整理证据的方法，需要汇总加以说明。这一环节将大体对应于法庭事实调查程序。有鉴于此，本书将在后文专设内容来讨论证据的整理技法。

四、原、被告律师之法律适用意见整理

适用法律是建立在事实塑造基础上的。在大部分情况下，原告作为主张法律关系成立、变动、消灭的一方，需要塑造事实发生"异动"的景象，由此作为适用对其有利实体法的依据。而被告则需要塑造那些能够动摇事实"异动"的景象，让原告所主张的事实到底有没有发生陷入模糊的状态（真伪不明），这时便可以不再适用对原告有利的实体法规范了。如果被告方能够更进一步，塑造一个坚实可靠的对自己有利的事实景象，那么适用被告所主张的法律条文也成为可能。这一环节大体对应于法庭辩论程序。

法律适用意见作为人们通常所说的司法推理三段论的一环——大前提的确定问题，本书也将在后文设专门内容来讨论。

五、法官之庭前阅卷

庭前阅卷、法庭询问是判决产品的股肱力量，俨然成为推动司法审判工作前进的两环。这两个环节的重要性从它们的设置目的上便能够看出：法庭询问是案件审理最直接的状态，我们可以称之为案件审理进行中；而庭前阅卷则是案件的"预审"，可以称之为预先案件审理。可以说，没有良好的预先审理，就难以把握审理进行中的重点和线索，庭审就难以做到高效。如果没有做好预习作业，对于问题点未能及时先发式把控，轻则多开几次庭审，耗费自己的时间，重则使不诚信诉讼的当事人经过庭审程序后有所警觉，再难发掘事实的本来面貌。

第二节　"小前提"的搜集技法

如果说原告方律师所撰写的起诉状是矛，那么能不能用这根矛来刺中对方，并对对方造成有效伤害，这个过程就是矛的发力。矛虽然是一个制成的工具，但如果用矛的人没有力气，或者没有足够的力气，就没有办法耍好矛，从而不能刺中对方，或者即便刺中对方，造成的伤害也不大。而被告方律师所撰写的答辩状就是盾，盾的坚固性本身虽然也重要，但盾并不是防护服，防御的面积有限，要想成功地挡住原告的进攻或以盾格挡就对原告造成伤害，那就需要有足够的力量来使用盾。上面所说的能够使矛或盾如行云流水一般运用，并能运用矛或盾造成对方伤害、防御对方伤害的功夫就是举证。为了突出举证在整个民事诉讼活动中的地位，曾有"打官司就是打证据"的总结，这大概率上是与审判实践相符的。当然，说是大概率，就是说即便是在证据相对匮乏的情况下，也并不是没有以弱胜强的余地，或者没有反转的空间。本书后面还将谈及这个问题，在这里，本书先谈作为大概率事件的"打证据"的做法。

一、针对请求权搜集证据

人们都知道，证据准备得越充分，作为案件"小前提"的事实就越有高度盖然性，胜诉的概率也就越大。久而久之，有的人就此陷入了一个误区：证据越"充分"就成了证据越"多"的代名词。当事人本人亲自参加诉讼时，由于诉讼能力的缺乏，证据收集事无巨细尚可理解，但如果是作为法律实务工作者的职业律师，收集证据时也没有章法，眉毛胡子一把抓，由此形成了事倍功半甚至适得其反的实际效果，那不仅对不起委托人支付的委托费用，也是无法体现律师职业能力的。

在律师代理案件还不像今天这般普及的十余年前，当事人亲自参加诉讼的场合，虽然收集证据能力因人而异，但大体上还多处在法庭正常可控、可以组织质证的范围内。然而，有两类当事人所收集的证据，法庭甚至难以将质证程序顺利组织完毕：一类是恶意诉讼。有的出卖人签订了买卖合同后为了保住房子，不惜采用各种手段，其中之一便是通过诉讼毁约。出卖人深知成功的概率很低，便通过各种手段延长诉讼、增加诉讼数量以延长审理时间，拖延合同履行时间。有的当事人在庭审时提交上百份证据，由于一次无法组织完质证，需待法院下次开庭质证，但下次开庭时又提交上百份证据。这是一类证据提交典型"畸多"的情形。另一类则是当事人诉讼能力确实较低，但对胜诉的预期较高（往往出于自然人之间矛盾对立激化的场合），举证之多也非常人可比。例如，在继承案件中，各家矛盾非常激烈，被继承人名下财产的现状问题就成为各个当事人争执的第一战场：肥皂头、包袱皮、裤腰带、炕单子……所有东西都抢到手里拿到法庭来举证，法庭俨然成为肥皂剧的布景馆。事实证明，这两类证据"畸多"的情况，往往是实际效果并不理想的情况。

上面的极端事例虽然出于各自的产生背景，但对从事法律实务工作者的律师来说，却并不是"一笑了之"的笑话，而是具有深刻的启示意义。往往律师举证效果失败的例子，与上面的极端情况相比并不是质的区别，而是律师自己也有所疏忽的"量"的差异。上面两类极端情形告诉我们，证据的举出首先要有"合理性"，第一类情况便是违反了"合理性"；证据的举出还要具有"必要性"，第二类情况便是违反了"必要性"。

合理性指的是什么呢？那就是和己方当事人诉求的关联性。但如果我们"一竿子杵到底"，直接把诉求当作搜集证据的目标，那恐怕我们多半是完不成任务的。因为那就绕开了事实查明、法律适用的正常环节与步骤，让诉请与证据的关联性飘忽不定。实际上，这种关联性并不是拍脑门就能想出来的关联性，而是遵循诉请所依赖的请求权基础，让请求权基础规范中的要件事实向具体事实索要素材，而具体事实的成立需要特定的证据来依托，关联性正是指这样一种进程下的关联性。山不在高，有仙则灵；事实亦不在多，有要件则灵；证据更不在多，能支起主要事实则灵。由此，证据不是从诉请里找，而是从法条规范中找；不是事无巨细地拿，而是有所取舍地要。试想：如果律师所举的证据像前述当事人所提交的极端情况一样，那么一般人会如何评价律师的收集证据能力？最终的效果是否会比前面的极端事例还好？当然，针对具体的个案要有实事求是的态度，如果是标的数十亿元、上百亿元的大型建筑工程施工合同案件，证据的数量之多是在所难免的，但本书要表达的是证据收集的合理性问题，而不是以绝对数量作为标准。即便是在大型建筑工程施工合同案件中，如果不合理地采集证据，那么最终形成的证据数量也会超出必要限度的数倍。

当对获取什么证据难以取舍的时候，不妨回到法学院时代撰写论文的原点：如果要写某一主题的论文，要怎样推进论文，需要采集什么样的资料？无论如何，我们撰写一篇论文之前都不可能做到阅遍同主题的资料。当然，我们需要搜读主题具有关联性的论文。同理，律师代理一起案件，也无法做到遍查全部事实，自然也就无须遍搜所有证据资料。因为某些资料已经距离主题过远，难称与本案事实相关的证据。

二、证据要形成闭合回路

有一些法律关系简单、事实也呈线性发展线索的案件，根本就谈不上证据链的问题，关键的书证拿出来一锤就可以定音。但对大部分案件而言，都需要两个及两个以上的证据相互配合：有形成意思表示的书证，有呈现款项授受过程的流水记录，有体现工程是否完成的签证单，还有确定工程价款、质量问题损失的、造成损失原因的能够确定数额的各类鉴定报告。在把它们组合成证据链的过程中，要注意彼此的"咬合"性，就是说齿轮传动带不要断。比如，搜集了原、被告双方当事人在即时通信软件上的聊天记录，内容展示了双方当事人商谈合伙的交涉记录，其间还夹杂着原告转款给被告用于合伙经营的记录。这固然是十分有力的证据，但被告一开庭就抗辩原告提交的聊天记录并不是与被告进行的。如果事先不把这一环节想到，庭审时就会完全手足无措，无法推进。可供参考的解决思路是，手机号码需要实名购买，这样通过即时通信软件绑定的手机号、手机号绑定的机主，往往就能顺藤摸瓜，查实特定账号的主人。即便手机号不是本人购买，如果是登记在涉案当事人近亲属的名下，那么聊天记录的关联性也将大幅度攀升。特别是存在转账记录的场合，配合银行转账、转账记录的调查，也是可以锁定特定账号使用者的身份的。这就是证据链中闭合回路的一环：它可能是一个小齿轮，但没有它往往就不能使整个证据链传动起来，也就达不到己方的证明目的了。

存在被告抗辩签字、印章真实性的场合，往往需要传动的链条就更长了，需要一个一个齿轮去建立传动带。比如，原告要求鉴定其中一份合同上的印章与另外一份合同相同，借此证明被告有两套印章。如果被告认可另外一份合同上印章的真实性，那么推进鉴定有必要，此时的检材是确定的。如果被告连检材上合同的真实性也不予认可，那就需要原告证明另一份合同是被告曾经承认的合同，否则鉴定的推进就没有必要。即便两份合同印章一致，也不能证明就是被告所持有的印章。通常情况下，如果原、被告无法对检材达成一致，印章的检材就只能与注册登记部门预留的印鉴进行比对。如果比对结果一致，就能证明被告在合同上印章的真实性，如果不一致，原告就不能证明被告还持有原告主张合同上的那枚印章。原告主张被告有两枚或多枚印章就需要由原告负担举证责任。这时原告又需要挖掘这方面的证据了。

三、证据要达到相应标准

原告搜集证据要使人信服（达到高度盖然性），被告搜集证据仅需使人怀疑（真伪不明）。虽说搜集证据不是越多越好，但证据过于单薄，会让人觉得有了这个证据事实也不见得是这样的，还有相当的概率是那样的，这就没能达到高度盖然性的标准。与其这样费力收集证据，还不如放弃证据收集，因为事实上的效果是一致的。除非确实是无米之炊，否则应在主要事实上着眼，分析事实是怎么形成的，针对事实形成的过程（发生、维持状态、变化、结束）去寻找蛛丝马迹，最后把这些蛛丝马迹结合到一起，让证据呈现出的可信度不断上升。对于被告方律师而言，搜集证据更不必事无巨细，只需一针见血，戳中要害，把原告建立起来的让人信服的事实撼动即可，让人觉得看到被告的证据，原告所主张的事实到底有没有发生又不确定了（真伪不明状态），这时就已经不能适用有利于原告的实体法规范了。这样的证据收集便达到了被告方的预期效果。

第四部分

信息跃动的圆舞曲
——"大前提"的演绎

现今社会，人们的利益框架都是由法律法规来约束的，法律法规的核心内容是界定权利与义务，权利与义务的观念根植于商品经济，繁荣于市场经济。有市场经济的地方，就要有运用法律手段解决问题的能力。市场经济越发达的地方，运用法律手段解决问题的能力需求也就越强。

法律实务工作者归根结底是以预防纠纷、处理纠纷、化解纠纷为工作目标，由此各自生产自己职责范围内的法律服务产品。纠纷永远是法律实务工作者着眼的主线。纠纷导源于冲突。表面上看，冲突是人类社会运行过程中产生的负向产品，但有了冲突才有了拮抗关系，有了拮抗关系才会出现协商、对话、妥协、裁断，冲突主体的利益、诉求才能被对方认知，双方才会彼此认知、体会、接受（主动或被动）利益格局的调整。在利益格局的重整过程中，人类社会才具有了自我修复的能力，而不会使得冲突一直被压抑，最终冲破人类社会组织机体的承受能力，迎来毁灭性的结果。所以，从客观结果上看，冲突是人类关系不断扬弃旧秩序，获得自我进化的动力。但是，之所以人们普遍看到它的负面性，还是因为冲突的解决需要付出太多的代价。而法律实务工作，正是为了减少冲突带给个人的负面影响，在实现秩序重塑结果的同时降低个人的承受成本而产生的职业。冲突的平缓化解决是人类处理社会关系的高级形态，所以能够从事辅助冲突解决、控制冲突解决工作的人不仅需要经过冲突解决手段——法律知识的特别培训，还需身兼各种辅助性知识，具备瞻望冲突变化契机的能力，具有掌握冲突节奏的敏感性与灵活性。这就要求法律实务工作者不能是一心只读圣贤书，两耳不闻窗外事的"书呆子"，而应是具有高度的社会交往知识，对冲突机理能够深刻把握的法律指挥家。

罗马不是一天建成的。法学教授不是一天能学成的。同样，一个圆融、成熟的法律实务工作者自然也非一时之学、"一役之功"所能造就的。虽然有人说，理想状态应该是，律师要做精研业务的法律人，法官要做博通知识的杂学家，但笔者告诉你，那种理想状态的法律人即便在知识精英群集的法律圈中，也并不多见。无论律师在自己专注的领域深耕得多精，法官在社会知识上掌握得多么广泛，他们的立足之本都是一致的：那就是法律专业知识。这一点，所有的法律人都是一致的，就是要终其一生，不断研习法律，接收、消化新鲜法律知识，把这种法律知识用到自己的产品生产中去。如果本之不存，以吸食杂学为主，对现代社会的司法需求来说则是一种舍本逐末的行为。

本书的立脚点不是刚跨入大学门槛的法学新手，当然，这并不代表对于他们来说没有参考意义。本书的立足对象，是已经进入法律职业角色，致力于解决法律职场生产力提高问题的法律实务工作者。所以，在本书的大前提输入部分，本书要讲述这样一种场景：即便你已经学习、掌握了法律知识的大体脉络，在千变万化、层出不穷的冲突处理过程中，法律知识定然处于入不敷出，不敷使用的状态。那么此时的你已经不再是法学院里不必迫于生计、可以从容淡定通读民法全书，乃至可以悠闲地翻阅法哲学著作的你，你只能在有限的时间里解决工作中具体案件的实际需要，在需求的牵引中学，在问题意识的带动下学，而不是学生时代通过学产生问题意识，以输入压产出。本书在这一部分解决的便是如何继续"学"，持续"学"，学什么，怎么学，从而通过上述问题的提出、思考、解决过程推动生产力水平的飞升。

民法典的颁布让全社会都掀起了学典用典的热潮。在法学院读书的时候，对于民法典的学习是以民法学带动成文法的知识吸收过程，产出自然也要围绕民法学的问题结合民法典来展开。但从事法律实务工作以后则不同了，我们要用民法典解决一个个活生生的具体案件，用的过程会带动民法典成文法的吸收，产出就变成了围绕具体问题的解决（有利于委托人或如何进行裁判）而形成。二者的基本路径是不同的：前者是以学养学、后者则是以用养学。这决定了在法学院养成的学习习惯要根据变化了的情况作出调整。

第一章 必要产品的大前提输入

第一节 以纠纷处理为目的的大前提构建

一、法律适用知识检索的启动契机

比起干巴巴的数字，抽象而全面的叙事方法，以事带论、以案说法的方法会使听众接受、消化、理解的信息要多得多，好得多。对于法律知识的吸收、获取而言，抽象式的、步骤式的说教方法不仅让人觉得枯燥无味，而且究竟是怎样实操的，能不能具有实操性都会使读者打上问号。由此，笔者也引入一些案例，由案例出发，讲述笔者的所学、所悟。

在主合同无效导致担保合同无效的案件中，担保人是否存在过错是判定担保人是否承担责任，承担何种程度责任的主要事实依据。在我们审理过的大部分案件中，主合同无效从而担保合同无效时，担保人都不会被轻易完全免责。所以有时法官在认定担保人责任时，便有一种安逸的思维模式：因为担保的事项促成了主合同的订立，所以担保人存在过错，应承担不超过三分之一的责任。在绝大部分案件中，可能法官也难以区分责任的性质、比例，所以我们看到，担保人承担责任的比例一般都是主债务人不能清偿部分的三分之一。这是不是吃透了立法精神的处理方法呢？如果主合同因为双方当事人恶意串通损害第三人利益而无效，或主合同因为虚假通谋而使得表面的意思表示无效，担保人并不知情，这时候担保人有没有责任呢？只有遇到这样的个案，我们才会深入省察判法的合理性，这种合理性的认可或质疑便基于个案具体情境下对法律解释的态度，这就涉及作为"大前提"知识前见的获取与消化了。只有拿来、选择、吸收了，才能作出真正符合立法精神的优秀法律产品。所以说，对于法律实务工作者来说，法律知识检索、汲取、分析的启动契机，就是我们所要处理的具体案件。

在上面的事例中，我们之所以会养成担保人应承担责任的思维定式，是因为大部分案件中，主合同无效的常见诱因是《中华人民共和国民法典》第一百五十三条规定，即违背公序良俗或违反法律、行政法规的强制性规定。法律一经公布，推定全社会人都知道，社会公共利益更是全社会人的共通性利益认知。在这种情况下，法律法规也好，社会公共利益也好，均在社会一般人的认知水平上能够发现。也就是说，在主合同因为这两种情况无效时，不仅主合同订立的各方主体，担保人也明知或应知主合同存在无效的事由。比如，主合同是买卖枪支弹药等禁止流通品的合同。又如，主合同是借款合同，但出借人没有放贷资格，却对外宣传其放贷业务，出借人是职业放贷人。这些都是能通过法律规定和审查登记信息便可以发现的效力缺陷。在这种情况下，担保人仍在担保合同上签字提供担保，自然难以免除其责任。但主合同无效可不仅仅指这些多数情形，《中华人民共和国民法典》第一百五十四条还规定了恶意串通，损害他人合法权益的合同，第一百四十六条规定了虚伪通谋的意思表示，它们也是主合同无效的诱因。在这些相对少见的事例中，还能想当然地推定担保人明知存在恶意串通的情形，明知存在虚假意思表示的情形吗？恶意串通往往是两个当事人之间捏合的，而虚伪通谋更是为了不让外人知晓合同的真实意思表示到底是什么才订立的，这些情况下还能想当然地推想担保人知晓主合同存在无效事由吗？这种知晓、知情就是需要由证明活动来解决的问题了！有人想当然地认为，既然担保人签字愿意承担担保责任，主合同势必由此增加实现债权的概率，由此势必会在一定程度上促成主合同的订立，这就是担保人的过错所在。这也是没有对担保法司法解释作体系化、系统化消化的结果。《最高人民法院关于适用〈中华人民共和国民法典〉有关担保制度的解释》明确区分了担保人有过错的、担保人无过错的两种情形，并由此区别担保人是否承担责任，如果只要签了担保合同就会促成主合同签订，担保人就有过错的理解为真，那么司法解释就大可不必再区分担保人有没有过错了！因为担保合同无效肯定是指担保合同已经成立的情形，担保合同成立自然需要担保人签字，这样形成的逻辑就是，只要担保人一签署担保合同，他就有过错，那担保人还有无过错的时候吗？没有了！显然，这并非该司法解释的本意。那么担保人过错的内涵就是解读法条，正确适用法律的最后节点。

担保人的过错是什么呢？法律、司法解释并没有明确规定。这就需要我们去思考、去学习、去验证。这时的输入便是为了输出而进行的输入。如果手中有这么一个案子，为了把它判好，妥善地处理好，法官就需要有针对性地学习。而这种学习的记忆是最为深刻的。其实就像学骑车，一朝学会骑车，终身难以忘记。只要办上一个这种情形的案件，恐怕终身都难以忘记它的处理思路。

虽然通过上面的推理分析，我们能够得出并非担保人一签字就存在过错的结论，但担保人过错的内涵从正面分析包括哪些内容，还需要继续分析与学习。那么我们首先需要做什么呢？相信大多数从法学院毕业的学生，包括法学教师，首次遇见某一问题时，都会陷入同样的思考模式：那就是查阅既有文献的观点。我们在攻读学位期间，大部分法学院的学生都会通读民法全书的全盘内容，特别是对于本科生、硕士生来说，但记住者几何？有没有打通自己的民法知识体系？恐怕对于多数人来说，答案都是否定的。如果我们再放眼望向全体读书者，这种现象也始终是一样的。不要说小时候读过的书，大部分我们都会忘记，就算是上个月刚读过的书，如果让我们讲出它的核心观点，它的论述结构，恐怕也没有多少人能够说得上来。为什么我们读过多数的书会有这种现象？

人类的大脑会将"重要信息"作为长期记忆留存，而"不重要信息"则会筛选后遗忘。什么是"重要信息"呢？就是输入人类大脑后多次使用的信息。输入人类大脑的信息，会暂时储存在海马体中，保存时间为2周至4周。在海马体保存期间，如果我们多次使用这个信息，大脑就会判断它是"重要信息"，把它移入侧头叶部分进行长期储存。侧头叶所记忆的信息是很难遗忘的。这样我们就清楚了学生时代读了那么多书，最后为什么很多都遗忘了，因为我们使用它们的机会不多。但唯有一点，在学生时代我们所学的知识会记忆深刻：那就是我们下功夫、花力气所写的论文关涉到的法学知识。在相近的时间段反复吸收大量同主题的论文，研究了它们的共性、个性论述后形成思考，在深思的基础上发现问题，并推动问题的解决。即为了解决论题而阅读、整理、思考，在这种情况下我们会对这个问题印象深刻，在从事工作多年以后都能记得相关论题的知识。这与我们的办案过程是类似的。因为我们办案中要学法律知识，肯定是为了个案使用，而个案使用就是在吸收知识以后思考并输出结论的过程，这个过程就是海马体把记忆传送到侧头叶的最佳契机。

为了顺应人类记忆结构中遗忘特点的规律，打破"读了忘，看了忘"的魔咒，让读取的信息真正活化成为我们大脑的组成部分，人们通常兵分两路来对抗遗忘曲线：一种是强化型、反复型输入。比如，我们在上学期间，多数人学英语背单词，要做单词卡片，反复抄写、反复阅读、反复记诵，让单词的意义深入脑海里。因为英语单词不是我们日常输出的语言词汇，我们很难在日常生活中每天靠产出英语语言，靠输出的方式去运用它，所以只能靠这种事倍功半的方法调整记忆曲线。在法律学领域中，存在用类似的方法进行信息输入的现象。有些非常厉害的教授，在授课、做讲座时引用法条不用翻法典，信手拈来，从条文序号到法条内容，背诵得非常熟练。因为这些教授很少以解决实际问题为目的去查阅、记诵条文，所以，这种信口说法条的惊人功力就是采用了类似于我们上学时背英语的手法。据笔者了解，有的学者在自己的书桌周边、洗漱台周边贴满大量的法条条文便签，利用一切散碎时间做强化记忆，定期更换便签以更新知识输入信息。应该说，这种方式确实能取得很多的知识存量，让更多的信息输入变成信息"留驻"，成就了某一法律领域布满法律知识神经元的大脑。但是，对于多数人而言，法律职业是谋生的手段，我们只需关注自己能力的向上，知识储存的向上，知识运用的向上即可。

如果认识到我们需求的这种现实性，那就应尽量减少这种高强度做功，相对低效率产出的方式来进行知识输入。这时就要采用第二种方式，也是更为顺应人类记忆方式的方法输入知识，并且我们会发现，这种知识输入的方式正是可以随时应对我们职业法律人日常工作的方法。那就是以个案解决，以法律文书输出为目的的知识输入法。所幸，全体法律实务工作者的工作内容也是顺应这种输入方式的。

无论是律师也好，法官也罢，案子已经放在自己手中，要解决案子的妥善适法问题，我们就要准确理解法的内涵。适法的过程同时也是法解释的过程，如果对法的适用陷入了归类错误的情形，那么法的解释便难谓正确。

还是让我们回到刚才那个例子来说明。摆在我们面前的是，到底什么样的过错是担保人的过错。如果我们以法学院的思维惯性去查阅既有文献，摆明各方观点，讲述自己道理，表面上看是一种知识的有效输入输出途径，实际上这样的办案方法所能留下的知识印象有限，分析也未必能足够深入。很多法官在被人咨询业务时常常说，以前办过这样的案子，是怎么处理来着记不太清楚了，就是这个原因。对于那些法律关系清晰的案件，适用法律无争议的案件，即便我们对它的具体情况没有留下足够深刻的印象，也能很迅速地办好新出现的类案。但能说办好这类案件我们就得到进步了吗？当然，熟练功也是一种进步，手法的娴熟和平均审限的缩短不能不说也是一种进步，但对于法律业务来说，这种进步就是非本质的。它更类似于操作间流水线作业的工时缩短。那么什么是本质性的进步呢？就是如果我们在办理这一类案件之前不知道它的法律适用方法，而办理以后知道了，而且知道得比较恰如其分，在类案处理中也不会忘记，能把这种知识迁移出这个个案进行产出，那么这种进步对于法律人来说就是本质性的进步。好的产出——输入型模式能够达到的目标是像学会骑自行车一样，一朝会骑，终生难忘。

在这样的效率型输入愿望下，我们要调整学习的思维模式。遇到问题不能再是先形成文献综述，一览群书小。第一个环节应该做的是想象，而非查阅！比如，我们手边没有资料，没有文献，我们不能像写论文一样在前人充分研究成果的基础上创新性思考，只能立足于案件的具体情况、我们已有的法学知识和事物的性质思考来完成这种判断。这时，在我们的脑海中就会展开激烈的试探、试错与回想：

在主合同无效、担保合同无效的情况下，所谓过错，无非合同缔结过程中的过错，担保人在缔约中有过失，这种缔约过失就是担保人的过错。

那担保人的过错是指主合同缔结时的过错吗？我们接下来的追问就是主合同他参与缔结了吗？既然都不是主合同的订立主体，能说他在主合同缔约过程中存在过错吗？既然不是在主合同缔约中的过错，那就肯定是从合同缔约中的过错了。但是，有人也会问：既然是主合同无效而导致的从合同无效，从合同本身不存在无效的事由，怎么会在从合同缔约中存在过错呢？如果提出这种问题，说明你进一步思考了这两个合同的独立性。确实如此，如果是因为从合同本身存在无效的具体事实，那么从合同就独立于主合同而能自身无效。在《最高人民法院关于适用〈中华人民共和国民法典〉有关担保制度的解释》第十七条规定中，还有从合同单独无效的特别处理方法。但是，一旦仔细思索就会发现，担保合同和主合同是两个合同不假，但如果它们能够完全独立于彼此，就难以称其为主从合同关系了。为什么主合同无效，担保合同会无效？因为担保合同是为主合同服务而存在的！既然服务对象都没有了，要它作什么？它也会随之失效。由此可见，即便在从合同订立时，从合同本身没有值得否定性评价的过错，但因为它关涉主合同，服务主合同，所以现在订立了主合同，让主合同的当事人更加放心债权的实现概率，这应该就是订立从合同本身时没有过错，订立主合同时也没有过错，而担保人却有过错的唯一解释！这么想来，担保人的过错既不能在主合同里面找，也不能在从合同本身上找，只能在从合同服务于主合同，从合同见诸主合同的架构上寻找该种情况下担保人的过错，也只有在担保人明知道主合同无效或应该知道主合同无效还提供担保（自作自受型），或者说其明知或应知主合同无效还以担保行为促成主合同订立（恶意促约型）这样的情况下才会更符合立法的精神和案件处理的公平性。这样的结论得出以后，就是验算环节，这时文献综述法就该登台了：有没有人跟我想的一样？有没有对立的观点？有没有通说？有没有上级法院的权威性观点？如果和我们的想法一样，那就确证了我们的观点。如果不一样，是不是我们的想法存在哪些疏失？还是对立的想法考虑到哪些我们没能考虑到的本质性要素？这样的话，我们不在第一步进行文献检索和知识输入，而是把它放到验算环节，那么这种思索过程是向知识输入索取的需求，就使得我们的大脑最大限度地活性化，不是像填鸭那样被动地吸收大量知识，而是先想好吃什么、怎么吃，再去比较、选择食物，这样我们所能保留的营养量就远远超出了不经前置思索程序的被动填充环节。

二、检索的知识内容

法学知识浩如烟海，我们在验算时应该由哪些资料来支撑我们的法律解释环节呢？许多当事人在亲身经历了诉讼以后，都会去检索跟自己案件有关的法律知识，特别是亲自上阵或是事必躬亲型的当事人更是如此。在这些当事人之中，有非常少的一部分人完全是从无到有，从零开始学习法律知识，但无论是庭审辩论，还是庭后提交书面意见，都能准确地打击症结与要害。笔者在审理数千个案件中，遇到了为数不多的两个当事人，这两个当事人一位是某大学的工科教授，一位是某科研所的研究员。这说明了什么问题？说明其懂得掌握知识的窍门，懂得如何在有限的时间内切入重点、如何给知识分型。当然，本书这一部分要谈的是，他们知道如何检索资料，检索哪些资料。很多人都在讲，法律是中文写的，只要认识字的人都能学会，这话当然是不假的。从当事人自身来看，认为法律门槛过高的情况大多是不存在的。虽然知识获取的门槛低，但想要掌握法律的适当解读方法却并不容易：只见树木不见森林（只看对自己有利的条文部分）固然是一方面，而资料的筛选与学习也是另一重要方面。

作为职业法律人，当然是经过了长年的法律知识训练，对于法律法学知识体系都有或深或浅的整体性认识。无论是教民法的，还是代理民事案子的、审理民事案子的，多少都会存在法律、法学知识上的缺陷。知识缺陷可能影响事实认定问题，事实认定上的知识前见暂且不论，法律适用的知识前见就是对某一具体问题的解释方法问题。在法律没有规定或规定不明的领域中，寻找"法外之法"为的就是最后正确地阐释"法内之法"。在这方面，职业法律人有着普通人无法比拟的优势，就是根据已有的知识背景，知道要怎么查资料，要查什么资料。

能够解决法律适用问题的资料有很多，我们在法学院时最常用的民法教科书，某一法律问题的专著、论文是一种解决方法的资料，法律、司法解释的理解与适用是一种有用资料，立法背景介绍、立法理由书是一种有用资料，案例分析及判例是一种有用资料，在某些特定类型案件的处理中，比较法上的立法、司法资料也是非常有用的资料。那么在浩如烟海的上述资料中，究竟应该怎么选取材料呢？应该说，本书一贯所坚持的事物本性的理论在此依然是资料选择艺术的指南。

在法学论文撰写的时候，我们的目的是探索、争鸣问题解决方法的多样性、妥当性和创新性，所以质疑、创新是法学论文生产的本质目的。在这样的写作目的下，当然应该首先选择研究性、分析性的文献作为立脚点。即便法律、司法解释有明确规定，或者成文法规定不明确，有相对明确的适用指南或立法理由，这些都可能成为研究、批判的对象，判例也概莫能外。但是，法律实务工作者的本职工作却并非如此，探索与争鸣固然不至于全然不顾，但如果想要案件处理得"保险"，处理得有权威有依据可寻，不至于被上级法院发改或指令再审，那么走大众路线、走多数人能看得到、查得到的路径才是最为稳妥的。所以，对于法律工作者学习有关具体个案的法律适用方法来说，资料的获取顺位应该首先是最高人民法院课题组组织编写的法律、司法解释、会议纪要的理解与适用，最高人民法院及本院上级人民法院的权威判例这一梯队的资料，而后再是立法机关或学者编纂的立法理由书，再往后是法学理论著作、论文，最后在某些相对新颖的领域可以适当参考比较法上的有益做法。

1. 最高人民法院的理解与适用类文献。

虽然在撰写判决理由过程中，对于法律适用问题存在多种解释可能性时，某些法官甚至会直接援引理解与适用类文献，这显得好像有些夸张，但笔者却能理解这些法官的心思。有的是本级法院的其他法官观点和自己不一致，本院作出了截然相反的在先判例，为了证明自己观点的正确性，便在判决中"抬出"最高人民法院的理解与适用类文献的权威意见，如此在判决后，无论是本院评查，还是当事人不服，又或者是上级法院审查，都能做到有据可查，至少可以减少定为"错案"的概率。之所以笔者会说这种引用方法夸张，是因为根据《最高人民法院关于裁判文书引用法律、法规等规范性法律文件的规定》（法释〔2009〕14号），除了该规定第三条至第五条所规定的规范性文件以外，其他的规范性文件也只能作为说理依据，而把理解与适用类文献这种论著性的文献直接引用显然超过了前述规定的范围。只不过各种理解与适用类文献虽然是最高人民法院相关业务庭法官编写的理解性、分析性的作品，却对全国法院审理同类问题有着指引意义。可以说，按照理解与适用类文献来解释法律、司法解释，虽然不见得在每个具体案件中都能达到至善至美的适用效果，但总体上的效果一般是较好的，而且能进一步统一法律的解释尺度，把法律、司法解释没说到的说到、说深，符合现代司法的标准化原则。

2. 法律、司法解释等注疏性文献、立法理由书。

对于法律来说，法官并非其直接起草者（多为全国人民代表大会常务委员会法制工作委员会或其委托的专家学者），所以对法律的注疏和立法理由书通常是由学者来完成的。但司法解释就不同了，虽然有些重要的司法解释课题中也存在一些学者的参与，但从总体上看，司法解释是最高人民法院的业务庭（包括研究室）"认领"的，起草工作也主要是由法官来完成，所以起草的法官相对最有发言权。某些作品虽然没有以理解与适用类文献的名义出版成专著，但参与司法解释起草工作的法官在司法解释出台后发表的注疏性论文也是不容小觑的。特别在年代相对久远，理解与适用类文献还不能做到随着司法解释同步出台的情况下，这种资料显得更为珍贵。在知识性资源的检索中，我们首先要检索那些参与立法的人，是否就立法作出过相关论述。虽然法律一经作出便被社会公知，此时立法者也不能控制歧义法律的解释方向，但立法者就像是电子游戏的制作者一样：他不一定是玩得最好、最娴熟的，但他一定是深知游戏中各种流程、隐藏要素的。你让他打游戏，可能达不到世界纪录，但让他写攻略、写要素收集，那他先天就比普通玩儿家具有强太多的优势！

3. 最高人民法院的指导性案例、公报案例及最高人民法院一般判例，所在省法院公布的参考性案例等。

毋庸置疑的是，最高人民法院的指导性案例越来越成为我国司法审判过程中事实上的法源。这些案例通过具体地解释法律如何适用，在何种情况下应当适用，为全国各级法院提供了办案的权威指导。无论是法官还是律师，都需重视这种演绎法所展现出来的法律解释方法。但是，指导性案例固然权威性最高，但为数毕竟稀少，难以应对排山倒海般袭来的五花八门的案件。在这种情况下，《最高人民法院公报》上刊载的案例通常被认为是具有次于指导性案例，但强于一般判例的地位。如果公报案例没有类案裁判适法的尺度与标准，那么最高人民法院的判例，各省高级人民法院公布的参考性案例通常也是非常具有参考意义的。如果上述内容均不存在，那么最高人民法院的判例、本省高级人民法院或上级人民法院的判例、本院的先决判例都是具有参考意义的。

4. 法学专著、论文。

在上述知识资料都没有，或资料相对匮乏，难以形成确定的法律适用意见时，一般才会考虑进入法学专著或论文的范围。这样的知识检索顺序并非因为法学论文资料针对性差，而是由于以下的几点原因：

第一，法学论著文献是我们学生时代起便开始进行阅读、研究、写作积累的法律知识产物，资料卷帙浩繁，难以在短时间内一窥全貌。本书的第一要旨是提升法律实务工作者的工作效率，自然是以法律实务工作的本性为出发点来考量资料的选用顺序。所以法学论义的搜选、阅读虽然有利于问题的深度挖掘，但却不符合实务工作的效率原则。

第二，法学论文具有非权威性的特质，既难于让律师说服法官，也难于让法官说服同事或上级人民法院法官。一些文献专著虽然堪称经典，但进行法律解释时反而不如用理解与适用类文献来得有效。据笔者所见，民事庭法官常办案件类型的法律参考书都是用理解与适用类文献作为案头书，权威学者的论著观点即便在判决中引述，如与理解与适用类文献、立法理由书等法律适用指南相冲突时，显然依据后者作出判决的"保险系数"要远远高于前者。如最高人民法院的权威判例与法学论著相冲突时，对于法的解释方法参考权威判例的论证思路显然更有利于维护裁判产品的稳定性。

第三，学说与判例一样，存在广泛的对立解释空间。如果是裁判案例，还能在资料选用上选择法院层级高的、对本院有审级指导权力的上级人民法院判例作为法律论证依据。但学说就不同了：张三说和李四说存在重大对立，选择张三说或李四说均没有权威依据，最终只能是参考张三或李四论证中的合理性成分，形成法官说而已。除了可能会启发自己的思路之外，对于法律适用论证的路径依赖作用就全没有了。这会让法官们感到不安。下级法院的法官看了张三的书，觉得论证得不错，就采纳了张三说；上级法院的法官不看学术书，就不见得觉得这样的论证有效，甚至上级法院的法官喜欢学者李四的书，这样张三说在他眼里就不仅是论证不充分的问题，还可能是论证思路有误的问题了。这也是学术著作在此排名靠后的原因。当然，即便如此，写过法学论文的法律实务工作者作为"过来人"，当然都懂得法学论文的精妙所在。其分析的精密程度是前面层级的资料所达不到的，启发性与逻辑性都是可以汲取的养料。如果不是专门研究某一问题，打算开展讲座或撰写论文，而是主要解决案件的办理问题，在用到法学论述资料时，笔者不建议优先选择那些法学类核心期刊上的作品，因为它们前沿性虽非常充足，但实操性却未必充分。笔者反而建议先从研究某一问题的硕博士学位论文入手，它们对于既有文献的综述，现有观点的整理，问题的现状，多数人的认识，实践中相对更为普遍、稳妥的操作，都有着不错的整理归纳，可以节约大量的自行查阅时间，做到事半功倍。

5. 比较法上的文献。

严格来说，这种文献和前面所说的各种资料的总和处于平等的位置。但由于其特殊性，本书把它单独列出来。目前的民事案件审理很少能够遇到需运用比较法上资料的程度。但是，部分案件是必然要用到的。比如，涉外案件，双方当事人选择了国外法作为准据法。准据法的查明过程虽然有其一系列规则可循，但对于该法律的解释可不是通过大使馆公证的资料等就能了解清楚的。虽然我们的民事诉讼法规定，民事诉讼活动必须用汉语进行，但在外国法查明后的解释上，外文资料有时是不可欠缺的阅读资料。不读，就掌握不好它的适用尺度。当然，这对法官的工作能力提出了更高的要求。可就像知识产权案件的审理法官一样，对于发明专利完全不懂能把案子审理好吗？除此之外，一些公司法、证券法、知识产权法领域的较新实务问题，在国内理论界还未发展成熟的情况下，可以适当参考比较法上的研究成果、司法判例的有益经验。

三、检索、保存手段

虽然法律知识的主要脉络的进化是徐徐向前的，但知识的载体、检索的手段、吸收的方式却发生了翻天覆地的变化。21世纪初，笔者还在法学院求学的年代，和目前网络技术、计算机发展、手机进化日新月异的时代相比不可同日而语。如果是在笔者求学的那个年代，我们遇到了主合同无效，担保人是否要承担责任的案子需要处理，那时几乎只能求助于纸质出版物。如果是在网络还不发达的年代，我们就只能去法学院的图书馆，一本一本地翻过期的和现行的法学类杂志，看是否有相关主题的讨论。但对于那个年代写论文来说尚可（实际上那个年代的论文也是由教科书→脚注文献资料位置→搜寻脚注文献→脚注文献引用文献→搜读所有脚注文献及其引用文献的路径查阅论文的，现在的同学可能想象不到，那个年代的学生们抱着过刊库里装订成牛皮册的整年杂志如饥似渴阅读的情形），在现代社会中则是令人无法忍耐的低效手法。

在互联网时代，知识检索变得容易、高效。按照前文分析的文献选用顺序，我们接下来要搜索的是司法解释的起草者对此有没有相关论述，这是原原本本的立法解释，当然具有非常重要的参考意义。当我们在互联网上使用一个搜索引擎搜索主题为"最高人民法院关于担保法司法解释的起草说明"或"担保法司法解释的理解与适用"后，王闯法官的一篇题为"对《最高人民法院关于适用〈中华人民共和国担保法〉若干问题的解释》的若干理解"的文章（载《法律适用》2001年第1期）便映入眼帘。王闯法官是担保法司法解释的主要起草者之一。他对于担保法司法解释的立法精神、立法目的具有得天独厚的解释优势。这就是本书前文所说的，在有立法理由书、立法解释的前提下，它们往往优于普通的学理解释。翻检这篇论文，我们发现其中有这样一段话："担保人过错的内涵。所谓担保人的过错，并非指担保人在主合同无效上的过错，而是指担保人明知主合同无效仍为之提供担保以及担保人明知主合同无效仍促使主合同成立或为主合同的签订作中介等缔约过错，这也正是担保人不能完全免责的原因。"这段话揭示了司法解释起草人对担保人过错的理解，而这种过错才是导致司法解释中担保人需要承担不超过三分之一责任的依据。很明显，这段话表明，并非担保人一签字，就是促成了主合同或加强了债权人的债权实现能力，从而就具有了过错。按照已经生效的《中华人民共和国合同法》第五十二条（《中华人民共和国民法典》第一百五十三条）的规定，合同无效的情形中确实存在因为违反法律法规、社会公共秩序而被否定的情形。这些情形应推定担保人明知主合同无效，因为法律一经公布就推定为全民周知。但是，如果是恶意串通损害第三人利益的，或者按照《中华人民共和国民法总则》（《中华人民共和国民法典》第一百四十六条）的规定实施虚假共谋意思表示的，担保人就很可能无从知晓合同有无效的事由了。此时，就不能推定担保人明知主合同无效，而是需要由主张担保人有过错的（主要表现为明知是恶意串通损害第三人利益或明知是虚假共谋，已知主合同当事人的真实意思表示）债权人来证明这种"知晓"的事实。

至此，我们通过了验算的环节，初始推理过程得到了验证。如果我们对于这样的理解与适用仍然心存疑惑，不能下定决心，那么我们可以找权威的判例加以验证。从已经发布的指导性案例来看，并无类似案例对此进行论述。此时我们就要放眼数量相对较多、权威性相对较高的公报案例。那么公报案例如何去寻找呢？如何区分公报案例和一般案例呢？好在这种寻找案例的思路已经被当今的软件开发者注意到，如在"聚法案例"App中，首先是只要我们输入关键词进行检索，系统会自动优先显示指导性案例；其次是公报案例；最后是一般案例。所以，在检索过程中我们仅需输入关键词，如能查询到类似案例，系统会自动按我们通常所采用的优先级进行排列。

输入"主合同无效""担保人过错"两个关键词，我们就会在全国诸多判例中筛选出层级高、权威程度高的案例，如最高人民法院（2003）民四终字第 21 号①便是一个公报案例，在该案例的判决论理中，有这样一段表述："关于樊东农行是否存在过错的问题。在主合同无效导致担保合同无效

---

① 《最高人民法院公报》2006 年第 3 期。

的情形下，担保人并非主合同的当事人，主合同无效不应当要求非合同当事人的担保人承担无效结果。因此，担保人的过错不应是指担保人在主合同无效上的过错。担保人的过错应当包括：担保人明知主合同无效仍为之提供担保、担保人明知主合同无效仍促使主合同成立或为主合同的签订作中介等。就本案而言，开证法律关系无效是由于外贸公司欺诈开证行开立没有贸易背景的信用证造成的，担保人樊东农行从申请开证环节上无法获知合同的违法性。因此，应认定樊东农行无过错。根据前述规定，樊东农行不承担民事责任。"上述法的解释方法进一步得到生效裁判文书，且是最高人民法院作出的二审判决文书的确认，应作为主合同无效，担保人是否存在过错的解释标准采用。

检索法律知识资料的过程，无论是律师还是法官，由于繁忙的工作状态，恐怕都未必能够在办公室或自家书房里面坐定后一气完成，而且从时间利用的角度上看，这个环节也是法律实务工作者唯一能用"碎银子"时间零打碎敲并且还能高效完成的工作环节。在所有的知识输入中，检索法律适用资料所形成的知识储备是最难被人遗忘的，为什么这么说呢？因为我们是抱着疑问在搜读的，是抱着解决问题在寻找答案的。也就是说，为了适法而检索资料、进行知识输入的过程是我们对事实已经形成了心证以后，纯粹为了解决这种事实下怎么适用法律、怎么得到处理结论而进行的知识储备。它是完全应对输出型的输入，是人类思维结构中最容易被记忆，最难遗忘的知识储备过程。而这一过程经常会伴随着苦思、发掘再到发现"新大陆"的欣喜。所以，即便没有老僧入定的状态，在地铁上，公交车中，在等车的过程中，在上卫生间的时候，我们都可以借助手机这个强大的移动信息站来搜读这些资料。有的时候，三五分钟就能搜读到我们想要的资料，而有的时候，由于观点匮乏或观点过多，我们需要抽丝剥茧地分析它们的效力层级、合理性与可用性，需要更多的"碎银子"时间。一旦我们发现令人兴奋的分析、与我们不谋而合的想法、可资援用的观点，这时我们就要迅速地记录留存，它们就是我们制造法律产品的调味料。

那么我们如何快速保留、记录有用信息呢？由于上述知识检索多是通过零打碎敲的方式完成的，这就决定了最佳知识获取工具便是手机。而手机制作文字记录确实是一件令人痛苦的事情。因此，在知识抓取的阶段，除有效信息的搜选、阅读外，留痕便是一件重要的辅助性工作。如果我们看到了一些特别有用的资料，刚好能够运用到手头在办的案件中，但由于未能及时保存，我们检索完毕后又投入下一个工作中，以至于忘记资料所在的位置、检索的方法，甚至资料已经被发布者删除，那么最初的检索与阅读可能就会沦为一种无效的劳动。那么如何记录更为方便呢？笔者以为，本着奥卡姆剃刀的精简法则，所使用的 App 越少越好。使用多个 App 时可能多个 App 能做到各司其职，但弊端在于使用时需全盘检索各个 App 的留存内容，不仅烦琐而且容易遗忘。笔者建议在这一阶段仅使用两个 App：案例类选用一个 App，互联网检索留存使用微信。

一般而言，案例类 App 均能实现分类保存的目的。搜选到所需案例后，将其保存到自己设定的案件分类文件夹中，便于日后调阅整理。有些人为解决手边正在处理的案件而检索案例，想当然地认为案例保存在与案例同名的文件夹中更易于日后整理代理意见或撰写判决，但实际上，无论是律师还是法官，所接触的案件数量都是巨大的。这种文件夹命名方法虽然是次疑论式的、个案针对性强的，但它的弊端在于案例检索数量多了以后难以寻找文件夹，不仅效率低，而且不容易对类案产生触类旁通的指点效果。比如，甲案件和一年以后我们所承办的乙案件很相似，但已经从案号或当事人信息上无法回想起哪个案件的具体内容与乙案件相似，如果逐一点击文件夹去查看势必是令人火大头疼的事情，反而不如重新检索的效率高，那么之前的检索记录便无法成为新案件的知识积累基础。所以，对于案例类 App 案件信息的保存应采用主题词的方式，对哪一类案件怎么处理进行记录（不能光记案由，同一案由项下的具体法律适用问题点很多），这样办案一段时间下来，案例 App 账号内便保存了案例知识库。它们都是我们用过的、熟识的案例类法律适用信息，会由于个案办理的需要成为我们知识储备的一部分。就像是学者写论文一样，总要有你手边常用常看、用得顺手、主要文献内容印在脑海中的基础资料，它们是撰写论文的起点和原点。

如果是通过互联网检索资料，无论是立法解释性质的资料，还是理解与适用性质的资料，抑或学理解释、统计分析、案例整理，选择一款用得顺手的浏览器，以某个搜索引擎作为接入口，将有用的情报信息发送到微信文件传输助手中，或者直接使用微信的搜索功能（往往广告更少，搜到的有效信息容量更多），将有效信息用微信程序收藏。完成上述资料的收集、阅读、筛选、保存工作后，进行法律产品产出的原材料便准备齐全了。如果资料搜集工作完成的当日有相对完整的时间，应将微信及案例 App 中的资料链接使用笔电整理汇总到一个文档内，并在记忆最为深刻的时候撰写法律文书。如果当日或近期均没有相对完整的时间整理资料并撰写法律文书，至少应将资料整理到一起，并以要点的方式撰写法律文书提纲，日后再补足血肉，丰满羽翼，使其正式成型。

　　我们依旧回到上述个案的解决进程中。验算环节结束后，适法的过程就完成了。当然，考虑到司法解释出台的时间比较早，判例的时间距今也有二十年左右的时间了，我们还要考虑在随后的时间里，这种规则有没有变化。应该说，只要司法解释确定的主合同无效，担保人按有没有过错来承担责任，其最高责任比例又是按照债权人、债务人、担保人三三三平分，那么这种解释的理由就不会变化，规则也不应变化。当然，法律都存在解释的空间。即便存在相反的观点，我们也要思考各观点的合理性，思考哪种观点更为符合立法精神，符合问题的本质属性。通过上面的分析、查询、检验等环节，我们可以确认，主合同无效时担保人的过错应是特指从合同见诸主合同上的过错，与主合同无效的信息情报不可分离。这样，即便在浩如烟海的各地判例中，存在与此相反的观点，认为只要担保人在担保合同上签字就存在过错，我们也可以形成孰者更符合立法本意，孰者更具备逻辑上的合理性，孰者更有利于引导、规范当事人行为的内心判断，从而使我们出具的代理词、民事判决书更具有说服力、可信性和稳定性。那么这就是一个相对成功的法律解释过程。通过这样一系列环节的实操，相信在遇到类案时，我们将难以忘记担保人过错的法律解释方法。

　　正是通过一个个的案件积累，我们将不断弥补法律知识的缺陷，将自己的大前提知识补完并纯化。最初的案件代理过程、案件审理过程可能会有一个令人痛苦的知识原始积累期（法学院里学到的知识往往是不敷使用的），一旦所代理的主要类型案件或审理的主要类型案件形成了一定程度的积累，那么只需在未来的时间里掌握知识的变形，新种案件的"新"之性质即可。这个过程就像法学教授备课一样，初次讲课的时候，需要花费大量的精力把教学知识点夯实悟透。一旦讲过一两次课，以后的授课可以根据自己的阅读积累、法律的更新情况等刷新授课知识点即可。通过一定量的积累，无论是笔电中，还是大脑中，都会形成大前提知识的滚动型增长。

第二节　利用碎片时间涵养法学理论知识及通识杂学

一、传统书本载体的再读——法基础科学

尽管律师的工作是等价有偿的服务活动，法官、检察官的工作是履行国家机关职务的行为，二者存在质上的巨大差别，但在穷究案件法律关系，挖掘案件事实，求证各方利益方面的工作内容上却具有很多共通的属性。这些共通属性决定了法律实务工作者在处理具体个案的过程中，不仅要知道法条法规，更要知道其立法目的。这就不仅是学习成文法规范这么简单的事了，还包括立法背后的法教义学推理方法，乃至分析事物本性的法哲学方法，跨越时间长河对某一问题的法史追索。这样所掌握的知识便不是扁平化的，而是有底蕴、有厚度的。在法律解释存在争议的时候，在适法存在模糊地带的时候，这种知识底蕴与厚度就成为支撑法律论证的重要基础。

有的人法条检索能力很强、法规查询速度很快、法律知识（大前提储备）水平很高，但遇到疑难复杂问题，如当事人请求权基础并不常见，难以显现类型化的时候，如审理复合合同案件，就容易陷入处理困难的境地。究其原因，是表面之法已经由于业务常用的原因烂熟于心，但内里之法由于工作繁忙而无暇顾及，往往就形成这样一种局面：尽管代理的案件成百上千，或审理案件经验有数十载，简案快办早已实现，但繁案精办的能力却始终不能像直接适法的简案一样得到能力的飞升。其中，愿望与态度固然是一个重要的方面，但即便在有愿锤炼案件处理能力的人群中，仍然有

由于工作方法未能摸索成功而仍在繁案中频频碰壁不知所措的人。其实就复杂案件而言，既然不能通过直接适法解决，不能直接作出是否、对错的结论，往往就需要大量的论证过程才能达到某种结论。这种论证过程恰恰是由法教义学、法哲学、法史学等法基础科学知识作为背景的。有人宁可将知识做广，兼采各行各业的知识，而不愿花时间把法的基础知识做深，对于实务工作者来说本是无可厚非的。但在此笔者想要指出的是，对于律师而言，其法律产品具有浓厚的商品经济属性，甚至成功的律师都在追求主动创造价值，甚至把乙方做成甲方。在这样的商品经济原则主导下，律师确有向"博"方向发展的必要。即便如此，律师的本职业务，即法律服务工作（预防纠纷、解决纠纷）仍然是立足之本，就如同经济发展到一定程度需要金融产品助推经济飞升一样，无论金融市场要如何发展，如果剔除了实体经济的基础便如空中楼阁，即便一时向好也势必难以持久。而律师的本职工作需求天然需要法的深度思考能力。法官、检察官就更不必待言。因为其国家机关公职人员的身份，法检工作者完全不具有逐利的属性，除了行政管理能力之外，法律业务是其能力锤炼的主要阵地。在无须考虑业务做大、做强的背景下，法官、检察官所需关注的核心问题便是案件办理能力，如何在事实认定上最大限度地以法律事实还原客观事实，如何在法律解释上更为符合立法本意、符合法律自身的逻辑、符合个案利益分配的自然公正。

这就要求法律实务工作者不应仅知法文，知其如何规定，还要知其为何规定，理解法后之法。笔者刚参加工作的十余年前，有一次上班乘坐公交车，途中，听到一位律师打电话给他的客户讲解，说客户签订的合同是无效的，无效的合同不能遵照执行，即便约定了争议解决的方法也是一并无效的。由此看出，就律师当时所掌握的实体法规范来说，还谈不上全面。当时有效的《中华人民共和国合同法》第五十七条规定，合同无效、被撤销或者终止的，不影响合同中独立存在的有关解决争议方法的条款的效力。这一条文后来被吸收进《中华人民共和国民法典》，形成了《中华人民共和国民法典》第五百零七条的根干。可即使对于法条的记诵有所欠缺，如果他了解程序性和实体性约定效力区分的法哲学背景，也能自然而然地推导出合同无效并不影响争议解决条款效力的规则。无独有偶，数年后，笔者在主持某一案件的调解过程中，无意间听到在笔者隔壁法庭向当事人"普法"的律师谈到争议解决条款的独立性。这次的律师当然注意到合同无效时争议解决条款的有效性问题，但却把该条款的意思前进了一大步：认为合同本身虽然无效，但当事人就无效合同达成了赔偿的约定条款，包括如何支付欠款利息等。律师告知当事人合同无效，但赔偿约定则是《中华人民共和国民法典》第五百零七条所规定的争议解决条款，应为有效，从而鼓励当事人勇于坚持自己的主张。从法规范掌握的全面性来看，显然第二个律师注意到了第一个律师尚未发现的实体法条文，但他所作的"普法"理解了该条文所表达的意义了吗？如果不能正确领会法规的立法意图，那在司法活动中又能做到合理分析己方战略空间，从而为己方当事人争得最大利益吗？这时我们便需要发问：赔偿协议（又称为和解合同）是该条文所指向的解决争议方法吗？如果不了解该条文背后的法哲学思考，是难以准确把握成文法脉络的。

我们都知道，合同法规范的第一立法目的在于鼓励交易，保证交易安全是辅助性的、第二位的立法目的。在不能认定合同无效的情况下，绝不轻易否定一个合同的效力。当合同的部分条款无效，不对其他条款形成影响的前提下，部分条款无效不会造成其他条款无效。即便合同确实因法定事由而无效，关于实体权利义务的约定无效也不能波及关于程序性问题的意思自治。这三个层面的内容层层递进，始终贯彻着意思自治第一，鼓励交易为上的立法精神。《中华人民共和国民法典》第五百零七条的立法目的，恰恰在于合同关于实体权利义务的规定已经遭到法律否定性评价的情况下，程序性的约定即争议解决方法条款是否有效的问题。它说的可不是如何针对无效合同作出和解约定的问题。如果我们错误领会其立法精神，把无效合同的赔偿协议认定为有效，那么合同无效所造成的法定后果就将荡然无存！当事人可以通过和解协议的方式，把立法上所强制否定的合同转换成为有效的合同，置合同无效于当事人约定排除的领域，这显然不是合同法在立法时所要看到的景象。所以，和解合同绝非立法所指向的争端解决条款。成文法上的争端解决条款应是指争议解决的程序性事项，一旦涉入实体，就与合同融合而难谓独立性了。理解到这种立法精神，就不难考虑己方的战略空间，也就不会一条道跑到黑而不知转圜了。当然，作为诉讼策略，可以进行某种法律适用的主张，但不能不对法的解释有正确的预判。

要理解法的内在逻辑，学好部门法（特别是民法典、刑法）的教义学理论固然非常重要，但那些内容作为法学院时代重点雕琢的课程，至少从法学院毕业的实务工作者都会接受"重点熏陶"。而且实务工作者在取用法律解释的过程中也会自觉或不自觉地翻阅部门法知识，这种法学知识的检索与储备在上节已经介绍过，所以在此不再赘述。本书在此给广大法律实务工作者的一点提示是，要有必要的法基础理论知识背景。如果你在学生时代没有用心学或所学剩余无几，那么笔者建议你进行如下两个领域中"大前提"知识的必要积累，那就是法史学和法哲学。

本书不会"教唆"实务工作者储备实用性甚寡的错觉资产。之所以笔者会建议在术业专攻的法律领域选读、精读上一两册法史学、法哲学的著作，是因为就笔者所见的专家型律师、专家型法官修炼而言，它们既是必不可少的训练功课，也是促进法思维能力提升的低成本、高产出路径。

以笔者所遇到的同行为例，在笔者进入审判工作的同时而渐次退休的老法官中，很多人具有极强的沟通协调能力，做调解工作是一把好手。但是法律理论功底往往稍欠，在因调解不成而出产判决产品的时候，能够感受到对于立法技术的整体性把握有所欠缺。在和这些老法官，特别是来自基层法院的老法官交流时，确实能够得到独特的经验。比如，就在笔者刚入职不久，在一次走访基层法院的座谈中，一位老法官所讲的案件处理"能顾两头顾两头，顾不了两头顶一头"的名言现在还鲜明地镌刻在笔者的脑海里。这是在基层长年摸爬滚打，处理激烈矛盾的过程中，通过"降温""兼顾"等调判式思维所养成的法律适用方法，有其相当程度的有效性。然而时过境迁，那种以"调"为主，"调判结合"的判决思维在应对法官个体受案量激增，案件类型从民事案件为主到商事案件井喷式爆发的局面时显然无法应对。还记得在笔者参加工作初期，某次案件研究会议中，几位基层法院的老法官全程只谈觉得怎么能"平事儿"，怎么让当事人的"火气"灭下去，几乎没有人从案件法律关系谈应该怎么处理。只有最后一位老法官发言的时候，谈到甲的权利是物权，乙的权利是债权，根据物权大于债权的原则应该支持甲。虽然表述并不精确，也没有意识到优先性应从请求权的角度来考虑，但在那种场合下，这样的发言已经让人耳目一新，感觉法院人谈案子还是能让人树立起"学有所用"的信心，着实给人一种惊喜感。随着越来越多的学院派毕业生走上了审判前台，讲法条、用法理成为法院说理的常态。但即便在这种情况下，对于某些适用起来争议不大，已经形成通说或成熟判例的案件，依然会有错误解释法律的现象；在某些看起来似乎有争议的议题中，由于未能把握所涉法律问题的本质特征，导致对法律依据的选择出现认识上的偏差。

在此，笔者以曾审理过的一件案子来说明。甲公司把资金投入乙公司用来运营项目。后因项目不能如预期开展下去，双方协商解除合同，两公司又签署了一份解除合同协议，约定乙公司如数退还甲公司投入的资金。双方均盖章确认后，乙公司应依解除合同的内容返还款项，而涉案款项却于半年后付清。甲公司遂起诉乙公司主张涉案还款的利息。这并非一个法律关系复杂的案件，双方所争执的问题不过是利率标准的高低问题。但在一审法官看来，却是一个让人举棋不定的问题：双方没有约定利率标准，逾期还款法律又规定了多种利率标准，颇为不好把握。最终，一审法院选择了《最高人民法院关于审理民间借贷案件适用法律若干问题的规定（2020 年修正）》（法释〔2020〕6 号）规定的 4 倍 LPR（一年期贷款市场报价利率）的上限标准支持了原告的部分诉讼请求。但适用该解释符合其立法目的吗？该司法解释开宗明义规定到，民间借贷是指自然人、法人和非法人组织之间进行资金融通的行为。这种合同的本质，也就是特征给付在于金钱的用益，法律关系的本质在于对一定金钱的借贷达成合意。本案的情形是否和民间借贷合同的本质相符呢？显然不是。当事人没有要使用涉案款项的合意，只是因为延迟履行退款义务而产生了资金占用的损失，原告的请求权是一种法定的损害赔偿请求权，而非基于借贷合意产生的请求权。往深里说，因为本案的金钱给付并非当事人约定的本质给付，而是一种非本质的给付，那么根据有偿合同准用有名合同中最典型的买卖合同的规定（《中华人民共和国民法典》第六百四十六条），本案应准用买卖合同中的相关规定而非借款合同的规定（买卖合同中的支付货款义务同样是非本质给付，交付货物义务才是本质给付），这样应当适用的便是《最高人民法院关于审理买卖合同纠纷案件适用法律问题的解释》（法释〔2012〕8号）第二十四条（2020年修正后，对应第十八条）的规定，参照逾期罚息的标准计算资金占用损失。在法律、司法解释规定了多种利息标准的情况下，如果不能了解法律的立法目的，该合同的本质特征，就难免陷入混乱的境地。在面对利率标准举棋不定后，法官径行适用了上限4倍LPR标准（实际本案立案在2020年8月19日前，即便适用有关民间借贷的司法解释也应为24%标准①，这涉及对法释〔2020〕6号第三十二条第二款②的误读。该款的意思并不是说像本案这种立案在2020年8月19日前，借贷行为发生在2019年8月20前的也用4倍LPR标准来保护，而是专指立案在2020年8月20日后，借贷行为发生在2019年8月20日前，有可能彼时根本没有所谓LPR，那么又要按LPR定利率上限，这时该怎么解决呢？以起诉时LPR的4倍定上限！当然，由于实体法规范的溯及力问题争论较大，该条最终被《最高人民法院关于审理民间借贷案件适用法律若干问题的规定》（2020年第二次修正）（法释〔2020〕17号）第三十一条第二款③取代。即便如此，本案立案在2020年8月19日前，无论依据哪个民间借贷司法解释都是应适用"两线三区"④的保护标准而不能适用4倍LPR标准）。后来在与承办法

---

① 《最高人民法院关于审理民间借贷案件适用法律若干问题的规定》（法释〔2015〕18号）第二十六条第一款规定，借贷双方约定的利率未超过年利率24%，出借人请求借款人按照约定的利率支付利息的，人民法院应予支持。因此，对于未清偿部分的法定利息限制上限是24%。
② 《最高人民法院关于审理民间借贷案件适用法律若干问题的规定》（2020年修正）（法释〔2020〕6号）第三十二条第二款规定，借贷行为发生在2019年8月20日之前的，可参照原告起诉时一年期贷款市场报价利率四倍确定受保护的利率上限。
③ 《最高人民法院关于审理民间借贷案件适用法律若干问题的规定》（2020年第二次修正）（法释〔2020〕17号）第三十一条第二款规定，2020年8月20日之后新受理的一审民间借贷案件，借贷合同成立于2020年8月20日之前，当事人请求适用当时的司法解释计算自合同成立到2020年8月19日的利息部分的，人民法院应予支持；对于自2020年8月20日到借款返还之日的利息部分，适用起诉时本规定的利率保护标准计算。
④ 所谓"两线三区"，是指按《最高人民法院关于审理民间借贷案件适用法律若干问题的规定》（法释〔2015〕18号）第二十六条规定，利率规制上限分别为年24%及年36%两条线。其中未还款请求偿还部分，以年24%利率作为限制上限，已还款而不得退回部分，以年利率36%作为限制上限。这样两条上限便把未还款、已还款的利息规制划分成了三个区域。

官交流的过程中，笔者认识到个中原因：因为本来法律司法解释就规定了多种保护标准，在不能确定选择某一标准的情况下，考虑到甲公司投资本身就未能达成预期，选用较高的民间借贷利率保护上限标准也是为了解决原告的其他损失补偿问题。如此一来，这种分析思路就很像白纸说（有意将既定法规排外，在白纸状态下考虑如何处理纠纷更好），这就解构了现代法学通过法技术构建起来的标准化成果，加剧了裁判的人格因素和不可预期因素。事实上，即便甲公司在投资事项上产生损失，也应属于乙公司违约损害赔偿责任的范畴，如果把二者搅在一起，不仅造成了法律关系的混乱，也滋生了在此情况下，甲公司还能不能主张投资损失的违约损害赔偿问题。如果甲公司继续发动后诉解决这一问题，那么法官的这种奇思妙想或苦心孤诣便成了当事人获利的工具，所以白纸说充其量只能做"验算"工具，不可拿来当成分析道具。

在上面的事例中，我们看到法律规定的多样性会对法律实务工作者造成一定程度的烦扰，导致选择（法律）错误、解释（法律）错误的情况。法条又不能规定得细致到符合个案的极为具体的情势。这时怎么能拨云见日，更为理性地分析适法过程呢？这就考验法律实务工作者的法史学、法哲学基本功了。还是拿上面的事例举例，在罗马法中，locatio condutio（赁借贷）项下包含了三种最重要的合同：雇佣、消费借贷和不动产租赁。这三种合同一般在现代民法典中都能找到作为有名合同（典型合同）的归属：雇佣的相当大一部分进入劳动合同法保护范畴，从民事法律关系上升到社会法关系（当然，基础仍是民事的，只是具有较强的社会政策成分，法院审理劳动争议案件不仅在民事庭，而且往往把它称为传统民事案件以区别于商事案件），消费借贷就是现代的借款合同，不动产租赁便是我们熟知的租赁合同。这三个看似不挨边的合同怎么会归结在一类合同项下呢？如果有一定的法史学基础，便会发现他们被编在一起的精思妙想：它们都是以使役一定的对象为目的的合同！雇佣合同里使役的是人的劳力，消费借贷中使役的是出借人的金钱，不动产租赁合同中使役的是房东的屋子。这三类合同都是以使用某种对象为目的，而不是确定性地耗尽这些物（金钱债权的特殊属性决定了即使这个铜板用完了换个铜板偿付也是一样的，不存在消耗殆尽的问题），也不是确定性地拥有这些物（最典型的便是买卖合同）。所以 locatio condutio 项下的合同，说白了就是使役型的合同！它们的合同本性就是当事人均希望某种物（包括劳力）能得到使役，也就是说，对物的使役是这三种合同的共通本性！反观本案，如果要以民间借贷利率保护上限确定利率计算标准，首先要认定双方就涉案款项达成了使役的合意，本案当事人有吗？显然没有。不难看出，按借贷关系的图去索骥，法律关系的本性就没有找对。如果有一定的法史学基础，经过这种迁移性的联想，还会作出适用民间借贷司法解释作为法律依据的判断吗？

本书并非要苛求广大法律实务工作者挤占金子般的时光去钻研法史学，而是提示要有初步的、通盘性的法史学和法哲学基础。如果你在上学时就觉得它们属于虚学而从未投入，或基底过于薄弱，本书建议你无须过多阅读、过深阅读，要优选一册名著通读、精读，在某段时间内让它作为你的枕边书，像小说一样伴你转换大脑，它们必将在日后成为一股无形的力量塑造你的分析精度与思想深读。

作为法律人的实务效率手册，本书的关注点不求学术上的精深，但求能够了解学科的基盘。虽然法学院的教授能够就法史学、法哲学学科提供非常全面的书单，但作为提升思维能力，塑造法学涵养，开阔法学眼界，陶冶法律情操的法律实务工作者辅助装备，只要能够了解知识概貌即可。对于法史学而言，建议西方法制史选罗马法的著作来读，特别是罗马私法史著作挑一部多读上几遍，非常有利于对民事案件法律关系作溯源性的思考。中国学者撰写的罗马法著作天然使用了我们熟知的本土语言，理解起来往往障碍最小，但多数过于简略。这其中有个例外是周枏的著作。应该说，周枏所著的《罗马法原论》（商务印书馆 2017 年版）是国内学者撰写的体系较为庞大，介绍较为全面的著作，非常值得一看。这套著作如果说有缺点，便是资料及介绍的精度不够，看不到什么出典，重要制度由于出典不明，所阐述的可信度也相对降低，在某些地方颇有演绎的风格。当然，资料相对老旧也是一个小问题，好在法史内容对于资料的新颖性要求不是很高。总体而言，是非常值得汲取养料的有效知识素材。德国学者马克斯·卡泽尔、罗尔夫·克努特尔所著的《罗马私法》（法律出版社 2018 年版）被田士永译介到国内，这是笔者在法学院时代学外语、读原著经常选读的一册罗马法读物，它享有很高的知名度，确实在全面性上不输周枏著作的同时又提升了论述的精度，非常有利于准确地掌握罗马法知识，特别是私法史知识。如果说要在外法史，乃至全体法史学领域找到一本法律实务工作者必要最小限度汲取的营养元素，笔者乐于推荐该书。

在法史学领域，还有一个分类，是了解法官思维，探究法官行为模式，预判法官判决的不二法门，那就是中国法制史。因为中国法制史是中国人思维模式的水源，无论知识体系和现代法律有多么不同，但法的文化解读方式却是一脉相承的。中国法制史也要选一部代表性的著作来读，笔者倒不建议读中国法制通史，庞大冗长且难以现实化。那么法律实务工作者需要吸收哪些中国法制史的史学养料呢？律师的角色像古代的讼师，法官的角色像古代的官吏。对于讼师的研究成果实在过少，即便想要借鉴恐怕目前也难以付诸行动。但对于法官活动的研究包含在中国古代的司法文化研究中，无论是想要破解法官行动之谜的律师，还是想在断案水平上更上一层的法官，都有必要有所了解。

中国的民事审判不用向前追溯太久，清朝法官的断案方法、断案思维是融合在本土社会的传统文化当中的，自然也会回应老百姓的司法关切。我们今天所学习到的案件处理方法（注意不是审理方法）的相当一部分来自老法官的口耳相传，而老法官的方法则是代代口耳相传传承下来的。虽然有着面对时代挑战而变化的部分，但无论是中国法官在庭审时的询问技巧，还是为发现事实而磨砺的询问技巧，再到他们要发现什么样的事实这种事关审案哲学的本体论问题，无不可从传统司法文化，特别是清代司法文化成果中一窥端倪。有的律师只重视形式证据、注重形式逻辑分析，最终却发现和法官的思路大相径庭，在败诉后还不能理解法官为什么要在形式证据完整的情况下作出有利于证据不充分的对方当事人的判决，由此推测法官枉法裁判。其实只要读一读清代以来我们的司法文化著作，便知道法官想什么、要什么，怕什么、要避免什么。

最后，作为法律实务工作者，还要有一定程度的法哲学基础，想问题才能想深、想透、想全面。比如，民事立法把财产法体系分成物权与债权两个大类，为什么要区分成这两类呢？分成这两类有什么用呢？是凭什么把庞大无边的财产范畴归入这两大类呢？个中的道理已然上升到法哲学的范畴。法哲学的著作如果本着必要的精简法则，笔者建议选读德国的法哲学著作。马克斯·普朗克欧洲私法研究所初代所长科殷（Helmut Coing）的著作《法哲学》（林荣远译，华夏出版社 2001 年版）实是借助欧洲法律技术、法律文化阐述法哲学的佳作。通读这本德国法哲学的著作，比起阅读英美法的法哲学、法经济学作品要来得更为有效，比起其他德国法社会学著作来说，也来得更为直接简单。即便与同宗德国法哲学的其他名气更大的著作相比，它所根植的私法土壤、运筹材料的能力及选材的丰富性也足以在涵养实务工作者法律思维能力这一用途上胜之。如果选择一册法哲学著作来读，笔者推荐该书。

二、新兴媒体的选读——杂学

当然，我们已非 20 世纪的法律实务工作者，书籍只是陶冶法学涵养，增进法学功力的一种方式。新兴多媒体的发展让我们汲取知识的方式多样化、感性化，使知识吸收更为容易。比如，上网课的方式，如今各种视频网站上充满了诱人的授课与演讲，我们完全可以利用散碎时间像听评书一样"进补"各类知识，完善脑中的知识地图。地铁里，汽车中，都可以戴着耳机享受这种知识盛宴。

对于非法律专业的与案件有关的业务知识，我们也可以在各大视频网站上找到培训资料。某些技能性的知识，如 Excel 和幻灯片制作技巧、演说术、笔记整理法还可以通过购买网课的方式，以相对低廉的价格享受体系化的教学，它们对于提升办案"随身本领"具有传统书本载体所达不到的知识传播能力。

第二章 附加产品的大前提输入：案例分析、调研论文、统计分析

法院人之所以爱写调研文章、课题或案例分析，归根结底还是因为司法业务的本质属性是一种创造性的判断过程。就好比医院的医生必须研究病例，以病例研究促进医学发展一样，同样行使判断权的法官也需要以案件研究法学。在这一点上，律师职业群体虽然由于激励机制的不同而导致调研作品规模稍逊，但在律师业内也曾产生过闻名遐迩的著作。

尽管如此，也千万不要以为法院的调研成果和法学院的路子一样，否则即使写上若干年的调研文章，也难以在法院系统有所起色。就拿二者共通的学术论文来举例。法学院的学术论文有其固定的方法论基础，特别是部门法论文，往往是以法逻辑学的方法作为研究的基本手法，路径往往也是沿着法教义学路子走深走远。但是法院系统的论文则非常不一样。在法院系统，最为出名的论文竞技活动就是每年一度的全国法院系统学术征文活动，这其中的论文可以说代表了法院系统精英写手的最强执笔阵容。如果看看每年学术征文的获奖论文就能知道，像法学院那样研究制度的发生、发达，以法逻辑学的进路直捣法教义学深处的论文几乎不存在，也就是在法院系统几乎没有法学院式论文的生存土壤。法院系统学术论文的关注点在哪里呢？往往在于运用交叉学科的方法对司法过程进行解释，以及关涉司法改革的政策类论文。方法论上，法学类论文所经常采用的法逻辑学并不占据主流，反而经济学、社会学、心理学、管理学的方法论比起法逻辑学来说要远占上风。那么法院系统是否对于部门法的制度论问题完全不涉及呢？当然不是，在法院系统的调研成果中，还有十分重要的一类文献，那就是案例分析。它既是运用部门法理论参与诉讼实践的指南，同时案例的分析与检验也会反哺部门法理论。无论是法官撰写的案例分析还是律师撰写的案件分析，都是有结果指向的，能够尽量做到拿来就用的。对于法制度具体解释、运用的调研文章，在实务界主要不是通过法学论文，而是

通过案例分析这种形式来完成的。而且，还应一提的是，即便同样属于"案例分析"类型的研究成果，法院式分析与法学院式分析也是有所不同的。法学院式的案例分析往往更借助于理论，多种观点的合理性分析分量很足，但却更为冗长，有时甚至不能得出如何操作最为妥当的可操作性结论。它的作用在于提出问题、提炼各种可能运用的理论、提出各种可能的探索路径。

法官撰写的案例分析所运筹的理论深度可能不及学者，视野也不见得比学者更为开阔，为什么法官、律师都喜欢看法官撰写的案例评析？答案很简单，面对日益增长的案件数量，在审限或相关机制作用下，实务工作者所需要摄入的营养品的最大需求就是"短""平""快"。君不见现在电子设备上推送的案例类读物，已经精简到只刊登案例要旨的程度了。如果想要深入阅读案例全文，可以点击案号超链接再进入案例本文。如果没有特别需求，甚至不必阅读案例全文，十分符合拿来可用的实用特征。法官所撰写的案例分析多数是这种操作性很强的文献，用来为同行"解忧"非常合适。律师、检察官也是如此，相比翻阅法学论文或法学院式的案例分析，他们也更喜欢看法官撰写的案例评析，能够直接作用于自己办理的案件中，增强说服力。

由此，法律实务工作者的附加性产出——司法实务类论文和案例分析就需要结合其产出的形态而有选择性地吸收知识以便组建大脑中的"概念地图"。通过从业十余年来对于法律实务工作者的观察，笔者发现了一个颇为有趣的现象：在年轻的法学院学生中，绝大部分同学都有从事法律实务工作的志向。有的学生在上学阶段拼命读权威学者的民法书，一方面是觉得这些部门法著作就是日后从事法律实务工作的指南，另一方面是非常轻视法哲学、法律史的著作，认为那些著作日后根本无法取用，从摄入那些知识的成本投入和未来产出来看，毫无可用性（当然，后者文风的晦涩性也是学生难以接受的原因）。而一旦真正从事法律实务工作，这些学生会惊奇地发现：在实务圈内，话语体系并不是部门法著作式的，而是以法条、判决先例加经验判断构成的风格迥异的领域，权威学者们的语言也不再是沟通交往的主要用语。最后那些炙手可热的部门法名著实际上沦为和罗马法不相上下的"冷宫"境地。早知如此，当年也许不必那么在意部门法名著，那么"厚此薄彼"了。其实，尽管部门法名著并不直接构成司法实务工作的生产力，但它们对于塑造基础概念地图、涵养法学思维却是十分必要的，而且比起法史学、法哲学，它们在这方面的效果要直接一些。如果你在法学院阶段对此知之甚少，建议还是补上相关知识。笔者在此想要指出的是，司法实务工作中，法律人附加产品（实务调研成果）需要吸收的前提性营养依靠的是交叉学科的知识，以及更为重要的是对司法权运行本质的仔细观察与思考。同样是这些人，这些案子，怎样组织这些人把这些案子处理得效率更高、公平性更胜以往，始终是司法改革不断关注的焦点。围绕司法权本质论、司法权运行论而展开的思考是司法发展过程中不断嬗变下的唯一不变。交叉学科的视点负责翻起论文的"花样"，对司法权运行的感与悟才是负责扛起论文主旨的精髓。所以对于有志于出产附加性产品的法律实务工作者来说，以产出司法权运行分析的论文为目的需要积累政治学、管理学、经济学、社会学、心理学的知识为前提，而以产出案例分析为目的的积累则需要遍查案件相关的法条与相当多数的裁判例统计分析。特别是多看法律实务工作者所撰写的案例整合报告，将对类似产品的出产大有裨益。

第五部分

信息汇流的交响乐

——前提情报群的整合与新生

以人类日常生活模式来说，我们每天都在接受大量信息，输出大量信息。每天我们听到别人说的话，阅读到别人发的短信，从电视上看到的新闻、电视剧，在途过程中通过刷手机获得的新闻、电商的展示、公众号的推送、好友圈中朋友的旅游照等，通过视觉、听觉，甚至触觉、感觉，我们每天都在接受大量信息。同样，接收前述信息后，经过我们大脑中既有知识的整理、咀嚼、消化，我们也会生产出具有自己独特性的信息，对周边的人、通过网络途径对世界上其他人产生不同的影响。比如，我们对别人说的话、给别人发送的信息、通过公众号编写并推送消息，把自己的活动或想法上传在社交平台，介绍自己的产品并在网络店铺中上新……我们每个人都是信息情报网中的一环，每天都在处理和产出大量的信息情报。

对于法律实务工作者来说，法律服务信息出产的载体和日常生活中信息出产的载体形式并没有本质的区别，都是通过说话或书写、描绘的方式来完成的，所具有的本质性区别不过是信息出产的内容不同。什么是法律实务工作者独特的信息出产物呢？当然是把具体事实嵌套进要件事实以后，再选择所需要适用的实体法规范从而加工出来的法律意见了。

法律产品的成品都是以书面形式写就的法律意见、法律文书，具有较强的形式感和逻辑性。在我国特定类型的案件（如商事合同）的审理过程中，书证、书面意见具有非常重要的地位。甚至有一种趋势，法官通过当事人不断递交的书面意见及书证的不断开示，法官的心证不断塑成，无须口头意见或当面审理。由此说明了书面产品在整个法律产品中的地位。同时，我们也应该看到，它们是法律实务工作者所出产的主要产品当然不假，但也千万不要轻视其他形式的法律产品，其他产品实际上不仅具有更高的效率，而且往往形式上更为亲切，能起到书面表达所代替不了的作用。对于律师而言，向当事人讲授诉讼方法，对案件作出初步分析，向法官陈述案件案情，与法官沟通案件法律适用问题虽然以口头表达为载体，但这些"说"的过程同样也是出产法律产品的过程。法官也是如此，庭审询问、做当事人调解工作都是采用口头方式表达的法律产品。它们的生产自然也需要处理的过程，只是我们平时出产它们时过于随意，很少系统总结口头作品的表达方式、内容、时机等要素，也就是说没有对口头作品进行系统化、科学化整理的意识，让这种口头作品最终停留于习惯上。对于书面文本这种产出品，我想无论是律师还是法官，只要有志于增进技艺，都会有意磨炼提高，五年、十年以后，回顾自己最初的文书产品，会发现由于刻意努力，文风、文脉、结构、论证技术都会有系统化的升华。但口头作品只是随着经验的老道而使谈话方式更为圆润，比起书面作品的系统性进化，往往还不能说是在一个量级上。两种进步的本质区别在哪里呢？其实正是在信息处理的环节上：对于书面作品，我们有意识地进行过信息处理，而对于口头作品，我们当然不能说未经过信息处理，而往往是经过无意识地信息处理，或自主处理它们的意识不强，没有把这种信息处理过程看作可以比肩书面载体的出品物。

　　其实看看我们周边的自媒体形式便可以知晓口头作品的重要性。在互联网刚发展起来的早期阶段，人们社交最常采用的博客记录方式多是通过文字来沟通的。因为文字的冗长，创作和阅读都不容易，精简版的博客——微博就诞生了：简单几句话，既能传播观点，又能表达心情。再后来，即便内容精短，但文字毕竟仍然是需要经过大脑分析思考的，不如图画来得更为生动，于是以晒图为主的社交平台应运而生。而如今，记录、分享人们美好生活的更为鲜活的形式——视频正日渐成为人们交流的主要载体，vlog（video blog）在世界范围内的流行正说明了这一趋势。只要网络技术软硬件支持，人们倾向于用更易感知的方式了解事物。现在不少律师事务所通过自媒体平台讲解法律问题，吸引顾客，实际上是对口头作品自觉或不自觉的一种整理。既然如此，本书便在后文的分析中结合两种载体形式的特质，在二者存在显著不同时分别予以说明。

第一章　信息处理的基本样态与方法步骤

　　如前所述，法律实务工作者的产出作品分为口头作品与书面作品两种主要形式，针对两种作品形式进行信息整理也自然会有一定的区别。但由于二者在本质上都属于法律产品的形式，所以它们在信息处理上不仅存在不少共性，甚至可以说在方法论的本质上是共通的。

我们接下来要讨论的是法律产品形成的中间环节——信息处理的方式。许多优秀的法律实务工作者在处理法律问题的过程中，常常给人一蹴而就的感觉，好像结论在一瞬间就能得出。即使是法律关系相对复杂的案件，也常常能分析得头头是道，让人发出"啊，原来应该这么考虑"这样的感喟。对于法律科学这样一门社会科学来说，能做到这一步是非常不容易的。但这些分析真的就是一蹴而就的吗？如果我们看到这种外在表象，会发现它是在一瞬间完成的；如果我们分析其内在本质，会发现其中仍然存在多个环节和步骤，只是长期的训练使得分析、处理进程高度加速，让人看不到断裂和停顿，仿佛是一瞬间完成的一样。

在当代语境下，社会科学的检验性仍不如自然科学直接，这仍然是无法否认的事实。比如，灯泡一点就亮，不是盲人都看得见，谁也反驳不了。但社会科学就难逃立场、认识水平、效果的直接性等现实问题。法律学当然也不例外。所以我们说司法要追求胜败皆服当然是一种理想境况，但更多的现实情形是胜者服，败者不服。在某些案件的处理过程中，如果双方不能达成和解，甚至双方当事人都不服的可能性也是很大的。律师和法官所要制作的法律产品，自然有出发点的不同，服务目的的不同，但有一点却是共通的：那就是如果不能形成对社会大众、对于一般理性人有说服力的分析，那么律师、检察官的产品就难以被法官接受并采用，法官的产品就难以被社会大众、被上级法院法官接受并采用。所以，从本质上看，法律实务产品是说服手段的显在化。

那么，这种说服手段通常需要几个环节呢？这就是信息加工的方法问题了。笔者认为，同人类思考任何事物一样，法的思考也同样需经过以下几个环节：记录（信息输入）、加工（运用既有概念分析信息）、学习（既有知识不足以支撑分析道具时，知识的再摄入，即分析能力的扩充）、深加工（分析道具相对完备后再度整合信息）、产出（分析过程的显在化，让法律服务结果可视）。下面我们逐一来看这些信息的处理环节。

第二章　记　　录

不管是不是自觉行为，每个人在进行信息处理和产出前都会进行信息的输入，它是赖以加工整合的原材料。就像前文所说的，如果是产出书面产品，信息源的素材肯定会出现在加工素材之中，我们自然而然会体味到信息记录的过程。但是口头作品则不一样，由于反映的瞬时性、整合速度的加快，人们往往忽略记录的过程。在此笔者举一个例子来说明。就像聊天人人都会一样，所有的法官也都会开庭。但在入额考试时，面试的环节中有些法官就难以给出良好或合格的回答，甚至有人在考场一言不发，只字不能答的情形也是有的。由此推想到刚从院校毕业的大学生在参加考试时，也会遇到类似的情况。许多学生在笔试阶段过五关斩六将，挤过了笔试的独木桥，其素质可谓在同龄人中出类拔萃。但在面试环节，有些本来素质优秀的学生也会变得语无伦次，答非所问，不能切中问题的要害。为什么会发生这种现象呢？当然，我们可以说紧张是导致问题发生的元凶。但事实仅止于此吗？在面临比较重要的考试时，即便采用笔试的形式，要说能够完全放松，像平常吃饭聊天一样心境平和地书写答卷，对于大部分人来说也是不可能的。即便考试时有紧张的情绪，参考的成绩却未必会差。同样抱着紧张的心情，有的人就能够取得非常优异的成绩。这就说明，适当的紧张有助于提升精神注意力，能够为测试带来更好的结果。那么笔试的本质是什么？它们虽然风格各异，知识点也截然不同，但它们所考察的内容中十之八九都是信息处理能力（仅有很少一部分单纯考察既有概念的知识地图）。为什么能从那么多人中脱颖而出？有人说，那是因为掌握、熟悉了利用知识前见迅速加工信息的能力。这只看到了问题的一面。我们可以继续追问：面试的题目有如此困难，以至于在面试时能让人完全不知所措或语无伦次吗？实际上，参加过各种面试的人会清楚，面试的问题固然与笔试的知识点有所侧重，但如果把面试的问题，让应试者当笔试问题答出来，相信大多数在口述时语无伦次或瞠目结舌的考生不仅能答出来，而且相当一部分还会答得很好！这样一看，笔试成绩好只是因为信息加工能力强的原因吗？显然不只是这样。更为深层的原因在于加工以前的环节——记录上。

我们日常聊天过程的本质当然是信息源源不断输入与输出的过程，但有谁能想到参加考试、办理案件这种"高难度""高技术"的活动在本质上也是信息输入、信息输出交错进行的过程呢？只是因为在参加考试、办理案件过程中，我们自觉地记录信息、加工分析信息，这种自觉性使我们把日常交谈和工作、学习隔离起来。但是，面试却往往成为上述两界之外的盲点：很多人认为面试不过是聊天，或者认为面试重外形而轻实质，没有把信息的记录与整合纳入自觉思考的过程。这主要体现在面试时不用纸笔记录考题内容，不勾勒答题大纲，不写关键词，认为面试题目不长，可以通过瞬时记忆暂存在大脑中，也无须勾勒蓝图、描绘关键点，最终的结果便是不能作出系统化思考，想到哪儿说哪儿，卡壳、忘词、语无伦次、一言不发其实多是基于这种原因，而非单纯的情绪上的因素。面试失利除测验时有人在场加剧了临场时的紧张感外，在方法论上最容易出现的问题就在于信息的记录、初步整合过程。攻克了记录环节的方法论，参加并不常见的面试测试也能做到挤过独木桥、更上一层楼的程度。

为什么记录环节会对信息产出发生这么重要的作用呢？日本 SHOW-ROOM 公司董事长前田裕二在其畅销书《笔记的魔力》① 中谈了记笔记的多种作用：养成记笔记的习惯能够让人常态化地树立起接收信息的天线，不错过生活中能够接收到的有效信息；通过记笔记能够更好地倾听说话者的谈话内容；通过记笔记能够提升自我的建构能力（这主要指人的大脑在储存信息时也像电脑一样建立起多层文件夹，会把同一主题的文件放入同一文件夹中。某一文件夹下对其子类还要细化成更为子类的文件夹，就像安排树形结构图一样把信息进行抽象化分类。而记笔记的过程就是记录者伴随谈话者思路前进的最好工具。如果把谈话者比作一本书的著者，那么记笔记的人就成了编者）；通过记笔记有利于锤炼语言能力和逻辑能力（如我

---

① ［日］前田裕二：《笔记的魔力》，李优雅译，中国青年出版社 2021 年版，第 29~39 页。

们交谈时往往会发出"太棒了！"这样的评价，一旦把它落到纸面上，我们不禁要思考怎么去落笔：这个"棒"指的是哪个方面的事物，我们就会对日常所使用的评价性用语进行分析和逻辑化，记录它好在哪些方面，我们为什么会发出"太棒了"的感慨）。正是从这些意义上我们能够看出，记录过程看似是信息的转录，但实际却不是，它正是信息加工的起点！

　　清楚了记录过程的前述重要机理，让我们回到法律实务工作者的信息处理环节上。对于商事法务而言，凭口述、心算、瞬间分析、快速出产的工作模式肯定行不通。先不要说千条万条线索编织起了复合型的法律关系，即便单纯是账目往来的核算问题，也绝非口述、心算能完成的工作，而在实际工作中，相信也没有哪个法律实务工作者单凭倾听就能完成分析任务。在商事合同纠纷中，多数不会出现工作方法与产品生产环节呈现"质"的对抗问题，顶多是我们在摸索生产流程的过程中就系统性、科学性的"量"上还存在需要补完的空间。但是，传统民事案件的办理可就不同了。笔者曾遇到一些老法官，在审理传统民事纠纷过程中，庭前并不阅卷，庭审时也不做记录。他们的工作方法就是让当事人畅所欲言，先让原告说（事情发生经过），再让被告说（事情发生经过），如果听明白了便就此打住，如果听不明白就进行第二轮畅所欲言，直到听明白事情的经过为止。首先，传统民事案件单线的法律关系形成了这种单纯靠"听"来心记案件信息的土壤；其次，案件数量压力较小的客观情况也为这种听讼断案的方法提供了生存的契机。所以在十余年前，这样的审判方式并非不敷使用。但时代不同了，公众对于审判质量的精度要求大幅提升，案件数量的激增对于审判工作方法的要求自然也大为转变。过去拉家常式的审判方式和农业社会、熟人社会下的生产模式、生活模式是相契合的，但在市场经济社会中，即便不能说它们是完全无效的，也至少是相对低效的，而且往往是比较粗放的审判模式（精度、细度上还有待提升）。如果一直沿用这种粗放的工作模式，即便再过十年、二十年，也不能说审判方法有什么本质上的进步。笔者所遇的某些律师也相似，一进入法庭事实调查程序，要么对于法庭想要了解的事实一问三不知，要么在当事人到场的情况下成为法庭问话的"传声筒"，对于案件事实的了解过于粗糙，还停留在日常聊天所获取的有限信息状态下，对于具体事实并不做功课。而一旦进入法庭辩论程序才侃侃而谈。"基础不牢，地动山摇。"没有清晰的事实线索、细腻入微的事实依托，再好的法庭辩论也基本是无用功。而这种重辩论、轻调查的态度，实际上跟律师的信息记录态度、方法也有很大的关系。

就像前文在介绍《笔记的魔力》一书的内容时所讲的，记录笔记是有意识地架起信号接收天线。当强制拿笔来记录信息的时候，我们就会自觉地分析所接收的信息，转录的过程也是对输入信息的信号强化。正像开会听领导讲话、听同行所作的报告、听老师所作的讲座一样，我们一旦拿起笔来要做记录，自然不会每一句话一字不落地做记录，我们要筛选重点、要点，倾听讲话者所述的要点进行记录。这个过程不仅能让我们听讲的记忆更为深刻，更重要的是记录本身就有着初步分析的效用。一旦养成记录的良好习惯，我们在听当事人讲述案件发生的背景、过程描述时，就不再是单纯地听故事，而是要学习、要输入当事人传递给我们的信息了。不像理论工作者那样以理论著作的吸收作为积蓄方法，法律实务工作者的积累过程便是"从无字处读书"，当事人的讲述内容、神情举止、叙述方式都是我们读取的素材，这才有了实务工作者以"阅人"为工作对象，以"阅事"提升自我能力的特殊性。就像运动员上了跑道一样，已经进入预备赛跑环节，而运动员还在闲庭信步没有做好预备姿势，那么赛事结果便可想而知。当然，光有做记录的信念也不行，还要有具体的方法。

本书在前文关于律师事实调查环节的方法中，已经对信息的记录问题进行了系统说明。在说明中，笔者使用了"节点信息"的概念。但如果是初次进入法律实务工作的门槛，恐怕对于节点信息的把握也不能做到准确记录。即便是很有经验的人，在听取案件事实情报的时候，为了避免挂一漏万，也不是不需要速记详细的具体事实，特别是法律关系复杂的情况下更需要如此。

前文我们按照案件处理的流程顺序，重点讲述了律师如何记录当事人提供的信息，如何利用这些信息形成有利于己方的产品产出。而庭审环节则是律师第一次和对方当事人接触，听到另一种完全不同声音的场所。而且由于时空的紧凑性，不能像听己方当事人陈述一样从容不迫，这就意味着必须在有限的时间内、有限的信息量中抓取有效信息，由此进行分析，形成产出。虽然和己方当事人接触时的时空环境不同，但好处在于对对方信息的获取并不是预备要进行立证（证成）的活动，而是要破坏（证否）对方搭建事实体系的活动，所以此时的信息获取目的并非要形成严格的体系，而是一要寻找对方的漏洞，以子之矛攻子之盾，破坏对方的体系；二是要获取和己方主张相契合的事实线索，补强己方的事实建构。

在此本书要提示给各位法律实务工作者的是，我们在工作过程中一定要始终秉持软硬件相结合的思路，把手边的道具使用得像我们的手一样轻巧熟练，让工具成为我们身体的延长线。对于法庭记录而言，笔者见过各种律师、法律工作者、当事人不同的记录工具和记录习惯。有的人习惯用笔电记录，有的人习惯用电容笔手写或外接键盘录入，有的人则是用纸质笔记本记录。当然，针对不同类型的案件，可能得选用不同的处理工具才能达到令人满意的效果。比如，在传统民事法律关系的场合，法律关系或事实行为比较单一，纸笔既方便又快捷，已经可以满足全部需求了；而在复杂的建设工程施工合同中，对工程明细的意见记录，纸笔记录几乎也是无效记录，当然还是打开笔电就工程明细清单逐一核实才是唯一的选项。但是，请记住：这其实是说处理工具在不同案件中能够展现的不同风格，而非信息记录工具。笔者认为，庭审信息的记录，一般而言传统纸笔的记载方式是最佳的。理由在于庭审过程时间紧凑，律师要在有限的时间内捕获的信息量很大，包括对方当事人的主张要点，对方陈述细节时的漏洞（包括对方自相矛盾的陈述以及对方无意间表露出来的有利于己方的陈述）以及法庭总结的争议焦点、待查事实，法庭需要己方进一步核实的问题等信息。留给己方记录的时间非常短暂，而且有些内容自己也会边记边思考形成回应，必要的时候字母、缩略语、涂鸦、牵引线等符号都会悉数登场。这时候再使用什么电子记录道具不仅会使自己手忙脚乱，电子设备输入过程还将影响自己的思考时间，而且如果在法庭上经常用键盘打字，噼里啪啦一通乱响在法庭中也有失严肃。如果使用平板电脑等模拟手写设备，效果也不如纸笔更好。因为平板电脑如果一段时间不使用会休眠，过一段时间就需要激活电脑令人不胜其烦。此外，平板电脑同屏一般就显示一两页内容，翻页或者对照阅读上也不如纸版笔记方便。如上所述，庭审中的记录为的是攻破对方当事人，辅助夯实己方的基础。在这样的庭审记录本质要求下，单纯的纸笔方法已经足够了。无论是对方列举的事实要点，还是对方在事实阐述过程中被自己捕捉到的"漏洞""矛盾"，还是法官对于本案争议焦点问题的归纳，纸笔具有让人印象深刻，记录迅速，激活大脑，使大脑兴奋程度提升，并由此提高注意力的优点。那么如果涉及对账、核对明细信息怎么办？请放心，如果是标的巨大的商事合同，账目往来是案件的主要事实，法官一般也不会把对账过程安排在正式庭审上进行。无论是单独安排的质证庭，还是法官组织双方当事人自行核对账目情况，本质上都不是信息获取过程（当然信息获取的要素还是有的，不然账目争议从何而来），而是信息的处理过程，此时使用数码工具便具有传统纸笔工具所没有的整合性优势了。

通过布控"节点信息"的方式，我们完成的其实是基础分析的一环。同样，通过笔记记录的方式，我们完成的可不仅仅是对案件"小前提"事实要素的机械录入，而是拿来了制作珍珠项链的基础素材——珍珠，通过信息的加工整合过程，人们会把它们变成一款精美的作品或是平庸的作品甚至是残次品。至于是一种什么样的成品，就涉及分析加工的本质机理问题了。下面我们就来看看法律实务工作者如何来加工分析这些事实素材。

第三章　分　　析

虽然我们通常把分析加工放在一起使用，它们的运行过程往往具有同时性，但笔者想指出的是，它们仍然是案件处理过程中的两个过程。就好比做主观题一样：有些学生在答题时，阅读题目以后便开始动笔写答案，一边写一边想；而有些学生则先想，想好大纲、布局以后再动笔书写答案。后者的答案一般更为工整。这就是有意分离了分析（发想）与加工过程的结果。笔者在某次参加论文研讨会的过程中，一位前辈跟笔者聊天时曾说道：只有把论文的目的想明白了，才能写明白，别人才能看明白。诚哉斯言！写论文时，就算占有、阅读的资料很丰富，想法很多，思如泉涌，也不能马上动笔写，一定要先想明白了论文是想解决什么问题的，想干什么的，只有想明白了才能写明白了。大纲、布局这些形式上的东西都可以靠"后期"形成，但是如果不明白自己这篇论文想干什么，想解决什么问题，或者想不明白怎么能解决这些问题（当然，长篇论文的写作确实有边写边想的情况，都想清楚了再动笔有时确实不现实），就写不明白这篇论文，别人就看不懂这篇论文。如果是以解决法律适用问题为志向的论文或案例评析，这种问题出现的概率倒还小，但如果是相对抽象的、宏观领域的论题，不少人就会犯这方面的毛病。比如，法制史的论文，有人都说法制史领域的论文难于发表，这可能是现状，但有人借此掩饰论述的无目的性却成了一种无意识的行为。尽管占有的资料很多，也有对于法史资料的个别分析，但全文想要表达一个什么目的，想要解决过去哪些没能解决或解决不好的问题没有想清楚、说明白，那么所写的论文在本质上就是资料汇编，也就是经过初加工的"材料"，不能说是法律产品的"成品"，被拒稿也就与法史学发表概率低无关了。即便是能够发表，被下载它、阅读它的人读了以后，也不过是增加读者困惑的概率。所以本书把这个分析过程单独提炼出来，是想借此说明分析手法的独特性和独立性。

那么法律实务工作者在处理案件过程中的分析手段是什么呢？无论是从人类认知思维方式的宏观角度来看，还是从我们国家的实体法规定体系和整个法律职业共同体的话语体系这种微观角度来看，都绕不开本书前文所讲述的类型化思维方法。律师也好，检察官、法官也罢，都是在既有知识类型（法律、法学体系）下对具体案件事实依靠素材整合、分型、试错、再分型、再试错，直到分析出最优法律关系模型的过程。很多单线型的法律关系，无论是什么角色的法律实务工作者都能统一认识；但对于复合型法律关系，或请求权基础的本质不能一眼看出来的情况，不同角色的实务工作者，同一角色的实务工作者的不同人，都可能产生巨大的分歧。这种分歧有时巨大到根本不像是同一职业共同体的人说话的程度。为什么会产生这种情况？除了法律关系本身的复杂性以外，最重要的问题是，面对问题的复杂性，法律实务工作者没有坚持上面的分析方法（也就是在简单案件的处理中他们自己也在同样使用的方法），丧失了不断试错、再次分型、嵌套事实与法律的耐心和勇气，使得分析过程已经不再沿着法律、法学既有的体系规范进行下去，而是凭借个人的主观经验、个人经历、感情要素等内容进行了非专业性、非理性的判断。

如果我们不想在复杂案件面前手足无措，全凭经验用事，那么我们就要学会从简单案件做起，把分析思维、分析工具固化在我们日常工作的思维中，就像前文所讲的把记笔记融入日常生活的思考习惯中一样。下面笔者还是以一个案件为例来说明分析的进行方法。

甲诉乙保管合同无效，返还财产案。甲与丙系夫妻关系，乙与丙系兄弟关系。丙在临终前，将其生平所存100万元交付给乙，并在各继承人及相关亲属在场的情况下表示，该笔款项交由乙全权处理。翌日，丙立下遗嘱，将其所遗留的房产、车产等除了前述存款之外的其他财产均作出处置。嗣后丙去世。甲与丙之子丁、戊因继承遗产发生纠纷遂成讼。法院受理后，认为存款部分并未在丙名下，而是丙生前作出了处分，故在继承纠纷中不予处理存款的继承事宜，仅对房产及车产部分作出了处理。继承纠纷结束后，甲想向乙主张前述存款的返还，提起了保管合同无效之诉。

这个案件事实并不复杂。仅有一点存在论争的余地：那就是丙在临终前把存款交给乙时作出的意思表示的解释问题。丙没有明确说把钱交给乙是出于保管还是赠与，但依据证人的证言，他曾说过该笔款项交由乙来全权处分。此外，在将存折、密码交给乙的第二天，丙立下遗嘱，处置了除了上述存款之外的全部财产。如果丙为了避免继承人发生纠纷而将存款暂存到乙处，完全可以对存款一并立下遗嘱。即便考虑到住院时子女或妻子对自己的照顾情况，也可以对存款的处置附加条件。但其交代乙对存款有全权处置权以后，未再对存款问题作出处理，且同为遗产继承人的子女丁、戊也认为，乙对存款拥有了全权处置权，所以丙作出的意思表示能否解释为保管合同呢？

主张法律关系成立的一方当事人，要对该法律关系的成立负证明责任。本案例中，原告虽然主张保管合同无效，但毕竟是依据保管合同无效的法律后果请求被告返还财产，所以保管合同的成立是其应首先证成的。如果按照原告的思路来实现这笔财产的返还，首先面临着证成保管合同关系的问题。其一，乙与丙之间没有任何书面合同，那么即便存在合同关系也只能是口头合同。保管合同并非法定的要式合同，口头保管合同固然也是法律所保护的合同，但毕竟存在无书面证据、难以证明的问题。这是原告请求权思路的第一个重要障碍。其二，原告主张涉案保管合同无效，即便乙与丙之间确实成立保管合同，保管合同无效的请求权基础在哪里呢？按照原告主张的理由，丙订立保管合同的行为系无权处分。但是请想一想，将所有物交由他人保管的行为是处分行为吗？即便我们并不刻意区分物权行为和债权行为，单从债权的角度上看，交由他人保管自己的财产当然并非处分物的行为，反而是有利于保护物的安全的一种行为。由此可见，以诉请保管合同无效的方式来实现自己权利的希望有多的渺茫。

为什么原告律师会选择这样一条路径来实现委托人的权利呢？笔者分析，主要原因有以下两点：第一，本案是复合型法律关系，并非简单的线性线索能够涵盖。很多人在面对多重法律关系时，会丧失解剖至最简单的线性法律关系的耐心。稻盛和夫曾经说过，越是看似错综复杂的问题，越是要赶快回归原点，依据单纯的原理原则作出决断，说的正是这个道理。[①]第二，如果主张是赠与合同，那么无异于财产已经转落他人之手且基于丙的真实意思，从心理上过不去让乙取得财产的这道坎儿，所以只好打保管合同的诉讼。保管合同的好处是财产仅由乙临时保存，所有权并未发生变动。但如果真是保管合同，实际上效力问题已经对原告没有什么作用了。

让我们在此回放这个案件的具体事实，来分析可能存在的各种法律关系，并且借由这种解剖多重法律关系的过程，回到直线型法律关系的原点。

---

① 参见 [日] 稻盛和夫：《活法》，曹岫云译，东方出版社 2012 年版，第 91 页以下。

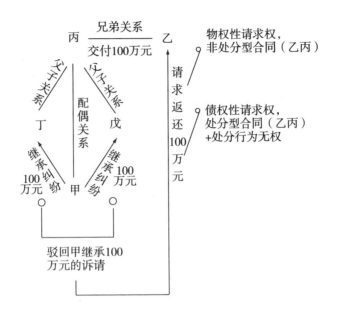

甲诉乙保管合同无效，返还财产案件当事人关系图

通过上面的事实要素图我们能够看出，如果把目光聚集到甲和乙身上，就非常难以突破法律关系的相对性问题。因为甲和乙之间并没有合同，乙接受涉案款项的原因在于乙与丙之间存在合同。所以如果承认了乙与丙之间存在（口头）合同，那么正向推进的思路就难以绕开甲如何与乙发生法律关系的议题。比如，我们假定丙把涉案款项交由乙暂时保管，如果按照消费保管合同主张返还保管物，甲自然非保管合同的当事人，甲就只能以遗产管理人的地位提起诉讼，这样一来本诉的性质就带有诉讼担当的性质。但这种思路的弊端在于，甲并非继承人选定的遗产管理人，本人无权以遗产管理人的身份提起诉讼。那么就只能退而求其次，让继承人全体参加到诉讼当中，由全体继承人作为必要共同诉讼的原告提起本诉。考虑到其他继承人在本案中的态度，其诉讼目的恐怕也难以实现。如果要在甲与乙之间直接成立法律上的联系，在合同法领域无非有两种情形：一是债权人的撤销权或代位诉讼（法定诉讼担当）；二是请求确认乙丙之间合同的无效。从本案所聚合的上述事实要素能够看出，如果甲认为涉案存款是夫妻共同财产，那么作为共有权人（物权人）提起撤销权或代位权都是不合适的，这两种诉讼都是债权人享有的权利。即便需要分割应分而未分的财产时，诉讼的性质是给付之诉，但也不是债权的请求权，否则便把一个物权人给变成了债权人。那么依据合同法提起诉讼所余的可能性只有一点：那就是确认合同无效。无权处分情况下，买卖合同本身是有效的。民法上其他有偿合同都可以准用买卖合同的规定，但唯独无偿合同并不适用。因为买卖合同考虑的是交易秩序维护，考虑依据合同来保护买受人的履行利益比保护缔约过失责任情况下的信赖利益更为周到，所以赋予合同效力以法律认可的积极性评价。但是无偿合同则不同了，本来处分人没有处分权，相对人又不必支付对价，这种合同并不是交易行为，而是情谊行为，在评价合同效力的时候，当然就要考虑无偿处置他人之物这种法律行为要如何阻断其发生的问题。最高人民法院民一庭也指出，婚姻的一方无偿把婚内财产赠与给第三者的行为无效，这种无效是整体无效，而不是涉及配偶应分得部分的无效。① 其论理思路并非该种赠与违背公序良俗原则，而是无偿处分了共有人的共有物且未经共有人同意。如果仅仅考虑公序良俗原则，把合法配偶的财产赠与给第三者固然违背公序良俗，但自己的那份财产应该说还是有自由处置权的，所有权不可侵犯和私法上的自治原则都说明了处分自己那部分财产的有效性。正是处分人对物所享有的不完全处分权，又未经过共有人同意而无偿处分，才是法律要整体性作出否定性评价的原因。所以，选择合同无效，当然要把合同的类型分析透彻、思考准确。不过，如果合同无效，涉案财产能够得到返还，这也只是第一步。接下来还要靠继承之诉来进行分割。这是基于合同法请求权的思路。

当然，甲与乙之间没有直接的合同关系，还有一种直接建立关系的方法自然就是准合同或侵权。准合同分为无因管理和不当得利，甲没有对乙的财产进行过管理当然首先排除掉，而不当得利需乙受领给付没有原因，本案显然乙受领给付存在原因。那么所剩的便是侵权责任上的请求权了。甲认为对涉案财产有所有权，现乙取得了财产的所有权，自然也是侵犯甲所有权的一种形态，侵权责任请求权也是可以囊括这种情况的。只不过，

---

① 参见最高人民法院民事审判第一庭编：《民事审判实务问答》，法律出版社 2021 年版，第 101 题"一方将夫妻共同财产擅自赠与他人的行为无效"。

甲所享有的财产份额只有涉案财产的一半，如果说直接提起侵权之诉，那么丙对享有的一半财产进行的自由处分便不能说侵犯了甲的所有权。选择这种请求权基础的好处是能直接进行财产的最终处理与分配，当然在份额上恐怕要有所损失。

其实，原告最不想看到的局面是款项交付的行为被认定为赠与，所以极力避免在案件审理过程中有任何让法官心证向赠与法律关系倾斜的可能性。这就导致了保管合同本身并非处分财产的合同，却不得不如此主张，又在保管合同项下依据无权处分来主张合同无效的矛盾场面。这种情况颇为常见，在笔者审理的许多案件中，有的律师为了最大限度地实现己方当事人的利益，都要主张其本身也认为欠缺典型事实元素支撑的法律关系，而这种法律关系的主张又反过来会在某一节点削弱或动摇自己的主张，也就是陷入体系不能自洽之中。比如，笔者审理的一起借款合同纠纷案件中，作为借款人的被告为实现拒绝还款的目的，主张合同约定的条件尚未成就，所以不应还款。而到了给付利息阶段，又主张出借人没有借款资质，对外向不特定多数人出借款项，构成职业放贷行为，涉案借款合同应为无效合同，不应按约定支付利息。这固然是想使己方利益最大化的诉讼策略，但未免陷入自我矛盾的程度过深：一方面，其极力证明合同约定的还款条件如何尚未成就；另一方面，为了不还利息而又证明合同为无效合同。笔者在其答辩完毕后询问，到底是主张合同附付款条件，从而按合同约定不应付款，还是主张合同无效，从而需恢复原状、无须再考虑合同约定的条件问题时，代理人一愣，经过反复权衡思考，只得当庭给出了合同整体无效，但唯独其主张的附条件的条款本身有效的答复。从代理人当时的面部表情来看，显然他自己也不满意这种答复，就更不要指望这种观点能够驳倒对方当事人，为法庭所采纳。这就是求全思想在作祟的结果，从本质上看是情绪化处理方式的产物，过去在当事人本人参加诉讼时多会发生这种情况，作为法律职业工作者的律师如果这样处理问题，显然得不偿失。鱼与熊掌不可兼得，如果作出这种兼得的努力，结果往往适得其反，会被法庭认为作了虚假陈述，最后弄得鸡飞蛋打，鱼和熊掌都不得的地步。即便作为诉讼策略，也要具有"置之死地而后生"的觉悟，衡量两个利益的大小，采一个主攻而另一个作出让步，这才能让法庭看到该方当事人的诉讼诚信，也才有"后生"的可能性。所以在诉讼策略中，一定要注意取和予的分寸把握，以小博大，即便不能实现这样的目的，也要"取予"并用，减轻对己方当事人的冲击。对于律师来说，还原法律关系最简单与直接的要素需要剥出一个个的原始事实要素。通过对这一个个事实要素的排列组合，不断发现请求权基础的类型，通过最大化己方利益的方式（如要件事实的加减对于证明难度的影响，请求权类型的选定对于法官乃至一般社会认知接受的容易程度等）来选择己方的诉讼进路。

那么对于法官来说，分析过程的本质是否有所区别呢？笔者认为，没有。法官与律师只有立场上的区别，分析方法上并没有本质上的区别。如果说，为了最大化争取己方当事人的利益，律师在某些场合下要制造概念的迷雾，那么法官分析工作的本质，就是以原始的要素事实作为路标，探索出纠纷法律关系的本性，以法官所分析的法律关系本性来衡量原告的诉讼请求能否成立。由于法官参与到案件中的时间顺位问题，认识诉争对象的时间可能要晚于律师，但优势在于能够以庭审的形式兼听当事人的意见，形成更为全面的判断。所以，法官要整理的事实和律师的不同之处在于，他所见到的事实已经是经过律师加工整理过的半成品事实，甚至如果律师的分析、加工水准足够高的话，他能够见到近乎完成品的事实。二审法官则更进一步，有了一审法院所加工的完成品事实，其任务在于读懂、读透、修补、完善一审法官所制造的完成品事实。所以，一审法官所做的工作往往更为辛苦，是建房子加装修的过程，二审法官所做的工作往往是精装修、再修饰的过程，只有极少数情况需要推倒房子重建或让一审法官再建。

正是由于法官，特别是一审法官的分析过程具有重要的基础作用，而这种分析又为之后搭建"本院认定事实如下"的主要事实部分提供了最为重要的引线道具，所以法官分析过程的重要性自不待言。与律师不同的是，法官的前述记录场合有限，空间也是限定的（不管是庄严肃穆的法庭，还是马锡五式的田间地头，一般都是双方到场情况下的特定场所，不会像律师事先调查时经历多重场景），都是在开庭时进行信息记录。如果想要应对较多的案件，减少庭审次数，获得更高的庭审效率，那么在记录的同时就要对信息进行分析与整理。分析的过程是将原、被告所述的原始事实要素进行反复比对、对法律关系的类型进行试错与合理化的过程。当庭审向纵深推进，法官脑海中法律关系的类型逐渐清晰起来的时候，就会向双方当事人主动"索要"事实，这就是庭审阶段，法官经常挂在嘴边的"有些事实要向双方当事人核实"的由来。在与某些律师交谈的时候，有的律师表示，非常害怕法官的"有几个事实要询问"的环节。因为一来摸不准法官想要询问什么事实，有些事实自己没有问到，当庭无法回复，庭后回复又怕对法官心证形成不好的影响；二来法官的询问可能是连环发问，即便当事人本人在法庭上，面对法官的一连询问，可能也会将事先准备好的"具体事实"戳上几个大窟窿，甚至将当事人"构筑"的事实基础粉碎；三来在法官连续发问的情况下，当事人所"隐藏"的一些具体事实可能就无法再隐藏下去，会暴露出于己方不利的事实。

那么如何看待法官的分析与"索取"事实过程，如何看待法官与当事人及其律师的这种互动关系呢？首先，法官的职业角色决定了其工作的性质是依靠法律事实来发掘客观事实。在当下的司法环境中，哪个法官也不敢轻易只认形式证据而不对客观情况做努力还原。所以，千万不要认为法官发问是"多余"的，拿"我认为和本案无关"这样的套路用语对付法庭。其次，如果了解了法官的这种职业使命，就不要试图靠"蒙混"的方式夸大或缩小、甚至隐藏某一具体事实，因为随着分析过程的推进，多数情况下纸无法包住火，不仅还要将原本的事实暴露，反而会落得虚假陈述，引发司法制裁或形成不利于己方心证的恶果。最后，有些律师认为，法庭事实调查带着当事人本人到庭足以应付，律师的工作是在法庭辩论阶段展开唇枪舌战。至于事实部分自己没有参与，也用不着过多介入。当然，考虑到律师的职业风险问题，某些事实让当事人自己来陈述自然会厘清自己的责任。但在多数情况下，还得说这是一种本末倒置的行为。比如，在笔者审理的大量民间借贷纠纷案件中，有些律师在案件事实调查阶段，在笔者就借款发生的事实过程进行调查时，往往一问三不知，或者对款项交付的过程、方法前后陈述不一致，对于事实了解得非常粗糙，反倒是到了法庭辩论阶段，围绕一张借条的遣词造句问题展开多轮多角度的辩论，试图说服法庭。自然人之间的借款合同是要物合同，款项交付的事实是决定性的分析前提，在大额借款而无转账记录的情况下，如果不能说明钱是如何取来的，怎样交付的，为何这样交付，是否有其他证据证明这种交付过程，是难以认定合同成立的。如果精心准备的大量辩词都是无用功，显然不能说代理活动是成功的。

还是让我们回到法官的分析过程上来。在时空有限的庭审阶段，法官要做的工作非常之多。首先少不了上一个环节——对原、被告双方的陈述进行核心事实记录。那么如何进行分析呢？我们会发现原告自己的陈述就已经让人千头万绪了，如果再听完被告的答辩意见，就经常会陷入"剪不断理还乱"的境地。很多新人法官在初办案时常有这种感觉。不必慌张，这时我们要用好两个抓手，那就是原告和被告。原告提起诉请，必然有其请求权基础，一定要首先固定之。有的法官在刚办案时急于了解全案事实，任由原告陈述事实，这是十分不可取的。因为一旦固定原告的请求权基础，我们所要审理的法律关系类型就固定了。千万不要设想你是原告或被告的律师，替原告或被告来主张事实、选择案件的法律关系。一旦陷入替当事人选择法律关系的境地，势必会造成两种局面：

第一，从审理程序的公正性上看，替一方当事人"着想"的好意势必会害及另一方当事人的程序性保护，虽然出发点是好的，但从立场上看往往混淆了自己的职业角色。有人说，有的原告诉讼能力不强，不会选择请求权，需要法官不断行使释明权来引导当事人诉讼，否则容易出现对当事人实体上的不公正。这涉及法官释明权的义务性和边界等更为广大而深远的问题，也涉及法官心证开示的问题。虽然基于目前的司法实践，某些案件确实存在如果不释明，就怎么也无法达到三个效果相统一的情况，但从长远来看，律师强制代理诉讼制度成熟地铺开后，这种替当事人"出谋划策"性的请求权检索应极为谨慎地采用。即便当事人诉讼能力低，又无法聘请律师，在对方当事人也是同样应诉水准的情况下，替当事人选择法律关系是否有"帮一方当事人打另外一方当事人"之嫌呢？明明原告所选择的理由、路径是错误的，为了实现原告实体胜诉的效果而告知当事人正确的法律关系，是否存在对被告机会的非均等保护呢？

第二，从案件实体审理角度上看，这种做法无疑受司法实质正义论的影响，欲以朴素正义观一次性地裁决纠纷。对于欠债还钱、打伤人赔偿医药费这样的传统民事纠纷案件来说，无疑具有一定的群众基础。可对于商事案件来说，高度的法技术属性就使得凭正义感断案的方法难以适用。对于某些技术性规范组成的法源（如商事惯例）来说，就更是让人摸不着头脑。因为在当代法中，整个法律体系是以权利与义务为中心进行的建构，青天式问案方法渊源于刑事案件的处理规则，而对于民事诉讼来说显然不能简单套用。它的问题正在于其求大、求全，要查明的不是要件事实，甚至也不是主要事实，而是全部事实。对于与本案请求权基础无关的事实琐屑一并查出，到最后当然不能抓住法律关系的重点，也难免陷入凭"好坏人"判案的感情用事中。现代法律评价法律事实，古代法律评价人的做派品行，前者论事，后者论人，如果不能弄清楚二者之间的区别，那么裁判的过程就会回到人格裁判的老路上去。表面上看查得细了，想得多了，实际上就甩开了实定法规范对法官的束缚，为裁判尺度的随意伸缩提供了沃土。可是如果采用了现代的司法技术和理念，法的技术把法官的分析过程框定在那里，张法官审和李法官审的结果自然也就不会有巨大的差异了，所以规范和技术才能破除人治情怀。当然，绝不能把现代的司法技术、法律体系和实现公平正义对立起来。要知道，根植于人的权利义务体系的现代法律、司法体系比起我们的古代法来，更尊重人，更能周到地保护人们的主观权利，也更加能实现公平正义的目的。技术始终是为实现目的而发掘的手段，如果通过法技术发现法的最终论断结果都不符合人的朴素正义观了，那么千万不要轻易把法技术和法目的对立起来，因为通常的情况不是法技术不能观照现实需要，而是你的法技术还没有学到家，技术掌握上有漏洞而未能察觉到。

我们在前文中所作的论述是要说明，在分析这样的环节上千万不要求全责备，特别是对于新人法官来说更是如此。既然有现代的法技术辅助我们的思考，就要在发挥法技术如同剃须刀那样锋利的切割作用的基础上，把复杂的案件精简化，还原到它最初的本质上。这就是请求权基础固定的重要性，它也是我们全案分析的起点和最终归宿。当然，我们的分析道具可不只是框定原告的请求权，也一样要固定被告的答辩意见。是认可原告的请求权类型、所主张的法律关系以后继续往下推进（被告抗辩由于新的事实存在不应实现原告主张），还是根本就否认原告主张的法律关系和请求权类型（单纯否认以及间接否认）。如果是前者，原告所主张的法律关系类型就得到了被告的确认，双方对于法律关系的性质就不存在争执了，要审理的事实就是被告抗辩所提出的新事实是否存在，由此来决定是否能够推倒原告的请求。如果是后者，虽然法律关系的类型处于不确定状态，但好处在于被告不再提出新的事实，双方进行一轮攻守就可审结案件了。而所谓的复杂案件，往往是复合型法律关系的案件，如虽然订立了一个合同，但合同是非典型的，原告依据合同请求给付，被告针对合同约定的条件、给付标准等提出抗辩，思考起来当然比典型合同要费力。这时就需要把复合合同拆解开，观察合同的本性是多个典型合同存在主次依附型还是均等并列型，并依据典型合同的元素来逐个分析判断诉辩意见的有理性。有的复杂案件是当事人的请求虽导源于合同，但合同中却没有明确约定，这就需要我们深入思考请求的性质，把它归入法定的请求权基础中。还是举个例子加以说明：丙与某公司的股东乙签订股权转让协议，约定由丙购入乙持有的股份若干，后由于丙对甲因买卖合同负有付款义务，希望以购入的股权来支付甲。乙、丙遂与原告甲签订债权转让合同，约定将丙买受的股权份额转让给甲。甲依约支付股权转让款后，乙未履行股权变更手续。甲便起诉乙请求变更股东登记。在本案成讼后，甲发现涉案公司在股权转让协议订立前并未依法缴纳税款，便增加诉讼请求，要求在股权转让款中扣除公司欠缴的税款数额。丙抗辩称，其并未真正进入公司，不清楚公司欠税事宜。乙则称各方当事人约定了股权转让价格应予遵守执行，原告的诉讼请求没有合同依据。在这一事例中，甲与丙之间存在买卖合同，基于买卖合同给付货款义务形成了代物清偿协议，这个协议的表现就是债权让与合同。对于变更股权登记的请求非常直接且一目了然，但是对于扣除税金的款项，合同根本未作约定，在理解上就容易使人迷惑。有人认为合同并未约定税金由谁给付，就不能支持原告的该项请求。如果我们能从该项请求权的本性分析，把它嵌入合同制度群中来考虑，就不难找到分析问题、解决问题的路径。税金的欠付事实属于合同缔结前出卖人应履行的信息情报提供义务，在出卖人未履行该义务而导致买受人就合同价款存在认知错误时，大到由于意思表示不自由而借用撤销制度使合同归于效力上的消灭，小到出卖人瑕疵履行而使买受人享有减价请求权均成为可能。

单纯的事实，即便把它们简化到最为直观的层面，如果不把它们嵌套到法律规定的要件事实中去，不让成文法规范来分析、评价它，都是没有法律上的意义的。在上面的事例中，原告请求扣减税金是基于朴素的事实认知，单纯的税金未缴纳事实，税金数额的扣减并不在合同的约定中，也就无法寻到法源依据。但是，如果我们仔细思索，把扣减作为一个类型化的要素，把税金数额这种具体事实抽象掉，就会发现，这种扣减的请求在本质上是合同法上的减价请求权（抗辩权），如果能将请求的本性定位在减价请求权上，那么就会自然而然地从概念地图中检索到买卖合同中瑕疵担保责任的位置。通过这种倒叙追索法，我们捕获了原告请求权的基础。我们再把它从正向思考上贯通：如果在合同交涉过程中，出卖人在明知标的存在某种瑕疵的情况下，故意隐藏相关信息，未尽到信息情报提供义务，买受人在此情况下订立合同，因为买受人知晓该信息情报的情况下，一般不会订立合同，所以此时合同为可撤销，买受人享有撤销权。如果买受人知晓被隐藏的信息情报后仍可能订立合同，而合同的价格可能就不是原合同所约定的价格了，此时合同为有效合同，买受人所享有的价格调减权落入瑕疵担保责任的调整范畴，正像本案原告起诉所请求的扣减税金一般。至此，我们便能在分析请求权基础本性的前提下，依据瑕疵担保责任的法律条款所规定的要件事实去审查原告提供的证据是否能够支撑起那些具体事实，从而为法律产品的产出奠定决定性的基础。

那么，分析的本质过程是怎么样的呢？从上面的论述能够看出，所谓分析的过程，就是把单纯的事实要素，不断地与法律概念搭桥，把单纯的事实经过"穿衣戴帽"的过程变成法律事实，借由法律事实所依靠的法律效果（实体法规范、社会习惯、公共秩序、法教义学、条理等法源所赋予）导出结论，形成法律产品。所以对于分析过程而言，要有对事实要素的敏感性。对于产生法律评价效果的事实要善于捕捉，主动索取，对于法律评价效果无关的单纯事实、冗余事实，要及时排除掉，以免干扰思考。在

《民事诉讼法》于 2012 年修改前，公民个人可以随意代理参加诉讼时，当事人本人参加诉讼、公民作为代理人参加诉讼非常常见。在法庭上陈述时，法官常有打断其讲话的情况。有的当事人对此颇有意见，如果拿到败诉的结果，常会以此为由不服。其实这也说明了获取有效信息的难度与技术性。从分析过程本质来看，当事人的许多陈述往往对于案件事实的获取、吸收、转化、分析过程意义甚微。虽然说让当事人体会到优质的司法服务是司法活动的重要目的之一，但关键的问题在于这种司法服务的提供是一种此消彼长的关系。如果任由当事人讲述无法进入分析过程的"故事"，就会压缩其他案件当事人阐述有效信息的时间，最终会影响其他案件当事人享受司法服务的质量。这样做的结果便是"劣币驱逐良币"，使本来应获得的有效信息减少，从这个角度上看，"打断"当事人的谈话是为了从总体上使司法过程获得更高的收益，为更多当事人尽到有效事实调查义务。不过，毕竟打断别人说话并不是什么礼貌的行为，即便是和好友、和邻居、和客户打交道，频繁打断他人讲话自然会引起他人的"疑心"与"戒心"。所以即便是要争取审理时间而不得不打断"冗余信息"的输出时，也需要法官做技术性的处理。这时不妨把法官的释明权转用进来，告知当事人你的主张是这样的，那么你要适用的法条是这样的，你要适用的这个法条规定满足什么样的（要件）事实情况下就能适用，你就要说明这种事实的存在，并对此举证。通过适当的心证开示活动不仅能调整当事人的心理预期，为日后的调解工作埋下伏笔，更为重要的是，如果案件是以判决文书的形式作出，那么这种开示与引导将完全围绕要件事实的成立与否进行，对于庭审后作出判决结果具有重要的分析前提作用。在庭审过程中，还有什么比起捕获这种信息并由此分析加工这种信息更为重要的呢？

如果说在一审案件的审理过程中，法官要在完全空白的基础上，依靠原告主张、被告抗辩的具体事实、双方的举证情况来综合分析、判断案件的法律事实是什么样子的，那么在二审审理过程中，由于有一审法官的"打底儿"，很多情况下事实的"地基"已经打好，二审法官需要基于新的证据对于房屋结构、造型、装修等方面做或大或小的调整而已。同一审法官面临的情况一样，如果案件是线性法律关系，且当事人构成比较单一，那么了解全案事实仅仅扫读一审法院经审理查明的部分往往便已足够。但如果案件法律关系复杂，就不能仅凭扫读就了解全貌了。特别是如果一审法官行文逻辑稍欠清晰的情况下，就更是如此。这时，对于案件法律事实的分析，同样需要用重要信息记录、关系图草绘的形式来完成。

我们再以一个案例来说明二审案件的法官对案件分析的过程。某一审案件判决认定了如下事实：甲科技公司与案外人乙科技公司签有《创新中心运营服务商合作协议》，约定作为创新中心的合作运营服务商，协议期限自 2018 年 12 月 22 日至 2019 年 9 月 11 日。甲科技公司与案外人甲孵化器公司曾签订协议，该协议约定甲孵化器公司是创新中心 2018 年 12 月 22 日之前的运营商，甲科技公司自 2018 年 12 月 22 日至 2019 年 9 月 11 日享有创新中心的运营权。约定甲孵化器公司与丙科技公司签订的协议是每季度费用 157771.25 元，已收至 2018 年 9 月 30 日，并收取押金 45275.2 元（双方达成协议后，甲孵化器公司协助甲方完成对该客户原协议中 2018 年 10 月 1 日至 12 月 31 日服务费用的收取。甲方收到该客户的上述费用后，给对方开具等额增值税普通发票）。约定以 2018 年 12 月 22 日为界，之前的权益归甲孵化器公司，之后的权益归甲科技公司。

2019 年 1 月 1 日，甲科技公司作为甲方与乙方丙科技公司签订《空间入驻服务协议》，甲方经乙科技公司授权合法拥有创新中心的运营权，根据创新中心标准吸纳自愿入驻的企业（项目）、人才进驻空间进行孵化。乙方符合甲方入驻条件，自愿申请入驻空间。约定乙方使用办公区域建筑面积 100 平方米，场地使用服务费 2.14 元/平米/天，租赁期内房屋发生的能源费由乙方承担（能源费包含水电费、物业费，费用标准参照物业标准）。乙方入驻期限自 2019 年 1 月 1 日至 2019 年 9 月 11 日共计 254 天，孵化期内乙方应向甲方支付服务费总额为人民币 54373 元（不含保证金）。付款方式：服务费分三次支付，乙方应于 2019 年 1 月 22 日前支付给甲方服务费 20000 元，保证金 4000 元，共计 24000 元；2019 年 4 月 3 日前支付第二笔费用 20000 元，2019 年 7 月 3 日前支付余下的费用 14373 元。第 5.1 条约定乙方不能按照协议约定按期足额交纳各项费用视为乙方违约，乙方除应及时、如数补交外，还应向甲方交纳所欠费用总额万分之二/天的滞纳金。乙方拖欠费用超过 15 天或者经过三次以上催缴的，甲方有权终止协议。协议终止后，乙方仍应向甲方支付所欠全部费用和滞纳金。

2019 年 4 月 8 日，甲科技公司、丙科技公司及案外人乙孵化器公司签订了《会议记录暨补充协议》，约定 2018 年 10 月至 12 月丙科技公司应付房租转到甲科技公司，房租金额为 157771.25 元，减去押金金额 45275.2 元，丙科技公司应付甲科技公司共 112496.05 元。丙科技公司已于 2019 年 2 月 1 日付给甲科技公司 5 万元整，还应付给 62496.05 元，此款项将于 2019 年 6 月 30 日付清。约定 2019 年 1 月至 9 月丙科技公司应付甲科技公司房租：合同金额为 54373 元，此金额包含丙科技公司 2018 年已收取租户筑某巢 2019 年 1 月及丁科技公司的 2019 年 1 月至 2 月房租共 21353 元，此部分房租甲科技公司将不再向筑某巢及丁科技公司收取。第一笔 24000 元（含押金）已于 3 月 6 日付给甲科技公司，甲科技公司已经开具 20000 元发票并认可交付时间。基于丙科技公司暂时的财务状况，经协商，甲科技公司同意延长房租合同中的付款期限。第二笔 20000 元将于 2019 年 6 月 30 日之前付清。第三笔 14373 元将于 2019 年 7 月 31 日之前付清。并且甲科技公司应在收到房租后 3 大之内将发票并开出。第一条第四款约定，电费及物业费如有涉及，甲科技公司将直接与各租户（A 公司部分由丙科技公司代收并转给甲科技公司）收取电费，在本协议生效后，丙科技公司将协助甲科技公司查创业中心 20 层各租户已装电表用电量。第二条约定，丙科技公司与乙孵化器公司的合同相关事宜。为了不影响空间内租户正常业务，根据 A 公司要求，A 公司继续与丙科技公司的房租合同，丙科技公司帮助甲科技公司（乙孵化器公司签协议）收取 A 公司房租。1. A 公司所租面积，由乙孵化器公司提供房租协议及房屋发票（非服务费发票）；2. 乙孵化器公司在与丙科技公司的合同上注明收取 A 公司房租的期限为 2019 年第一季度房租，于 4 月 15 日之前打到丙科技公司账户。因双方就 A 公司第二季度、第三季度房租能否收上来的期限尚存在争议（A 公司无法承诺二、三季度交付房租日期），后续是否继续 A 公司的房租合同由甲科技公司和丙科技公司继续协商解决。3. 乙孵化器公司将在收到房租后 3 日内开具房租发票给丙科技公司。4. 乙孵化器公司将不再就 A 公司所租面积收取任何押金。

　　甲科技公司与乙孵化器公司曾签订《委托服务框架协议》，委托服务地点创业中心 B 座 20-21 层，委托服务期限自 2018 年 12 月 1 日至 2019 年 9 月 11 日。委托服务内容包含代理记账业务、租赁运营房屋等业务。

　　经甲科技公司申请律师调查令，调取了丙科技公司银行流水显示，2019 年 6 月 24 日 A 公司向丙科技公司转账第二季度房租 61659 元，2019 年 6 月 25 日丙科技公司向甲科技公司转账支付 61659 元，备注租赁费 2019 年第二季度房租。2019 年 6 月 27 日乙孵化器公司向丙科技公司出具金额为 61659 元的房屋租赁费发票。

　　上述判决作出后，原审被告作为上诉人提起上诉。作为二审法官，自然比从零开始打地基要强上许多，但从一审法院进行的事实认定过程来看，并不是单靠扫读就能理解各项法律关系的。本案属于那种并非法律关系的本质复杂，而是当事人关系较为复杂的类型。那么如何捕获上述叙述中的有效信息，从而确定当事人之间发生过的法律事实，为二审审理奠定基础呢？与律师一样，法官在进行分析的过程中，也需要对法律关系进行剖析，还原到最简单的案件事实中。所谓"化繁为简三秋树，领异标新二月花"说的正是这个过程。

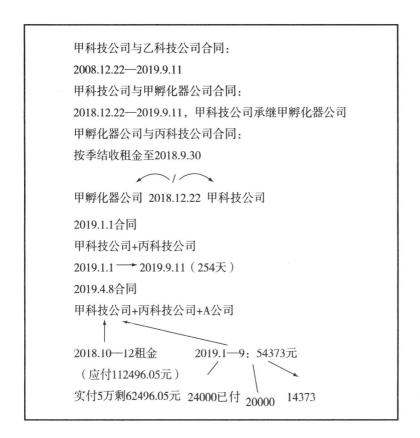

甲科技公司与乙科技公司合同：

2008.12.22—2019.9.11

甲科技公司与甲孵化器公司合同：

2018.12.22—2019.9.11，甲科技公司承继甲孵化器公司

甲孵化器公司与丙科技公司合同：

按季结收租金至2018.9.30

甲孵化器公司　2018.12.22　甲科技公司

2019.1.1合同

甲科技公司+丙科技公司

2019.1.1 ——→ 2019.9.11（254天）

2019.4.8合同

甲科技公司+丙科技公司+A公司

2018.10—12租金　　2019.1—9：54373元

（应付112496.05元）

实付5万剩62496.05元　24000已付　20000　14373

甲科技公司等租赁合同纠纷案件当事人关系图

通过分析图示，我们能够清晰地看到文字表述所无法展现的立体景象。同时，上诉人的上诉请求对应于何种请求权基础，被上诉人的抗辩意见基于什么事实发生，当事人的攻→防→攻→防→……关系就逐渐变得清晰起来，法官作出分析的过程就能够围绕攻防配置，把双方当事人所陈述的具体事实嵌套到法律事实中，从而为得出结论，为法律产品的制造做出准备。

当然，限于本书论述的主旨，更为深入的分析方法在此不便做系统性地阐述了。经过长期对法学方法论的整理、对法教义学理论的思考和审判实践的摸索，笔者曾较为系统化地提出了审判工作的基本方法，倡导运用受案范围、案由、实定法、法教义学四大分型工具，结合事物本性的基本思想，将复杂的案件逐渐分流，把法律关系导向原点的分析手法，有兴趣的读者可以阅读笔者发表在《东南司法评论》（2018 年卷，厦门大学出版社

2018 年版）上的论文《司法推理中的分型思维：基本理念及其应用》。

第四章　产品的输出

大家都知道律师要出具代理词，检察官要写公诉书，法官要出产判决，这些法律实务工作者各自出产的终极成品是所有法律实务工作者都需要花费大量精力雕篆的对象。因为它们的终极性、有形性，法律人总是乐于竭尽所能地提高这些产品的质和量。这当然无可厚非。但是，如果因为只把眼睛盯在这些成品上而忽略了其他"半成品"，如果只盯着产品的内容质量而忽视了它们的形式质量，如果只抓住书面文本而忽视了口头作品，那么往往不是输在了终点时的落后，而是输在了起跑线的姿势上。

从半成品到成品，中间要历经打磨、修补甚至再造的痛苦，律师如此，检察官、法官亦然。那么半成品到成品，究竟要经历哪些本质上的进化过程呢？一如前文所述，分析过程自然是推进这一进程的本质过程，但光是看到这　本质过程还是不够的，还要想到助推分析过程的手段。从人类惯常思维角度而言，分析往往是意识的整理过程，所以我们常常看到的是个人的独立思考过程。不过，千万不要忘记上文关于分析过程所透露出的信息：那就是我们的分析是在对抗对方当事人的过程中，是在兼听双方当事人阐述的过程中逐渐形成的。于是乎，从半成品到成品的生产过程，就绝不是一个闭门造车的过程，也绝不是一个坐在书斋中冥想的过程，而是与他人互动，在互动过程中通过吸收他人信息、产出信息对他人形成影响，并由此反复推进而形成最后成品的过程。成品并不是一蹴而就的，而是通过多个半成品的效果叠加才能最终形成的。所以，半成品也应该作为法律实务工作者不容忽视的产品而被人重视。

下面我们分别从律师、法官的角度，以民事诉讼为切入点，分析半成品、产品的输出过程。

第一节　律师篇

对于律师来说，通常其利益立场同当事人是一致的，律师是为追求当事人利益最大化而服务。无论是通过己方当事人陈述进行归纳总结，还是通过自己调查取证获得的信息，都是为己方当事人服务所生产出的初始产品。这种产品的生产多是和己方当事人相向的生产活动，是单方、单线式的生产，直到和对方当事人对庭时，才会比较完整地接触到对方当事人的信息。而对庭时用以对抗对方当事人的主要武器，就是已经生产出来的半成品。所以，庭审陈述便是律师所要完成的第一道重要产品，尽管还是半成品的状态，但地基打得好不好，房子盖得牢不牢，当庭的陈述是具有奠基性的，多半会决定案件的走向。

一、庭前产品的输出

（一）失败例的启示

在此，首先允许笔者将观察到的几个反面典型事例作举例分析。

事例 1：原件与复印件不符型。

在甲银行诉乙公司、丙公司、丁、戊金融借款合同纠纷一案中，原告提供了审贷文件。在庭审质证过程中，被告提出保证人签字的真实性问题，经核实审贷材料的原件与复印件，原告经办人员的签名不一致，原告自述案涉贷款只有一位经办人，却提供了经办人不同的原件与复印件。而经办人已经从原告处离职，案涉贷款保证人的信息真实性无法核实。

事例 2：证据未经加工型。

在甲诉乙民间借贷纠纷案件中，甲方律师向法院提交了流水记录作为转账证明，但流水记录未经任何整理与计算，记录中原、被告互相均有转账。庭审中，因原告方未将流水中有效信息划出、整理、汇总，导致庭审过程未能实现应有的事实查明效果。后经整理计算，被告方返还款项的数额比起原告方出借的数额加上利息还要多，原告不仅未能达成其诉讼目的，反而引起了后续被告提起的不当得利返还之诉。

事例3：提供证据不署名型。

在案件诉讼期间，径行向法院提供证据材料，却不署提交人姓名。这有两种情况：一种是庭审已经结束，举证期早已届满，律师怕法官不组织当事人质证，以提供材料的方式供合议庭参考。另一种是举证期尚未届满，律师将手中的证据材料"攒齐"后寄送法院以供日后质证使用或当庭提交证据时，由于准备仓促，不写明证据提交人的姓名与日期。

在第一种情况下，有些证据是与法官沟通后，法官告知举证期已经届满，提交的证据又不能对案件事实形成重大影响而不予接受的证据，律师为了强行让法官"接受"，在寄信时不写寄信人的任何信息，在证据材料中也不写明任何案号信息，甚至证据都没有体现当事人的姓名，为的就是让人无法拒收邮件，但最终的结果便是由于无法对信息进行识别分类，根本无法识别究竟该入哪个案件的卷宗，最终只能作销毁处理。而第二种情况则是律师没有养成良好的工作习惯造成的，如果当事人质证意见又过于简略，就会导致法官想为当事人寻找事实依据时都无法分清究竟谁提供过哪些证据。

上面的例子并不是孤例，每年笔者都会遇到许多这样的事例。这些做了工作反而"减分"的工作习惯并不在少数，如果不能养成良好的工作习惯，同样是产出，同样是出产类似的产品，最后的结果可能有不小的差别。正所谓"台上一分钟，台下十年功"，律师要想在庭审中进行有效乃至高效的产出，对法官的心证形成实质性的影响，需要进行精心的庭审准备。这些准备绝不是大脑一片空白，到庭审时通过当事人的陈述才形成法律意见并把它们当庭表达出来。这些工作都是庭审以前就需要完成的。本书在前文已经阐述了如何通过当事人的陈述获取事实信息，如何分析它们，如何加工、分型、试错、整理等一系列过程。此处所要阐明的是这些信息的产出方法和形态。要回答这一问题，就非要弄清实务工作的运行机理不可。

（二）法律实务工作的运行机理

在笔者刚参加工作的时候，笔者见到的起诉状、上诉状、答辩状等文稿，一半概率是打印件，另一半概率则是手写件。如果是当事人本人参加诉讼，手写件的概率几乎是百分之百。那个时候的民事诉讼法并不禁止一般意义上的公民代理①，所以公民代理是比较普遍的现象。公民代理时，手写件的出现概率也和当事人自行参加诉讼时差不多。而律师代为参加诉讼的时候，打印件就占到了大多数。那时候，多数律师所使用的打印机是喷墨打印机，甚至还有部分使用的是针式打印机。显示效果和现在非常普及的激光打印机当然不可同日而语，甚至部分针式打印机打印出的文本在入卷归档后数年字迹消失的情况也有，但毕竟形成了机器印刷的文本，在当时使用还是非常便于阅读的。

从工作性质的角度来看，法官都是喜欢阅读印刷文本的。在多数情况下，印刷文本都有一种整洁之美。可能我们平时不太注意，认为手写材料与打印材料不过是形式不同，内容上不会有什么分别，对于法官而言接受程度上也不会有什么区别。如果有这样的思想，就没有深入去思考法律服务工作的本质运行过程。

法律服务工作的本质运行过程是什么呢？我们当然可以说终极的判断是价值判断，但是，如果我们只是想当然地作出价值判断的结论，那么法律、法规、法学、条理就成了无用之物，我们只要凭借内心的朴素正义感去想案件的情况就好了。实际上，在许多案件中，内心的朴素正义感不能得出任何结论性的意见。笔者每年都会在所在法院接触不少法学院的实习学生，他们的一项重要活动就是旁听庭审。许多学生都有这样两种不同的感触：第一种是在法律关系相对简单的案件中，听到原告的陈述后觉得被告的行为十分可恶，按照内心的正义感恨不得马上制裁被告。可一旦听到被告的陈述，才发现被告的"可恶"着实是事出有因，原告的行径还不如被告来得光明正大。原、被告反复陈述多轮意见后，自己完全不知道内心

---

① 《民事诉讼法》（2012 年）第六十一条规定，当事人、法定代理人可以委托一至二人作为诉讼代理人。下列人员可以被委托为诉讼代理人：（一）律师、基层法律服务工作者；（二）当事人的近亲属或者工作人员；（三）当事人所在社区、单位以及有关社会团体推荐的公民。而《民事诉讼法》（2007 年）第五十八条规定，当事人、法定代理人可以委托一至二人作为诉讼代理人。律师、当事人的近亲属、有关的社会团体或者所在单位推荐的人、经人民法院许可的其他公民，都可以被委托为诉讼代理人。

的朴素正义感要倒向何方，恨不得能够"骑墙"或"各打五十大板"。第二种是交易行为比较复杂的商事案件，听完原、被告的陈述后根本辨认不清到底是什么情况，因为朴素的正义感在商事活动的技术性分析过程中多数已经被技术理性掩盖，听完庭审后完全无法作出判断。这当然不能怪这些实习生们，因为他们还没有建立相对系统的法学知识体系以及更为重要的、往往在实务中才建立的法律规范知识体系。

能说进入大学校门的法学院学生没有朴素的正义感吗？当然不能！一般理性人有的朴素正义感，他们当然更有。有正义感就能判案吗？通过上面的事例就能说明，往往不能！从这个角度上说，所谓社会科学没有什么对错之分，只要能自圆其说就是对的这样的观念不仅是一些根深蒂固的错误（多数源于该门科学没有学到家，没有掌握到位才说这种话，但更深刻的原因在于检验效果的滞后性让人们认为它不具有科学性），而且会有害社会治理系统。当然，说起法律科学的科学性问题就扯得远了些。我们仍旧回到上面的议论中，不光是初学法律的学生，通过与一些跨业务庭调动的法官交流，笔者发现，即便是判案多年的老法官，如果之前一直从事刑事审判工作，突然调到民事庭工作，也会出现和上述实习生一样的困惑。这说明了什么问题呢？就是法律服务工作运行机理的本质问题。形成价值判断是最终看到的产品输出形态不假，但这中间可不是凭借朴素的正义感就能形成的过程，而是要借助法律法规、法学理论等分析道具逐步展开的逻辑过程。这些逻辑的演进步骤一步一步地把案件的分析推向精密化、合理化，形成最终形态的法律产品。由于上面那些分析道具打从一开始就是按照价值伦理学的序列进行整合后所制造的"模子"，我们从这些道具中"扣出来"的成品表面上看是十分精致的、精细的逻辑推演的结果，但在本质上是各种价值叠加排位后所形成的价值判断，这种价值判断就是具有可预期性的、具有普遍适用性的价值判断，而不是因人而异的，全凭判断者人格、经历、好恶等因素作出来的朴素判断了。

（三）初级法律产品的输出要点

第一，鉴于法律价值判断过程的上述技术特性，任何一个阶段，以任何方式输出的法律产品都要符合这种逻辑性的特征。不然东一榔头西一棒子，律师提供的法律服务没有逻辑性可言，没有分析性可说，那还要律师来干什么呢？万事皆由没有经过法学训练的当事人自己来说明不就好了吗？所以，在这一阶段，形成初步法律意见并需要传递给对方当事人及法官时，要注重产出的形式。笔者曾见过一些"老派"的法律工作者，颇有古代文人骚客之风，写得一手好字帖。出具法律意见书时，都用龙飞凤舞的手书来展现。这固然是博人眼球的一种方法，但却是不符合法律服务工作的逻辑性特征的。用笔书写本身是一个模拟操作的过程，和电子数码截然相反。书写这样的模拟过程便于书写者分析、记忆所书写的内容，这确实不假。但对于法官来说，通过阅读书面材料来了解全案的基本面貌，这时法官的工作环节是提取式的，和书写的过程相反。这时法官需要什么样的文书样式呢？好读的文书样式！对于法官来说，到底是识别、阅读手写稿方便提取信息还是阅读机打文本方便提取信息，答案自然是不言而喻的。别说是写得龙飞凤舞的一手草书，即使是蝇头小楷也一样出于其非标准化的文字样式而需要花费更多的辨认时间。一个训练有素的法官在阅读机打文本时可以做到一目十行，迅速提取有效信息，但在阅读手写文本时往往做不到这一点，需要一边辨认，一边阅读。可想而知，在紧张繁忙的审判工作中，拿到一篇需要读上半个小时以上时间才能一窥主张全貌的文件，会让法官产生什么样的情绪呢？虽然看起来这是一个不起眼的细节，但在全案事实复杂，难以让一般人形成一致性意见时，这样一点一滴的细节会对裁判行为形成什么样的微妙影响恐怕是难以言喻的。

　　第二，手写文本有一个特性，就是它的形成是一次性的，往往代表着我们对于文稿最初的想法。过去没有打字机和电脑、打印机时，作家都是在稿纸上写就稿件，如果略作修改可以在原稿上用各种符号来标注，这是我们小学语文都学过的符号。如果作重要的修改，往往还要誊抄一遍，免得让编辑读起来费力。所以手写稿件往往是边写边想，在逻辑上总是不够成熟。我们把手边的事实要素整理好之后，就会顺着事实要素展开，再写法律适用意见。这是自然的三段论推理过程，但往往并不够精细。对于法律关系类型的论述可能还没有设计好层次。有的内容是在写的过程中想到的，难免在书写稿件的时候内容不够连续，又或者内容过于连续而没有层次。这就需要修改。而律师也好，法官、检察官也罢，绝不可能每年只精心雕琢一两件案件。在接手案件数量较多时就没有心思再行修改、誊抄文稿了。于是乎，手写文本的另一个特性就是内容比较粗糙，逻辑性不强，可提炼性比较差。如果是用合适的笔电来完成这些文本工作，完全可以做到笔电不离身的地步，随时想起来都可以修改。而且稿件往往是越改逻辑性越强。机打文本不仅可以做到内容上的不断完善，还可以随意调换文本的位置，让文本的逻辑更加连贯、递进性更强。

第三，机打文本还有一个更重要的好处，就是可以排出漂亮的版式。其实手写法律意见的律师、法律工作者目前数量已经不多了，前面两点意见主要是针对那一少部分人（试图秀书法或不会使用电脑的人）而提的。但这第三点，笔者想面向所有的法律实务工作者，包括兼职从事实务工作的法律理论工作者。从事法律实务工作，特别是涉诉工作后，手边都会逐渐积累法院下发的判决。这些判决所涉的审判领域不同，同一领域中涉及的案由、罪名也各不相同，但唯有一点可以使这些判决呈现出一种整齐划一的感觉：那就是判决义书格式的规整性。最高人民法院所发布的裁判文书样式对于规整文书文本起到了非常重要的作用。十多年前裁判文书的机打要求让老法官们经历了一次现代科学技术的洗礼，近几年来类案裁判文书的检索让法官再次经历了云技术对审判工作要求的提升。而伴随着法官计算机技术能力提升的，还有通过软件方式实现的文书格式的标准化。标准化的好处是整齐划一，给人以科学、严谨的外观。如果张三法官出产的判决都是视力表下层的五号字，李四法官出产的判决都是视力表第一排的一号字，不仅形式上不统一、不严谨，甚至不美观，有碍观瞻。十多年前，笔者参加工作不久，许多老法官刚从手写判决完成艰难的"一指禅"式敲打判决的痛苦转型。那时候，许多法官能勉力打完一篇判决就已经非常了得，在没有一键式排版软件的加持下，文书的排版要求也是一种奢望。甚至笔者还见过不少判决文书内字间距、行间距、字体、字号存在多处不同的情况。回想起来，那时的老法官虽然学会了复制粘贴，但粘贴以后的下一步就难以把控了。如果一篇判决"借鉴"了多个判决的事实内容、论理表述，就形成了上面所说的"大花布"。但近年来，判决书出现这种形式上的不美观、不严谨、不合要求的概率几乎为零了，我们在法院文印室所见到的判决都是一篇篇形式规整、装订漂亮的文本。

与此相对，在律师、法律工作者所提交的代理词中，上面所说的现象不仅至今仍然存在，并且有的还严重缺乏外观审美要素，令观者不禁皱眉。先说比较大的问题：

第一种就是上面所说的"大花布"现象。只要简单地用格式"刷"一下全文，至少就能避免这个问题。如果在同一篇代理意见中出现格式各异的现象，一来让人觉得律师工作不严谨、不精细，动摇观者对于该律师业务水平、整体素质的信念；二来让阅读它的法官觉得律师不够尊重法庭，连基本的文字输出秩序都不组织一下，就像顾客到了饭馆点餐，望着端上来没洗又没切的菜时的心情一样。

第二种是全文不分段。文本看起来是一气呵成所写就的，但其实也未必。这样的代理词和手写版一样，往往都是未经过加工的"原生态食品"，很难从中找到什么逻辑性、层次性内容。分段不是随便分，而是要按照逻辑性分类。比如，代理词分为两大类：对事实的观点和法律适用的意见。前者要说明主张哪些事实，每个事实项下有几个证据能支撑它；后者要说明这个事实成立了，要适用哪条法律规范，有哪几种效果。把它们像笔电中的文件夹一样进行排列、分类好，是法律实务工作者的一项基本功。

第三种一般人就不太注意了，就是全程五号字。从法学院毕业的学生在写论文时往往就使用五号字作为正文，脚注使用小五号字。大部分的法学杂志也确实采用这种格式来印刷。但是，对于代理词来讲，它们显得"太小了"。杂志有它的版面要求，如果使用过大的字号会突破版面的限制。论文的特性是议论，是对某一法律问题作出系统的考察，包括历史的纵向跟踪和比较法的横向研究。但代理词则不一样，无须做那些前置考察，直接完成规定动作即可。这种规定动作无非两大类：一是事实是什么样的；二是（在事实是什么样的确定了以后）选择哪条法律来用。所以从篇幅来看，多数情况下一两千字便能说清楚。千万不要在一份起诉状、答辩状、上诉状中事无巨细地罗列事实、阐述法律适用问题，把它们写成一篇万字论文，因为还没有到那个时候。什么时候可能需要长文呢？庭审以后提交的最终版代理意见。在总结了全案的事实要素后所分析、写就的代理意见有可能在长度上超过以往的法律文书文本。但是，也不要写成论文式。究竟如何写，本书在后文会专论它。现在读者只需要知道的是，最终版代理意见以外的法律文书能短则短，要短小精悍，让法官一看起诉状就知道原告的请求权基础是什么，一看答辩状就知道被告要从哪个方面抗辩或作出否认，法官一眼能够看明白实质性的争议焦点是什么，这样的法律文书就是出色的产品。不要指望通过诉状、答辩状就让法官形成心证，法官都是久经沙场，看惯各路人与事的"老将"，不经过庭审，谁也不敢轻易下判断。所以在诉状、答辩状中大写特写不仅不能有效地影响法官心证，同时也容易让法官因为找不到要点而"抓狂"，是一种事倍功半的行为。而伴随着诉状、答辩状需要在实质内容上短小精要的要求，它们的外在表现形式就更应该是富有逻辑性的，能够体现要点的。这要求此类文本字号不能过小。五号字甚至更小都是不合适的。笔者建议，可以使用和判决文书一样的字体、字号。一来最高人民法院发布的诉讼文书样本中也有关于诉状、答辩状等文书的格式要求，因为样本对于非法院机构及个人出具的文书仅仅具有示范意义，所以很多人都没有注意，或者即便知道也未按此操作。其实这些样本都是经过起草者仔细思考之后确定的，参照它们来使用本来就能体现形式美和内容优的要求。二来法官每天撰写判决时的模板都是固定的，形式非常规整。如果在阅读各种代理意见时也能看到每天大量接触、已经非常熟悉的文本样式，那么也会有一种亲切的感觉，阅读的效率也会有微妙的提升。这就是律师和法官之间的一种正向的互动关系。而这种正向互动关系的形成，实际也导源于律师对于这些细节的思考与忖度。

第四种就是少数人会有的习惯了：把代理词写成论文的样式。起承转合一个不落，文章带脚注有出典。表面上看是符合法学的学术规范，但在实务工作中并不合时宜。关于文书短小精悍的要求前面已经提到了，此处不再展开。这里要说的是为什么法律文书中尽量不要出现脚注？如果不使用脚注怎么证明自己的观点？首先，法律事务工作是一项非常讲求效率的工作，由于本书的主题便是效率的提升，所以在本书的各个章节读者都能体会到这种追求。中国古代人在阅读文本时，由于文字的记录习惯问题，眼睛是从上到下、从右到左进行扫描的。在当代，横排版简体字模式使人们形成了新的阅读习惯：从左到右、从上到下。而脚注的插入破坏了人们阅读的一贯性原则，使人们在阅读文本时不得不从原文中跳出来，不断地形成视线的往复性检索。这并不符合法律实务工作的效率性特征。此外，有些律师和法学教授所撰写的法律意见中还带有尾注的注解形式，就更不符合法官的翻阅习惯了。法律意见书的注解其实只有一种实为必要，那就是法条依据。笔者不建议引用学者著作。如果引用内容只是法条，形式上就完全没有必要放入脚注里。只要放在欲讲明的事实或观点之后即可，既方便观阅，也能迅速增强说服力（甚至可以用粗体字标出）。至于另外一种增强说服力的法源形式——判例规范，可单独梳理并打印出来供法官参考（重点内容可以在笔电上划出一并打印，或者形成打印件后用荧光笔标出），当然在大部分情况下它们更应放在庭审结束后出品的代理词中。

以上是庭审前的准备工作。即便已经是久经沙场的律师，笔者仍然建议将诉状、答辩状的要点用笔电写出并打印出来备查，既能防止遗忘要点导致法庭不能全面周到地总结争议焦点，同时也可以在陈述时更富有逻辑和条理性，最后也能方便书记员做记录整理（庭审完毕后针对书面文稿校正发言内容），可谓一举多得。

二、庭审产品的输出

实际上，无论是律师，还是检察官、法官，庭审作为汇聚各方技能"演出"的场所，都是最考验法律实务工作者应变能力、储备水平和思维推理能力的。优秀的法官通过一次庭审就可以锁定双方当事人的争议焦点进而推演出裁判结论。好的律师则可以借由庭审过程将不利变为有利，一举"反败为胜"。无论是刑事案件还是民事案件，笔者所闻所见的不少案件都有通过庭审推翻了前期证据资料所形成成见的案例。可以说，庭审过程既是最终法律服务成品生产的奠基石，同时本身也是各方不断汲取、输出法律产品的舞台。

关于庭审中吸收有效信息的方法，本书在前文已经作出阐述，即无论是律师还是检察官、法官，均应及时记录讲话者输出的谈话信息，并运用既有的知识体系及已经获得的事实信息不断形成判断。在此，本书想要说明的是庭审中的信息输出方法问题。

（一）事实调查阶段

1. 法庭陈述策略。

当事人有当事人的故事，律师有律师的想法，法官有法官的思路，那么庭审中到底应从哪条路径走下去呢？法官问张三昨天晚上干什么去了，张三说他现在穿着白色的衬衫。这就是说相声时会采用的包袱，二者之间完全风马牛不相及，以毫无关联性的对话博听众一笑。但在法庭实践中，这种情况不仅并非不会发生，反而常常发生。

这是为什么呢？因为当事人（或律师）和法官的思路不一致。当事人常常以为，他要对方支付什么样的赔偿，只需要说明情况 A 就可以了。而在法官看来，A 跟本案的待证事实没有关系，A 存在与不存在都难说当事人的主张能够成立。那么在法官看来情况是怎么样的呢？经过对全案事实的了解和判断，如果 B 事实存在，当事人的主张才能得到支持。所以按照法官的思路，一定会在庭审中拼命了解 B 事实到底有没有，如果有，具体的发生过程是什么。这时当事人可能有两种想法，一种想法是悟到了法官的意图，但自知根本没有 B 事实，所以既不说有、也不说没有（说没有就是对自己大大的不利），而是顾左右而言他，接着讲自己熟悉的 A 事实；另一种想法更为常见，是当事人根本没有悟到法官的思路，一直认为自己把 A 事实讲清楚了，案子就胜诉了。这样的结果就是法官一问 B 事实，当事人就一定说 A。所以说，相声包袱里所讲的驴唇不对马嘴好像夸张，但有其深刻的现实基础。而此时律师夹在中间，就进退维谷了。顺着当事人的思路说，不仅于产出的角度讲是无效的工作，反而易引起法官的反感。毕竟当事人仅打一次官司，而职业律师要经常性地参加庭审。如果经常和法官对庭时风马牛不相及，于自己的职业发展来说也未见得是好事。那么在庭审过程中比较妥当的信息输出思路是怎么样的呢？

　　这就需要运用逻辑学的知识来破解这种难题。法官想要调查的 B 事实是他一定要了解的事实。一味地顾左右而言他或不置可否不仅于己方而言不能争得实际利益，在某些情况下反而要受其害（如法官一再询问是否存在 B 事实都不做明确回答的情况下，按照证据规则的规定，可以认定 B 事实的存在；又如，在法官坚持询问 B 事实是否存在的情况下，当事人明知其存在而违心地否认，但 B 事实其实是可以通过现代科学技术手段证成的，一旦被证成，除了仍然要面临 B 事实被法庭确认的情形之外，还往往面临作虚假陈述的司法处罚，甚至可能构成虚假诉讼的犯罪行为）。所以一味回避自然是下下策。

　　如果 B 事实确实存在或确如对方当事人所陈述，那么对该事实的讲述要如何处理呢？首先，虽然 B 事实确实存在，且对己方当事人不利时，可以由对方当事人来进行描述。通过对方当事人的描述中是否存在漏洞，对方是否有夸大或缩小、隐藏细节等陈述内容进行分析和捕捉。其次，当法庭就 B 事实进行发问时，如果是通过评估、鉴定等手段能够确定的具体事实，一定不要犹豫地作出肯定性回复。这虽然显得非常"痛苦"，但如果对此完全不提，不作回复，那么后面作出任何的解释都有"矫揉造作"之嫌，当事人陈述将不再具有可信性，那么最重要的中期产品——庭审陈述就会被法官当作不实陈述的内容，而难加妥善考虑。如果是评估、鉴定等手段不能轻易证成的具体事实，是否需要承认就需要综合全案的具体事实和在案证据来分析决断了。虽然说否认不负担证明责任，但对方已经提供了比较充分的证据，在一般人看来都能形成 B 事实存在的心证时，一味否认的效果和上面的情况是相似的。所以站在委托人利益的角度上想，并非一体推翻对方的主张或抗辩才是成功的代理。在更多的时候，如何为当事人多争取一份利益或为当事人减少一份支出才是需要精思妙想的生产技术。只知一味进攻（主张 A 事实）或防御（否认 B 事实）的代理虽然可能在当事人到庭时表演得激情澎湃，但最好的效果也只是事倍功半，更多的情况则是输出了无效的产品，未能为己方当事人争得本来尚能争取的实际利益。最后，这是运用法逻辑推理进行产出的最核心环节，那就是在承认 B 事实存在的基础上的反驳。虽然 B 事实存在，但是对方所主张或抗辩的理由仍然不能成立。这是从逻辑学的角度反驳对方主张的最佳方法。这种方法折射到民事诉讼的实务中，就是抗辩。而刚才我们所提到的那种鸵鸟战术或一味不承认的意见表达，折射到民事诉讼的实务中，就是否认。抗辩产生新的要件事实，需要由抗辩人来证明，这固然对抗辩人来说是一种成本，但它的极大优势就是把案件审理带向了一种新的境地，一种双方当事人还没有对攻过的战场，这片新战场会产生新的生机。否认固然无须举证，但双方交战的场地已经满目疮痍，对方的主攻武器已经开火，能否仅凭否认来使对方的举证形成的事实陷入真伪不明状态其实多半已经是可以预判的事情了。所以说，法庭程序中，律师的发言内容核心就是上述法逻辑推理形成的事实推进过程，事实漏洞的发现过程。对于事实过程的陈述及分析，是奠定己方命运走向的基石。

2. 证据输出策略。

当然，口说无凭，事实调查阶段虽然也重视故事性的听取，但真到了关键时刻，口述都是次要的，证据自己说话是主要的。只有极少数的案件，形式书证完美，但通过庭审询问能给人以书证等直接证据不能采信，否则将有违头质公正的情形，而且即便是存在这种情况，能否"咬牙"按内心确认来处理，顶住形式书证造成的巨大压力，乃至日后申诉压力来斩断形式书证形成的优势事实，仍然是一个非常见诸法官个人能力、素养和担当的问题。在这里，我们主要论述的是"打官司就是打证据"这一普遍性的话题。

证据内容固然是庭审前准备好的，但由于要在庭审时集中表现出来，自然有其表现的技巧。怎样能做到缩短法官的庭审时间，让对方有针对性地质证，还能让法官便于浏览甚至"爱看"，这是庭审活动中最大的学问。笔者在这些年的庭审中见过各种不好的证据提交方式，如没有目录的、不编页码的、不分组的，都是手抄文件的，连证据保存的基本形式都没有的（书证在手机的电子相册里没有打印，试听资料存在手机中没有刻录光盘，证人不出庭、证言还是以录音方式保存在手机里的），证据资料只准备一套的，证据随想随交，到了最后陈述阶段又想起来提交证据的，申请证人出庭作证一次带来一百多人的等各种非常规的情形。上面的情形都不是呈现证据的优秀甚至是合格的做法。

笔者所审理的案件以二审居多，但在相当一部分案件中，笔者发现当事人提交的证据在一审中都交过，二审中提交的理由要么是忘了一审交没交过，要么是变换一种说法（证明目的）再次提交一遍。甚至有些一审没有交过的证据在二审中提交出来，并不是因为一审并未提交，而是交了"法官不要"或"法官不让交"。本来提交证据是当事人的程序性权利，当事人自主提交的场合应予质证。但有些场合下确实比较"过分"，和案件无关的破纸片、碎布头一股脑儿地提交给法庭，一个房屋买卖合同的案件用大型行李箱往法庭拉证据，每开一次庭拉一整箱，以至于到了法庭无法正常开庭的地步。在恶意诉讼制度尚未出台时，面对这种情况法官往往只能采用"不让交"等方式来处理。当然，这种极端情况下，当事人往往对于诉讼的结果有相当准确的预判，只不过通过这些程序性手段来实现其某些诉讼目的而已。但是对于绝大多数案件来说，当事人在打官司时并不知道结果最终偏向何方，即便认为自己有理，也会在证据上做足准备。这时的证据呈现、质证环节就必须用正当而妥帖的方法，才能收取最大限度的功效。

那么怎样的举证才算得上是工整严密，甚至能成为一件让人赞叹的艺术品呢？

（1）证据要有封面和目录。目录都很好理解，它让证据能够成为一本形式上的"书"，通过逻辑递进的关系形成己方所主张事实的一个支撑链条。目录除了使提交证据组数、个数让人一目了然，便于己方陈述、法庭记录、他人检索等形式上的功能以外，最重要的实质性功能便是证据名称和证明目的相匹配，使客观证据所揭示的具体事实由一座座孤岛连成一片大陆，从而实现己方当事人的主张。所以，一次优秀的证据呈现，单是通过目录就可以让人把事实内容贯穿起来。在书面证据目录中，所要达成的证明目的可以略微写得详细一些，或采用要点（粗体字）加展开（标准字体）的方式来列明。如果证据足够多（目录超过一页），尽量采用表格来制作。书面版本应将边框线条打印出来，在证明目的需要稍微详细论证的情况下采用横排版，最终以列表方式展现是最为工整的。这里给律师读者作出的提示是，如果能够悉数完成上述工作，自然会是一组令人赏心悦目的证据材料，但即便精力、时间有限，也千万不要做手抄本目录，这是最低标准。

虽然笔者见过各家制作证据目录的方法各异，但绝大多数律师都能比较合理地制作。不过，有一个小细节却是多数律师有所忽视的：那就是证据的封面。这里所说的封面并不是指一定要像书本一样，选用铜版纸或硬壳纸把证据材料包起来，而是指封面内容。虽然非常简单，但却是律师用心之体现。笔者见过许多证据目录，单刀直入，直奔主题，上来就是证据一，证明目的，证据二，证明目的……但有一个问题，谁提交的证据呢？什么时候制作的证据目录呢？这些内容没有写。有的法官也不在意这些细节，照单全收。结果开庭的时候双方当事人都交了大量证据，庭后又补充调查，开了数次庭，补充了数次证据。最后书记员整卷归档时就出现问题了：有的书记员并不参与开庭，根本不知道哪些证据是谁提交的；有的书记员即便参与了庭审，但由于从事的是事务性工作，当然不把庭审中谁提交什么证据放进脑子里。而且由于事务繁忙，自然也没有精心整理它们的时间，所以最后就是东一榔头西一棒子，卷宗目录中显示原告证据的地方塞入了大量被告证据，被告证据的地方也填入了不少原告提交的证据。案件承办法官自己再去回忆证据提交情况都吃力，而且也会让二审法院、再审法院阅卷时不得要领，容易滋生初审法官审案不够精细的疑心。到头来一方或多方当事人尽管在初审时已经精心准备了大量证据，但如此准备下当事人还要经受二审法院或再审法院更为严苛的审查。所以，这个小细节想请各位律师务必重视：只需要在证据目录之前加上一张白纸，印上某某当事人某时间制作（或提交）证据，共计几组多少份。这样一个细节将会在整个诉讼历程中为己方挣来不少便利，让法官评议时更具有便利性。

（2）证据通常要按对方当事人人数再附加一位法官提供副本数量。正本、原件按复印件排列好，以备庭审核查。这一点也是律师工作细心的体现。时至今日，许多律师都不太注意这一点，以为准备了一套翔实的证据就可以万事大吉了。从事法律实务工作的人都知道，在庭审举证、质证环节，总免不了一方陈述，另一方和法庭听取这样一个过程。如果证据繁多，即便是简要地宣读证据目录，耗时恐怕也太长。举证环节不同于事实调查环节，所陈述的证据并非线性的、流动的，能够为人类大脑迅速感知的"故事"，而是支撑起"故事"的骨架。那些物证、书证都是一份份枯燥的材料，宣读过程很难使听者仅靠倾听便入脑入心。这时候，如果举证方只准备了一份证据材料，那么对方当事人也好，法官也罢，只能在法庭里坐着"干听"。这就造成了这样一种场面：说者怡然自得，认为己方的证据翔实充分，而听者对于证据的详细内容毫无认知，信息吸收效率非常之低下。而在质证环节中，对方当事人已经拿到了证据可以全面审阅，但举证方的辅助性说明又已经不再，这个环节就只能"干看"。而法官作为最后一道手，往往也要验看证据，为日后认证环节打基础，这样就又造就了第二个"干看"的环节，这不仅是浪费庭审时间，最终也浪费己方时间的做法，更为重要的问题在于己方所要表达的信息不能有效地传递给对方当事人和法庭，特别是后者，那么对于己方精心准备的诉讼资料而言效果便大打折扣。有的律师认为证据资料较多，全部打印多份过于浪费；有的律师则心怀对对方当事人进行证据突袭的想法，故意不准备对方当事人份的证据，当然顺带也不能准备法官份的证据，因为一旦准备两份证据法官往往就会责令当庭交付对方一份，难奏突袭之效，趁对方混乱让对方无意间作出不利陈述。实际上，如果证据资料过多，如建筑工程施工案件中装订成数十册、数百册证据，那确实仅制作一套就够了，因为这类案件不可能当庭举证质证，这一程序只能放在庭前会议中解决。在法官清点完证据目录，交对方当事人接收后，由对方当事人庭下阅读并撰写书面质证意见，并将证据连同质证意见一并交还法庭即可。这往往适用于中级人民法院、高级人民法院审理一审案件的做法。但是，对于多数需要当庭举证、质证的一审、二审案件而言，至少要准备两套证据以供听者同时观阅：对方当事人份和法官份。这样不仅大幅提高了己方信息输出的有效性，能让对方、更重要的是让法官边听边看、入脑入心，更会赢得法官对该方律师业务素质、职业水平的赞许，自然也会微妙地影响案件的实体走向。对于己方而言，如果无必要可以不必打印成纸质版。按照本书前文所述的分析、整理技法，将证据电子版素材留存笔电中，庭审时随身携带笔电备查即可。因为日后己方的证据律师也要留存归档，使用电子载体方式归档与举证前就做好这一准备工作正好在流程上连续，避免二次做功。

（3）证据要进行版式规整，方便入卷。在笔者刚进入法院工作时，曾经遇到过不少奇形怪状的书证材料。它们大多数是证据的原始载体，既可以说是内容上的书证，也能说是形式上的物证。比如，当事人出具的借条，那个年代不像如今，借款合同和借据都是机打的。那时当事人书写借据通常都是手写，而且是随借随写，临时在手边抽出一片纸片或纸条就能写下欠条、借据。当时不少律师的诉讼理念都是提交证据要交原件，所以就把这些珍贵的"历史资料"交了上来。甚至笔者在整理卷宗档案时还发现有不少当事人提交的房产证原件、结婚证原件被拆解撕开，粘贴在 16 开纸乃至后来的 A4 纸上归档的情况。当然，随着诉讼理念的更新，提交证据原件供归档使用的情况几乎已经不复存在了。一般场合中，各方当事人均会提交复印件归档（除非当事人自行参加诉讼且诉讼能力较低时还有提交原件的情况），原件仅供当庭核对，这一点前文已述。这里所要提示给律师读者或亲自参加诉讼当事人读者的一点是，证据要从形式上进行整合，把能够以相关载体承载的证据归类，在每类项下保持风格统一。其实民事诉讼法虽然规定了许多形式的证据，但在绝大部分案件的绝大部分场合下，当事人所提交的证据都是书证，书证也能够随同其他诉讼材料一起装订成册，形成我们通常所认知的案件卷宗。所以这要求书证材料（各种复印件、打印件）必须使用法院归档所采用的规格：A4 纸张。对于多数证据材料而言，无论原件是小幅纸张还是稍大幅面的纸张，都能通过缩印或扩印的方式处理成 A4 幅面。但某些特定类型的证据，往往容易引起人的忽视，那就是从银行、通讯公司、网络运营商处打印的原版证据。虽说是证据原件，但实际上多由针式打印机或热敏打印件印制，上面加盖有公司的印章。提交这类证据一般供核对账目、往来记录使用，特别是在数据量大的情况下，往往律师也不愿整理，就把这些原件直接提交法庭。因为虽说是原件，但权利人可以随时打印取得，没有稀缺性，所以更没有复制的动力。这些资料中，有的制式印刷文本是特种格式的，并非 A4 幅面，在卷宗整理、装订时会有较大的不便，装订以后阅读起来也会不便（如装订线处有需要取用的关键信息时就看不到了），所以在尽可能地情况下也要做格式上的整理。

提供一套格式统一、风格统一的规整书证本身也是一件令人赏心悦目的艺术品。在此之外，也能在最大限度上减少书证页码缺失的概率。

书证之外的另外一大载体是视听资料的承载物——光盘。本书在前文硬件工具部分提到了笔电光驱的重要性。这是近年来随着电子计算机技术的发达而越发普遍的一类证据载体。由于保密性、长期保存性、独立性、安全性、归档便捷性等特征，笔者认为在相当长的时间范围内，光盘都仍将是这类证据的唯一载体。

光盘载体的制作要留意内外两个环节：从内容看，由于光盘储存容量较大，一张普通 D5 光盘能够储存 4.7G 容量的数据电文，一般情况下提供多段录音记录、多段视频资料，乃至不易打印成标准文本的书证电子版本（如工程施工设计图纸），都能塞入一张光盘。所以，在多段资料刻录在一张光盘上的时候，要注意设立不同的文件夹以供分组。录音、录像内容千万不要把录制设备中直接导出的 001、002 或 A、B 之类的自动生成的文件名直接作为文件名刻入光盘。笔者曾遇到过不少这样的先例，一张光盘上视听资料内容一大堆，不知道哪段资料是什么时间录制的什么内容的资料，需要法官逐一打开，从头听到尾才知道是什么时候的录音录像、说的是什么内容。对于缺乏耐心或根本无暇逐一去听的法官来说，这些已经作出的准备工作就相当于打了水漂。证据准备是诉讼过程中最重要、往往也是最辛苦的工作，这件工作要么完全不做，要做就要做到位。九十步都走了，还差最后的十步吗？

对于各个文件的起名就是资料刻入时的最大艺术。第一，证据名称中应包含哪年哪月哪日的时间信息。第二，在文件名允许的情况下，尽量用极为凝练的语言囊括这段音视频资料主要说明了什么问题。这样，举证环节时自己就不会慌张，不必一段一段地搜，看哪段说明了什么问题；质证环节时对方当事人能更有针对性地看与听，发表更有针对性的意见；认证环节中法官能迅速找到自己想要的答案，为心证的形成奠定基础。这是光盘资料的内部形式要求。

光盘证据的外部形式要求指的是光盘的外表。这是最需要注意却最容易让人不注意的地方。光盘这种载体和一般纸面大小迥异，当庭提交的光盘一般会被法官夹在卷里。光盘体积小，比纸张光滑的特性决定了它特别容易从卷宗中滑落。不仅是笔者，许多同事也遇到过这样的问题，在卷柜中储存的卷宗被一本本翻阅、查找时，夹在卷宗中的光盘最容易脱落。而作为证据提交的光盘一般封面都是白盘，如果不制作封面根本就不知道是哪本卷宗中掉落的盘片。特别是在现代诉讼中，提交光盘的情况越来越普遍，卷柜底部积累出多个掉落的光盘时，很难分清哪个光盘是哪个卷宗中的。而且有的当事人在庭审时未找到决定性证据，庭后找到录音录像资料赶忙刻制成光盘邮寄给法官，寄信封面上又不写明寄件人的名称、案件的名称或案号，法官打开信封会看到一张空白光盘，没有封面也没有标签，试听以后也无法确定是谁和谁之间的谈话，这就相当于努力做了一件无用功。所以一定要注意光盘的外在形式要求：或者在盘面上用合适的笔具书写案件名称和提交光盘的当事人信息，或者使用便签、口取纸书写上述信息后用透明胶带把纸片封在光盘表面上。光盘在提交的时候要有基本的保护措施，如磨砂外壳或光盘袋，不要把裸盘提供给法庭，光盘的光学储存性质决定了盘面受伤严重时将影响它的播放效果。

在上面的证据形式中，有一类值得特别一提的是录音证据。在视听资料中，录音证据比起视频证据来说占据了这类电子证据的绝大多数，重要性不言而喻。尽管录音证据要原原本本地呈现出来，就非要采用光盘储存的性质不可，但光盘形式的证据不仅不便于质证（部分法院不具备播放光盘的条件），而且不便于检索、查阅。所以对于这类重要的资料来说，准备的时候要注意以下几点：首先，光盘一定要刻录，这是为证据入卷做准备。其次，要准备当庭能够播放的工具。笔电内置光驱自然是最完美的播放方式，可以做到严丝合缝地推进证据的展示。但本书在前文的硬件部分已经说明，现在绝大多数笔电已经取消了内置光驱的功能，随身携带外置光驱不仅增加重量，也容易增加遗失的概率。此时，笔电和手机的功能便相同了：它们都是单一的播放音频信息的设备，而不是完全还原光盘内容的设备。但在绝大多数情况下，光盘内容就是这些音频信息刻录而成的，所以二者是一致的。笔者更为推荐携带笔电来播放这些信息。一来笔电的外放喇叭往往高于手机的功放，可以获得更大的音量；二来笔电中的文件夹及文件名更方便查找，而且还能通过各种软件标记音频位置，直接播放关键节点录音内容，省去了法庭不少时间。即便是拖拽式播放，操作起来也比手机精度更高，更为便利。值得一提的是，笔者在所开过的数千个庭审中，有的律师不仅在开庭时带来笔电用以播放录音证据，还随身携带了一个便携式音箱，让笔电羸弱的单声道变得立体而深远，此举可谓是将精细化、人性化服务思考到了极致。在没有标配扬声器或扬声器的老旧法庭中，这样一种准备能让法庭节省不少由于听不清内容而反复听取所花费的时间，殊值赞许。最后，录音证据要整理成文字版，并把关键词、关键句用荧光笔标出，或直接在打印时使用彩色字体或有色背景打印出来，在页码上也要标出痕迹。前文已述，录音证据无法做到随时随地听取，如法官要依靠录音证据与合议庭成员合议案件，向法官专业会议乃至审判委员会汇报案件，显然不可能像恢复庭审调查一样把录音在现场听一遍。这时法官手中拿着录音材料整理好的文字版信息，并勾画出关键信息，只要把它们读出来就可以作为法官认定事实的主要依据。所以说录音资料的整理方法是一种介于书证和视听资料之间的技法。需要让人听得见，读得到。当然，录音资料的转化、整理方法就像前文所讲的，一台科大讯飞的智能录音笔，或者讯飞的"听见"App都可以解放大部分劳动力，只要稍作后期整理即可。

（4）证据材料要与证据目录相互契合，二者形成水乳交融的相乘效果。后面本书还将提到，证据的书面形式和庭审举证发言是有差异的。书面形式可以制作成简单版和详细版两个版本。详细版证据目录可以结合证据的具体内容进行分析。如果能采用夹叙夹议的方式来说明，就可以说得上是完全的证据呈现方式了。方法是这样的：证据一想证明什么目的，如何体现这种证明目的呢？证据一中双方当事人于某年某月某日的聊天记录中谈论过这一问题，其内容是这样的。此时就可以把证据一中特定的节点信息内容通过电子截图的形式直接插入证明目的的议论中，并且在议论的结尾处指明上述内容在提交的全本证据资料第几页，在后面的第几页中再回环性地批注对应于前面第几点证明目的的第几个子项内容，这就可称得上是值得赞叹的法律产品了。除此之外，在证据分多组的情况下，无论证据整体上是否胶装成册，都应在每组证据的第一页右侧，从上到下式地粘贴口取纸作为证据分组的标签，在口取纸上写明证据组号，全部粘贴完后翻检证据册就如同读字典一样，ABCD各首字母能迅速定位。这样一套井然有序的证据册附上夹叙夹议的双版本证据目录，不仅是律师诉讼诚意的体现，也是律师思考方式、工作方法高精度化的体现，它一定会迎来法官的赞许。

（5）证据要分组，组内证据证明目的相对统一；大组之间要层层递进，把事实推细、演活。这是证据的内部逻辑问题。通过内部逻辑的演进，能够剔除许多与待证要件事实无关的证据。许多当事人亲自打官司时，连破布头、烂棉袄都希望能提交给法庭，但事实上这些东西和案件的待证事实成立与否往往并没有相关性。律师通常经过系统的法学训练，自然不会事无巨细一股脑儿地把材料都提交给法庭。但在精细化程度上，不同的律师还是有区别的。比如，对于要件事实论有所研究的律师，能够准确地确定要件事实，从而将证据分门别类地整理好，以层层递进的形式最终把证据连成一个精密的回环。而对要件事实或请求权基础感悟较低的律师，提交的证据就相对比较散，不像前者那样有章法。至于要件事实也好、请求权基础也罢，都有大量的专门书籍来论述，本书并不以此为论题。这里想要向读者强调的是，要件事实论和请求权基础检索法是由法理和实务工作者整理出来的一整套理论与技术体系，需要专门去学，学以致用。而在那些法律专业技术之外，即便从一般的工作方法上看，也不是没有磨炼提高的空间。对证据的分组、分类与整合就是这样一个过程，它不仅帮助我们把证据整理得富有逻辑而且规整好看，更为重要的是在分类（多数是按照具体的证明目的）的基础上，我们会仔细思考分类的依据，这样的分类是否周延、能够形成闭合证据链，从而在证据链闭合的前提下把冗余部分除去，使证据更为纯化、干净，以最少的材料完成最大的证明效果。

（6）如果是建筑工程施工合同案件，证据往往较多，需要作胶装处理。一般建筑工程施工类案件证据可能有数册、数十册甚至上百册之巨。这种情况下应将页码从第一册首页开始连续编号，直至最后一册。证据目录不要只放在第一册，每一册的首部都要放入证据目录，目录本身可以不入正页。如果册数在十册以上，建议制作成总目与细目的形式，便于查阅。毕竟这类案件标的巨大，动辄数十亿元或上百亿元。如果证据总量卷帙浩繁，需要用车来拉的地步，而这些证据就像普通案件一样，用曲别针或订书钉一份一份地别起来或钉起来，那是不可想象的。

（7）注意书面证据和庭审举证发言的差异。我们把证据材料全部准备好以后，在庭审上叙述的内容和书写、打印的内容是有所区别的。这就像我们做演讲和写文章的区别一样。写文章要用书面语言，讲究逻辑性；而做演讲要用口头语言，讲究生动性。法庭举证质证环节也是如此，如果只是宣读那些写得晦涩、长句频出的书面语，时间长了对方当事人和法官的注意力都很难保持集中。所以要像使用幻灯片做演说那样，把书面文稿（证据目录的简版）作为提示线索向对方当事人和法官生动地说明。证据是孤立的，是"死"的，说的时候却可以把证据指向的事件说连续了，讲"活"了，也就是把想用这些证据"圆"一个什么样的故事做好了，这时的举证目的就达到了。当然，后面的问题就是证据充分不充分，能不能让己方讲述的故事达到高度盖然性的问题，那是证据的证明能力的问题了。至少在举证环节，中心工作是让对方当事人和法官听懂这些证据是如何与事实嫁接的。能针对庭审事实调查环节把举证这件工作的本质想清楚了，那么工作的方向就不难确定，工作效率也将会得到飞升。

（二）法庭辩论阶段

对案件法律适用产生重要影响的发言出现在法庭辩论环节。关于案件的法律适用问题，虽然在本质上是法官径行解释和适用法律，无须各方当事人来举证，但法官也无法做到对所有案件类型的法律适用均了如指掌。在处理个案的过程中，法官也需要查阅法律、法规、司法解释、会议纪要和权威案例等法源。法官解释法律的方法本书在前文已经探讨过。如果你是一名优秀的律师，就会发现律师在法律解释的活动中其实大有可为，可以说是法源的传声筒。律师对于法律的理解、解释、寻法都可以作为法官工作的前提。有经验的律师能够把法官的思维引向有利于己方当事人的法律解释方法上来。虽然说，律师的法律解释方法应该就是其提供的法律产出成品，最终可能体现在庭审后提交的代理意见中，但在庭审环节，在当事人交互攻错的过程中，律师的法庭辩论是非常重要的，决定了法官能否采信律师的这种主张、那种抗辩。在大多数情况下，庭审结束以后，案件的处理方向就"定型"了。

很多律师都意识到法庭辩论的这种重要性，那么律师庭审辩论环节需要留意哪些要点呢?

第一，辩论要紧扣事实，在事实的基础上超越事实。这需要理解辩论环节的本质。辩论是法律适用意见的交锋不假，但它有一个前提为基础：那就是在法庭事实调查形成的成果基础上谈适用法律。所以千万不要抽象谈法律、谈法学、谈原则，而要紧扣本案的前提事实来谈法律。这里面一个重要桥梁便是证据规则的适用。证据规则是一个渡桥，它把一个个证据和具体的事实能不能成立（是否符合高度盖然性标准）、能不能适用这条法律结合起来。所以在法庭辩论环节，首先，要在事实调查基础上谈己方的证据能不能形成己方主张的事实，能不能推翻对方主张的事实或者让对方主张的事实处于可能存在或可能不存在的真伪不明状态。其次，则是在己方主张事实成立的情况下，应该适用什么法律法规或司法解释，成文法的规定是否清楚明了，如果存在法律解释上的歧义、冲突、漏洞，就需要进一步阐明自己的观点和自己观点的依托。此时应该注意的是，这种依托首先要去找有权机关的解释、上级人民法院的权威判例或案件审理法院的先例，在这些内容均不易找到的情况下，再运用学理进行解释。有些学院派律师则是相反，在法庭辩论阶段大讲特讲法教义学的内容，而不注重其他内容，这就往往容易造成适得其反的结果：一来教义学虽然可供参考，但毕竟不如有权机关作出的解释那样让法官用起来放心、觉得保险；二来让法官觉得有卖弄学问之嫌，这种情绪虽然谈不上会对实体结果造成显著的影响，但可能也会或多或少地渗透到自由裁量空间的尺度上。只要记住法庭调查、法庭辩论的目的是为法官心证形成而产出的工作，并非给对方当事人或法官"上课"，也不是给己方当事人或旁听庭审的徒弟"表演"，那么就能顺应法庭活动的本质，有效地完成自己的工作。

第二，辩论要起始于己方对于法律关系性质的主张，聚焦于法官总结的争议焦点，着重于突破对方的主张或抗辩，终结于个案（本案）的法律适用。在笔者所开的数千个庭审中，辩论阶段存在问题的情形多是出于对辩论活动的本质理解止于半途。比如，有的律师认为，辩论环节就是把诉状、答辩状中的法律适用意见再念一遍，突出己方的法律适用主张。有的律师则变身成角斗士，要在辩论阶段把对方驳得体无完肤，以至于法官安排两轮辩论这样充足的发言程序，到律师那里就像刚刚清了嗓儿，还没有正式开火。有的律师则分辨不清辩论环节和调查环节的本质区别，在辩论环节把调查活动所确定的成果作系统性总结，开始详细地讲述案件事实（故事叙述），完全没有寻法、找法的态度。有的律师固然认识到辩论活动的本质，但在法律适用环节又走得太远，抛开本案的具体事实去讲抽象的法律要件。这些往往就是没能理解辩论环节的起承转合运作机理，从深层上说，是没有思考法庭辩论环节到底是要达到什么目的，自己要配合这种目的作出什么样的信息输出等问题。辩论环节的主要活动自然是讲述双方当事人关于适用法律的意见，但为何这一环节需要由当事人及其代理人来谈法律适用意见呢？法律适用本属于法律的解释问题，最终是由法官径行完成的，本身并不需要法的查明问题（涉外案件准据法的查明除外，此时准据法的调查在本质上是事实查明的一部分，只要看到外国法最终无法查明时适用中国法的规定就知道这种性质了），其前提预设便是法官皆知法律。既然无须当事人动作，为什么还要专设这样一个环节呢？

　　答案就在我们当代民事诉讼活动的本质上。现代司法，特别是民事诉讼活动，本质上就是平等当事人之间人身关系、财产关系在法庭程序上的投影，所以才有了辩论原则、处分原则作为民事诉讼的基本原则。这就要求现代司法要围绕当事人主张的法律关系性质来审，原告没有主张的，被告也没有抗辩的法律关系，法院能径行认定吗？一般情况下是不能的。原告主张 A，被告抗辩 B，法院审查后认为是 C，能直接判成 C 吗？当然不可以，那样就超过了原告、被告两造的预期，就失去了尊重当事人、尊重权利观的立法初衷。除非涉及合同无效这种为了追求更高社会价值时所要援用的制度，可以不受当事人是否主张的限制。

　　至此，我们了解到法律适用虽然是法官径行对法律作出解释，但还要专设辩论环节的原因：即便法官要适用法律，也要听取当事人关于法律关系类型、法律适用的意见。这就是辩论原则贯穿民事诉讼活动的体现。当事人都没有主张或抗辩过的法律关系，法官不得直接认定，否则将突破全体当事人对案件走向的预期。这根本上同民事诉讼活动保护当事人权利的制度设置是相一致的。既然法庭辩论的起点源于当事人的主张或抗辩，律师的辩论原点就来自方对于本案法律关系性质的主张，升华于对对方当事人主张的反驳（基于民事诉讼的主张共通原则，对方当事人所提及的法律适用问题也可以成为裁判的基础），这就是法官为什么要听取双方当事人法律适用意见，进而要专门设立法庭辩论环节的最重要原因。这一点就要求律师在法庭辩论阶段要始终把己方的主张作为立论之基，而不是参加辩论大赛，时刻准备对对方的每条信息都精心筛查并逐条批驳，直到把对方驳得体无完肤。那样便会本末倒置。除非在本案的审理中，原告主张某种法律关系，被告并未提出抗辩事由，无须论述新的事实所产生的法律关系，只是单纯否认，正面迎击原告的主张时，才需以驳论为基础。这是本书从辩论发言的内容上看所作出的提示。

如果说辩论是法庭程序中最富有逻辑性的程序，那也是因为法律适用的解说具有层次感，不像具体事实那样零散。如果要把辩论意见安排得富有逻辑性，那么也要从形式上下功夫，把自己的发言整合成具有形式美感的作品，整合成法官喜闻乐见的作品。这根形式论的纽带，就是法庭总结的争议焦点。在法庭辩论的时候既要不忘初心，不能远离自己所主张的法律关系和自己希望适用或不适用的实体法规范，当然也不能完全不理法官，把法庭总结的争议焦点当成耳旁风。如果只是自说自话，完全按照自己的主张来发表辩论意见，不仅可能造成对争议焦点解释得不够完整，更为重要的是这种做法让庭审辩论环节变得没有必要。法官总结争议焦点的目的在于通过对焦点的分析逐步导出本案判决的结论。如果发言并没有按照争议焦点的顺位来进行，法官就要从整体的辩论意见中一点一点地去寻找。这还得说是能够从辩论意见中提炼出各个争议焦点的意见的情况。如果辩论意见中完全没有涉及某个争议焦点的内容，相当于律师把这块阵地直接让给对方当事人去占领了。当然，对方能不能冲上这块阵地也不好由此完全确定，但从概率论上讲，多了一轮对方当事人说服法官的过程，总会使结果朝着努力做功的一方发生倾斜。这里需要注意的一个问题是，好的（有效的）争议焦点都是针对案件事实的，而非针对法律适用的，后者是纯粹法的解释问题。辩论意见是适用法律意见，那么在这种情况下，辩论要怎么样从形式上围绕争议焦点这种事实争执点来开展呢？答案就在于上文提出的将事实与法律适用连接起来，进而展开的方法。原则上看，法官总结的争议焦点是针对具体事实的存否，多个争议焦点说明双方当事人就多个具体事实存在争执。在这种情况下，要针对每一个争议焦点，也就是每一个具体事实，首先阐明已有的证据、当事人的陈述能不能说明该事实的存在（法律真实的成立性问题），再把这一事实存在或不存在所引导出的法律效果讲出来。在讲述各个具体法律事实的法律效果时，要把己方所主张的法律关系类型和法律观点"揉"进去。这时的法庭辩论就是一篇形神兼备的精彩法律产品。

第三，辩论要根据法庭调查的形势变化而适时调整。经过了法庭的事实调查阶段，辩论意见和庭审以前所撰写的初步法律意见完全相同，恐怕就把法庭辩论的发言变成了书斋里面闭门造车的产物。多数情况下，法庭事实调查的过程中会体现法官的审理思路，如果能在庭审中体会到法官的思路，并巧妙地契合法官的思路，把法官的问话所调查出的事实，甚至所揣测到的法官可能形成心证的具体事实作为法律适用的前提，在此情况下展开辩论，那么成功的概率就会陡然增加。

第四，辩论切忌长篇大论，应择要点而道破法律关系的本质，进而阐明所适用的成文法以及成文法为什么要这么解释（本案的事实需要以符合立法目的的形式作出怎样的评价）。不要把法官当成门外汉或法学院的学生，在法庭辩论环节宣讲法教义学理论知识。这并非说法教义学的理论探讨在个案中是禁忌，只字不能提，而是要说在法庭辩论环节是禁忌。这样说的理由主要有两点：其一，法庭辩论环节的本质是扣在事实调查环节之上的本案法律适用方法问题。在辩论阶段应就着事实调查的"热乎劲"，在事实成或否的基础上讲它们的存在能导致哪些法律效果的出现，这些法律效果将是如何引导本案判决走向的。所以辩论环节是在依靠调查环节基础上的适度起飞，不能一下就飞到九霄云外了。辩论也是法庭辩论，而不是抽象地讲法学的内容。在辩论阶段讲授法教义学甚至法哲学，就未免离题过远。其二，不管法官的学术造诣如何、法官的成文法掌握情况如何、法官的断案经验如何，法官也是一个个有血有肉的个人，在法庭辩论场合拿法官当自己的学生给他们"讲课"，本身也是职业角色安排不正的结果。除给到场的己方当事人本人、给自己带来的律师助理表现自己的"风范"外，并不能收到什么良好的结果。从笔者二十年前到各地不同的法院实习，再到笔者参加司法工作后亲身体会的各位法官同事的工作方法来看，哪怕是时空巨大变换，这一点却是共通不变的。那么真遇上成文法没有明确规定、权威判例又找不到，确实需要法教义学上阵的情况要如何阐明这部分适用法律的意见呢？不要着急，这时就需要留待庭审后篇来分解。庭后沟通程序中，对于喜欢研究的法官来说，有的还非常喜欢这种"起飞"的张力。

三、庭后产品的输出

从原则上来看，法官的心证往往都在法庭过程中形成的，关于事实的看法在庭审结束后多会固定卜来。但是，这往往限于线性法律关系的案件。对于复合合同，或者对于一个合同中争议焦点繁多的案件，庭审结束后方才拉开事实战争的序幕。比如，某些民间借贷纠纷中，双方当事人频繁转账，款项有借有还，所还款项又不足以抵充利息，而利息又逐期计入本金，本金又不断累加出借。在这种案件中，通过庭审活动来确定关于基本事实（本案的基本事实便是借款人尚欠款项的数额）的心证是不可能的。又如，在建筑工程施工合同纠纷中，双方当事人对于增项的争议巨大，小到抽水马桶，大到主体设备，大大小小数百项工程是否为工程增项双方都有分歧：有的没有标识在图纸和工程量单中，系施工过程中达成的变更，但即便如此在变更责任无法分清的前提下也难以认定为增项；有的则属于隐蔽工程无法验看；有的属于原约定就不明，实际采用了某一价位的材料后一方主张明显高于合同约定的一般标准，而另一方则主张实际用料就是依照合同执行的；等等。单就工程增项来看，就相当于审理了数百个小型承揽合同案件。通过庭审过程来查明这些事实几乎是不可能的。这就为律师在庭审结束后持续性产出并对法官心证形成不断施加影响提供了实质性的契机。笔者存在这样的感觉：在商事审判工作中，通过当事人口头意见的陈述是无法形成对案件事实的判断的，如果书证提供到位，无须口头审理过程亦能解决案件处理的问题；民事审判工作则相反，传统民事案件中书证资料往往匮乏，询问当事人技术往往起到确认内心心证的作用。当这种书面审理可以形成案件处理的主要方式时，庭下沟通便成为律师出产生产力的主要环节。这是从事实查明、事实补完的角度上看庭后作业的重要性。

此外，关于法律适用意见的阐述，在法庭辩论阶段不宜做学理性、抽象性较强的阐述，但在法庭程序结束之后，还是能够通过口头或书面的方式向法官表达己方意见的。对于商事纠纷来说，一方面和传统民事案件相比概念比较新，只凭朴素的正义观得不出结论；另一方面实践中已出现了新的交易形式，对这些交易的规整往往融入法政策的动态调整范围内，如全国法院民商事审判会议纪要的形成就针对商事领域的一些较新问题给予法理上的、政策上的调整。而这种新型的法律关系或调整模型未必能被法官及时了解。律师在庭审后的法律意见沟通有时能起到扭转乾坤的作用。

到了这个环节，可以说是律师生产产品的最终环节了。成品的质量如何，往往在这最后一个阶段得到检验，就诉讼过程而言，律师的生产活动也将落下帷幕。所以这一阶段工作的重要性是不言而喻的。在此，笔者也把这些年来与律师沟通的所见、所学、所想、所得与诸君分享。

（一）沟通的形式：口头或书面

庭审阶段过后，案件的基本事实往往呈现三种样态：已经查明或无法查明或待进一步审查。对于已经查明事实的案件，试图庭审后扳回法官的心证不仅徒劳，而且有违事实陈述需两方同时在场，双方交替陈述的程序性安排。如果是为了强化法官已经形成的心证，更是浪费律师和法官的珍贵时间，也无此必要。所以在事实已经查明的情况下，无须庭后沟通事实问题，所需沟通的重点在于法的适用问题。这属于法律解释的范畴，书面表达显然比起口头陈述更为妥当：一来法律适用问题专业性强，法学的根干就在于此；二来法律适用问题不宜亲见法官或与法官通电话口头沟通，这样容易与法官形成辩论。本来律师并非合议庭成员，其提供的法律适用意见系供合议庭参考，如口头沟通，在绝大多数场合，只要与法官的观点不同便容易形成辩论，这是不必要的。根据工作程序，如果法官们意见不同，在合议时出现复数意见，自然会由法官专业会议、审判长联席会甚至审判委员会来讨论，如果法官和律师讨论案件适用法律情况，则与法官组织法的相关规定不符。另外，在庭后与法官通话讨论案件，未免有获取法官意见，从而探听审判秘密之嫌。在司法公开进程还没有开展到法官个人意见公开，宣判以前心证公开的程度时，案件在宣判前处理思路、评议情况都可能属于审判秘密。如果律师通过口头形式与法官进行沟通，由于口头沟通的双向性，难免不会探取合议情报，这自然也违反相关规定。如若将探听到的法官想法泄露给当事人，由此造成不良后果，甚至要负相关法律责任。所以，在第一种样态下，显然应以书面沟通作为主导形式。

对于事实已经确定无法查明的形态，实际上与事实已经查明的情况类似。这主要是指支撑案件主要事实的关键性证据无法查到，间接事实的证据链条又无法形成的情况。在这种情况下，就需要依据证明责任来决定是否适用有利于该方当事人的实体法规范了。这种样态下，双方已经都拿不出有效的证据来支撑自己的观点了，庭审后对事实的再补充便没有必要了。所有的补充都是（当事人、代理人）陈述，没有采纳的可信性，自然无须再补充事实。此时律师的主要任务同第一种样态一致，主要是提供法律适用的意见。当然，首位的法律适用意见是关于证明责任分配的意见，第二位的才是实体法规范的解释意见。这仍然都应以书面沟通作为主导形式。

对于事实尚待进一步审查的案件，就比较复杂了。有些案件属于线性法律关系的案件，法律关系本身并不复杂，但庭审过程中还欠缺关键性的证据支撑起主要事实，或者说当事人对于案件发生经过的解释还有漏洞，对于细节的阐述不连贯，有可能被对方当事人的主张攻破。有的是法官当庭对事实作出了询问，需要当事人庭后回复；有的则是法官当庭没有做明示性的提示，但庭后律师认为有必要根据庭审情况再把某部分事实细节补充完整的。有些案件本身法律关系复杂，或事实争议焦点繁多（如核对账目、核对增减项），庭审程序根本无法有效解决这些具体事实的查明，需要多次庭审或询问程序等进一步来查明事实。这些情况很难一概而论。那么这时采用什么方式与法官沟通更好呢？

既然本书一贯秉承事物本性的理论来看待具体问题，在这一问题上当然也要依庭后沟通内容的本性来说明这个问题。首先，如果案件法律关系是单线的，所要做的说明是把事情"说圆了"，让具体事实的血肉丰满起来，这时不妨与法官电话沟通。即便律师不主动为之，许多法官在对这种情况心存疑惑时，也会打电话或约律师面谈来肃清心中残存的"疑惑"，为检验心证形成的正确性而扫清障碍。这种"讲故事"型的庭后沟通以口头形式最为方便快捷、而且也容易打消法官疑惑（书面形式有故意梳理叙事内容、不能实时交流以供法官发现问题的弊端）。其次，如果案件的法律关系呈现复合型、多条线索杂糅的状态，那么庭后沟通不仅需要一次，也绝不是"讲故事"型的还原历史事件，而是要针对争议焦点事实做多维度的、分层次的、有依据的补充。这时当然不方便通过口头形式补充了：一来口头沟通次数过多，显得占用法官时间过多、过于频繁；二来在法律关系复杂或事实争点繁多的情况下，口头沟通的逻辑性较差，难以全面提供信息情报；三来无论采用何种方式沟通，作为同时处理数十件甚至上百件案件的法官而言，接收信息后的遗忘率是比较高的。如果只是讲述故事，就人类的一般记忆结构上看，尚可在一段时间内有效。但如果是争议焦点繁多的情况下，需要从逻辑结构上、具体数额上去记忆的话，将是非常困难的。比如，庭后把没有对完的账讲述给法官，这种单纯数字的记忆几乎是不可能的。在这种情况下，需要能够有载体固定的，方便反复观阅的沟通形式，这自然首推书面形式。

所以从上面的分析来看，庭后律师与法官的沟通应以书面方式为主，在个别情况下有针对性地选用口头方式沟通往往能够起到更好的沟通效果。

（二）口头沟通的要点

法官的工作非常繁忙，在庭审结束之后往往就要把主要经历投入其他在办案件中，所以庭后的口头沟通不仅需要技巧，还需要耐心。如"找不到"法官，是因为法官组织的本案庭审程序虽然完成了，但需忙于组织其他庭审、调查或撰写判决。如果每个案件或者说多数案件开完庭以后都要接待律师的口头沟通，乃至是双方当事人的口头沟通，法官根本不可能顺畅地开展审判工作。所以口头沟通的一个特点是"故事"的补完非常有必要，能够打消法官形成心证的最后疑虑。那么有哪些场合属于这种情况呢？

第一，法官在庭审中重点核实的某个问题，如果双方当事人在庭审中都没能给出令人满意的答复，法官就此刨根问底地调查的情况下，这方面的情报应该就是法官主动想要获得的。如果这方面的事实补完能够形成有利于己方当事人的情况，应在庭审结束后把相关事实细节弄通、弄懂，再与法官来沟通，向法官讲述。

第二，庭审结束后法官主动约谈律师或给律师打电话想要核实清楚的事实细节。如果是法官主动找到律师，那么此时多数是对于该方的一个良好契机。如果该方的陈述属于无厘头型的，或一般理性人听完该方陈述后多不会形成有利于该方判断的情形，法官一般是不会打电话给该方当事人来核实问题的。如果法官主动打电话了，那往往是法官不确定能否下决心形成心证而存在疑惑，也就是说虽然该方陈述的事实有了比较高的可能性，但还有漏洞，或者说还有解释不了的细节，还不能让人完全形成这一事实具有高度盖然性的判断。这时候一定不要怕麻烦，要仔细查阅手头已有的资料，如手边已有资料尚不能给出满意的答复，就应及时与当事人沟通，全面细致地了解情况，必要时自行做一轮补充调查，再向法官反馈相关结果。如若能抓住法官庭后主动沟通的这一契机，往往就是临门一脚型的发力。

除上面两种必要性的口头沟通场合外，对于直接找法官面谈或打电话与法官沟通的意愿建议尽量克制。如果律师经常感到庭审后，该说的事实没有说透，极有必要和法官当面再行沟通，那就说明其庭审陈述的低效性。即便自己觉得有必要口头沟通，法官未必会同样觉得。如果认为这种沟通十分有必要，可以通过电话形式简要和法官讲明要沟通什么事情，观察法官的反应。如果法官认为没有必要，通常是没有必要强行与法官就此再行沟通的。如果认为非常有必要，也可以转为书面形式沟通，向法官寄送书面材料。

关于口头沟通的方式，无非当面说明和电话沟通两种。如果不是要出示特殊的资料，向法官现场展示，一般是很少用到视频电话的。无论是当面沟通还是电话说明，笔者都建议先行电话沟通，询问法官是否方便或通过电话预约时间。不要想起来就直接去找法官或拿起电话就开讲，这也是对听话者的礼节性尊重。在通话时，确认通话对方的身份信息后，应首先自报己方信息，是谁与谁什么纠纷（法官一般都记当事人名称及案由，很少有法官以案号作为记忆检索对象的）案件中哪一方当事人的代理人，想要同法官沟通什么情况。如此可以避免法官反复询问来电者信息之苦，既能提升通话效率，也同时让法官能够感到来电者具有较高的素养，即便工作繁忙，如果时间允许也愿听来电者一叙。这样，沟通的目的就能随着手段的提升而提高实现的概率。这一点，即便是不委托律师参加诉讼的当事人，也一样适用。

（三）书面沟通的要点

通过本书前文的分析可以看出，书面沟通方式是庭审结束后与法官沟通的最主要方式。律师所撰写的代理意见、对事实所作出的分析、适用法律意见，绝大多数是可以通过书面形式表达出来的。有的律师在与笔者交谈过程中表露出这种担心：口头沟通无论是电话也好还是当面找到法官也罢，法官虽然可能会不耐烦，但是说了的话往往也就能让法官听见了，效果好不好不知道，反正能够传递给法官。但书面沟通就不一样了。法官那么忙，寄往法官的庭后意见、代理词等内容法官往往连看都不看。这样精心准备的材料不要说能达到几分效果，连传递都没有传递到法官大脑中，沟通效果还不如口头沟通来得痛快干脆。实际上，这种担心已经没必要了。过去有许多老法官宁愿去田间地头、宁愿到当事人家中坐访也不愿坐在办公室读卷。但一个年代有一个年代的思考方式，在那个寡诉、以民事纠纷特别是家庭纠纷、相邻关系纠纷为多的年代，这种工作方式应该说也是顺应时代需求的。但随着法学院出身的法官逐渐成为法院的中流砥柱，不同于传统非学院派的、以口头沟通为主的工作方法，逻辑的、法理的思考方式越来越成为主流，这为律师与法官之间的沟通互动以文本形式进行提供了非常坚实的基础。如果说，在这种新型人才结构的对话中，法官仍然不喜欢看这些代理词或扫上一眼就把它们都扔在一边，那多半是代理词呈现的方式存在这样或那样的问题。所以一篇好的代理词不仅能让法官浏览要点（小标题），甚至让法官乐意去深读、细读每一个细节，在读后还能对其心证形成实质性的影响，那么律师在案件代理过程中的最终产品就可以说是优秀甚至卓越的产品了。

那么怎样才能完成出色的庭后沟通呢？通过这些年的摸索，笔者反复思考所读到的优秀代理词有什么特点、想要读到什么样的代理词这两个问题。虽然代理词的本性是输出一种说服性意见，让法官的心证发生偏移从而得出有利于己方的处理结果，这就导致了代理词要根据案件性质（主要是案由）、法庭事实调查已查明的情况和法律适用的争议性这些问题而作出谋篇布局上的重大调整，但仍不失有许多共通的元素能支撑起代理词的效果。下面分述之：

1. 沟通次数尽量少，争取一击而中。对于线性法律关系且事实争议焦点单一的案件，完全可以在庭审中充分表达对于事实及法律问题的观点，庭后沟通程序并不是绝对必要的。如果认为在庭审中出丁对方当事人发动证据突袭或抗辩内容超出原先预期而导致庭审陈述思路并不明确，可以采用书面代理词的方式来使己方的思路更清晰、流畅地表达出来。本着奥卡姆剃刀的原则，如无必要勿增实体，在上述情形中以必要性为限与法官进行庭后书面沟通，且尽量以短篇幅要点式沟通为宜。但对于法律关系复杂或事实争议焦点较多的案件，庭审以后与法官的沟通就非常有必要。一方面，法庭事实调查阶段对方当事人如何防守、怎样防守多是开庭时才确定的，攻防点过多自然会影响己方陈述的系统性；另一方面，在事实复杂的场合下，单凭庭审环节是无法完成对账、核对工程量等工作的，这些工作只能留待庭审结束后，找到相对完整的时间，一点一滴地核实并撰写书面意见。对于法律适用问题由于以事实的确定为基础，所以在法律适用上也会由于事实的微妙变化影响法律适用意见的论述。所以，在这种绝对必要的场合，要注重代理词的统合性。庭后沟通本来并非必经的案件审理程序，庭后提交代理意见自然也是为了能够说服法官，产生有利于己方当事人的影响，这是需要靠扎实的论证来实现的。不同于庭审程序一问一答的形式，这种沟通是单线型的，律师单方面对法官的（当然，法官需要进一步向律师核实相关情况时除外），所以书面材料就不能是一句一句的，一段一段的，想起来一点写一点，写好了就寄给法官。笔者也曾遇到勤于提交代理词的律师，在庭审结束后几乎每天收到一封信。有的代理词是对前一天代理词的递进与细化，有的则是对以前代理词的强调和重复，有的则是对之前提交代理词的总结，再加上不时想起一些事实细节便赶紧记录下来寄送法院，有时则是想起某一点法律适用问题，又找了几个案例打印出来装在信封里给法官寄过来。这就是比较典型的沟通失败的案例。本来律师的工作应该是以法律为基础充满理性的整理与演绎的过程，但上面那样的反复递交材料的行为哪有符合法律实务工作者的产品特性而言？这样不断累积的信件不要说让繁忙的法官无暇通读，甚至会因为这种沟通的重复性而让人丧失耐性，让人丧失逐一拆封读信的动力。所以，庭审后书面沟通的首要原则是毕其功于一役，在一封代理词里把事实说透了，把法律适用意见讲明白了。如果法官看到这封代理词能够形成心证的改变，或者哪怕只是动摇，从而进　少主动询问律师相关事实情况，都说明律师的努力确实奏效了。但就上面那种多次向法庭寄送庭后代理意见的情况来看，基本上都不会产生这样的良好效果。

2. 逻辑规整，要有分类。法官有时不乐意读律师写的代理词，主要问题集中在这方面。有的律师撰写代理词风格就像散文，天马行空随心所欲。作为初稿不是不可以，反而初稿的形成应该允许这种发散式的随想，但作为提交给法庭的成品，就显然不太合适了。这一点和下文所要谈的样式上的规整性是同步的。如果行文是有逻辑的，就像电脑中文件夹的分类一样，自然首先需要归类，一类项下分子项分别阐述。这样从逻辑上看自然而然就把代理词中的点、线、面勾勒起来，文章自然也就有了一、二、三这样的逻辑标题之分。笔者见过不少代理词，只有中间赫然写的"代理词"三个字与众不同，剩余的文字一个版式、一种字体、一个段落、一气呵成。想想这样的代理词有多少法官乐意读进去、读下去，把它弄懂弄通呢？实际上，从形式逻辑上看，这种要求本性并不是法律学的，而是写文章所要求的共通性技法。律师不仅是操作工，不能只会"操练"法律，也不能只靠嘴头功夫吃饭。越是从事大标的额或有影响力的案件代理工作的律师，自然越需要关键性的笔头功夫。这种功夫就是文章功夫。无论是议论文的一般写作技法，还是法学论文的写作方法，都是对此有所裨益的。当然，这些通识性的技法早有汗牛充栋的教学性资料，这里就不再赘述了。

本书在这里所要特别提示的是，作为实务工作者的一环，即将向下一环——法官输出最后的信息产品时，要如何能让法官看得进去、看得懂、乐意看甚至反复看，在这样的活动中实现己方目的的特别技法。下面就以律师的终极产品——代理词的写法为核心阐述律师法律产品的生产方法。

（四）代理词的内容要点

从行文逻辑上看，庭后提交的代理词无外乎涉及两大方面：一是关于事实的观点；二是关于法律适用的观点。实际上在某些场合下，事实认定与法律适用的区分是模糊的，如论及己方证据能不能达到某一事实的高度盖然性证明标准，对方举证在己方的攻击下能不能陷入真伪不明的状态等。对于这部分内容，本书建议放入法律适用部分去写，因为本质上它们涉及根据法律要件分类说的基本原理和民事诉讼证据规则的规定来分配证明责任，判断能不能完成一方的证明责任问题，本质上是分析的过程。而对事实的阐述虽然总会夹杂分析的要素，但是分析的手法是串联故事的过程。所以从本质上看，对事实的阐述是叙述过程。这样看来，一篇优秀的代理词需要两大写作手法：记叙和议论。下面分别阐述。

1. 事实记叙方法。

对于多数法律关系相对简单的案件而言，所谓记叙就是把案件成讼的来龙去脉讲清楚，把争执的诉讼标的用讲故事的手法来说明它何以成为今日样态的过程。这主要包括两大类事实：一个是前提事实（背景事实），另一个是主要事实（要件事实所基于的具体事实）。比如，在财产保险合同案件中，原告方需要写明的事实首先应是背景事实：什么人、什么车、什么时间、什么地点、什么事故，车辆投保情况等。这是先交代案件的起源。然后再回到本题，也就是主要事实：事故造成了哪辆车损失，损失的数额是多少（有没有经过评估程序），车辆是否经过维修，维修费是否实际支出。比如，未维修原因是否合理。这些主要事实的阐明是后文法律适用分析的基盘。

对于复合型合同，或者主要依靠间接事实环来形成主要事实的情形，当然就是考验律师真功夫的时刻了。举个例子来说，在原告主张各被告恶意串通，损害原告利益而订立合同的场合，要把"恶意串通""损害利益"这样的评价性事实转换成让人信服的具体事实，就非常费功夫。因为合同法的第一立法目的是鼓励交易，保证交易安全只是为实现第一立法目的的辅助性目的，所以通常情况下给予合同效力否定性评价这样的惩罚性措施是比较罕见的，而恶意串通这样的评价性事实绝大多数情况不可能取得双方当事人恶意密谋这样的直接性证据，需要靠双方表现出来的诸外显行为，一环套一环地堆叠出"恶意串通"的间接事实群，靠此来说明恶意串通的情形。这时候就要建立所谓的"事实线索"：把能够彰显出恶意串通的具体事实要素按照时间顺序排列起来。这样可以在事实意见中形成"总分"结构。首先，开头把具体事实排开，必要时可以采用思维导图的方式，把当事人恶意串通的事实要素串联起来。其次，这些事实要素是如何体现出来的呢？如针对事实要素一，己方在庭审中提交了哪些证据，能够说明事实要素一是确定存在的。此时要将论证过程做到周延、翔实和严谨，就可以把庭审中己方提交的证据和对方陈述或提交证据中能说明这一事实要素的证据材料，以核心部分截图的形式粘贴到说明内容中，这样就可以避免法官返回头再去翻卷、查找相关材料是否属实。特别是对于证据资料较多的案件，如建筑工程施工合同类案件，会极大地便利法官的求证过程，通过视觉图片和文字信息的双重冲击，可以同时以感性和理性的方式来影响法官的思维。夹叙夹议，是代理词呈现的最佳方式：一来它不枯燥，法官乐意去读，能够读得进去；二来分析精度非常之高，总体上的事实群能够得出某一评价性事实的结论，而分论中具体事实要素的构筑均有各个证据做依托。这样上面是一条连贯优美的海岸线，下面是一座座不沉的海礁，动静结合，就把己方勾勒的事实以扎实而优美的画风呈现给了观众。这样的代理词又有哪个法官读不下去呢？

在此，笔者想再度强调作图的重要性，如后文我们将会提到的，法官的工作也有构图三宝：当事人关系图、事件发生顺序图和当事人攻防结构图。而律师在书面文本中构图的重要作用并不比法官要小。不同于法官要做的分析双方当事人攻防的构图，律师的构图往往是说服性的，从而也就是单边的。所以站在律师的立场上看，能把故事讲得圆融、合理，与证据能够高度契合，便是成功的构图。本书在前文软件篇曾专门论述过思维导图软件、制图软件的作用。这些软件固然也能帮助律师自己来分析己方的处境、选择的策略，但它们最终的、最重要的作用还是要让观众（法官）看到，否则单纯的手写笔记和涂鸦也能使用。正是因为有观众观阅的需要，非正式的涂鸦、手抄本等资料并不适宜直接向法官呈现，这些资料会给人一种凌乱而不正规的感觉。对于法律关系复杂的案件来说，一幅逻辑关系清晰的思维导图能帮助人迅速定位事件经过，让法官的接力分析变得有效而轻松。法官的工作一旦便于开展，对于该方律师来说其产品就有了成效。

2. 法律论证方法。

代理词以叙开场，以议结束，叙是为了议，议是叙的升华。通过议论，律师的服务工作走向完结。所以议论可以说是审判阶段中律师参与知识活动的最后一环，当然具有重要意义。只不过，和法官一样，议论过程都是戴着脚镣起舞的表演。首先，议论受制于前提——事实究竟是什么样子的，或者说已经证明到了什么地步。如果事实基础没有夯实，议论再洋洋洒洒也是海市蜃楼。其次，议论受制于法律规定。如果法律对于某一问题的规定非常清晰，案件已经查明的事实刚好可以归入法律规定的要件事实范畴内，那么直接引用于己有利的法律就可以完结议论，如果刚好法律规定并不利于己方，那么可以论证的余地几乎为零，往往只能就法律规定之外的其他情形做边缘化的分析。从上面两点来看，议论其实是在事实和法律的夹缝中生长的青草，也是我们称其为戴着脚镣起舞的原因。对于事实可以固定下来，但没有明确法律规定、法律规定存在冲突或多种解释可能性的场合，议论的翩翩起舞就具有了非凡的魅力。

本书在前文多个场合已经涉及法律适用意见要契合哪些要素去写，这里不再赘述。唯需在此说明的是论证的行文方式。

议论的第一部分应引用法条。集中引用或一边引用一边分析的手法均可。我们说法律适用过程是找法的过程，律师的工作便是做好找法的前提准备，把法律（司法解释）找好、找全。这要求第一，相关度高，和本案契合程度高；第二，罗列全面，不能只列法律，不看司法解释，只看司法解释，不看批复，看到失效的法律，没找到现行有效的法律。找法的过程是一个地毯式的搜索过程，在检索过程中，要尽量获取于己方有利的规范。议论要以这些成文法规范起头，以法律为基点开始分析。法条部分宜使用黑体字标出，这样如果法官由于案件繁多无暇通读代理词，也会重点审查律师所找法律能否适用。

法条之外的法源，如有权机关的解释（立法机关解释、司法机关解释）放在第二部分。由于我国成文法的法系模式，上述有权机关作出的解释自然也是论证时所依赖的重中之重。如果说律师的代理词中需要写出引经据典的内容，笔者认为也只有上述机关的权威解读书籍可堪一引。这样的引文效率高，一击即中。当然，从形式上看，没有必要像写论文一样把它们放在脚注里，直接写明所引用文献名称及其页码，在必要时抄录该段内容即可。后面再附上基于这些解释对本案能起到的论证作用，便可完成论证。

第三部分，权威案例作为法源时的论证方法。因为判例不同于法条或对法条作出的解释，是以具体的事例层层分析得出的结论，所以相似性问题是案例能否为法官所采用的关键。当然，本书的主题并非讨论案例作为法源的理论及方法问题，此处本书想要指明的是案例在代理词中的引用方法问题。首先，如果在代理词中援引案例作为法源和论证的大前提，那么千万不要把整篇案例都拷入代理词，那样会使得代理词非常冗长，丧失可读性。其次，虽然代理词追求的是短平快，以要点式论证为主，但案例却不可不提交全文。有的律师在代理词中仅援引了案例中的一段论述，还将其作为黑体字标出，但经过关键词搜读到案例全文后发现，法院裁判的结果实际上是否定律师的论证思路的，这就是断章取义、只挑对己方有利的词句选用的典型，效果自然是适得其反，还不如不引案例效果好。再次，既要让代理词不显得冗长，又要全文提供案例，要如何处理这种拮抗关系呢？那就是，在代理词中引用或撰写判例的裁判要旨，使法官一看就能明白判例处理的事例是什么，形成的规则是什么，让法官度量和本案的相似性究竟有多大。如果和本案的情形高度相似，自然会引起法官的兴趣。这时，不妨将判例中的关键性词句摘抄出来，并且提示在判例中的具体位置（如页码、自然段），使代理词一目了然。最后，将判例全文作为附件打印出来，并且将上述关键词句重点标出，供法官全面了解判例的细节。这样，通过要点、指引性论述、引申至本案的分析、判例全文展现的立体模式，就把判例作为论证基础的情况写得富有逻辑性和生动性了。

第四部分，如果案件所涉法律关系非常之新颖，上述法源都不能形成明确的于己有利的意见，那么在这种情况下（往往在商事案件或知产类案件中居多，传统民事法律关系可以说几乎穷尽了各种类型，其中定型化以后上升为法律、司法解释、案例的内容涵盖的范围已经非常之广袤），学说可以有其登场之地。但要记住，在上面所说的法源不足以解决本案中利己方的法律适用情况时，才应直接引用学说。因为本书前文所提到的原因，学说的引用在司法实务中有可能是一把"双刃剑"，而且很可能与法官个人的人格取向、经验构成有非常大的正负关联度。所以，引用学说以前搞好对承办法官的调查研究是更为稳妥的方法。如果确定需要引用学说，需要有出典备查。

（五）代理词的形式要点

以上就代理词的实质内容写作方法做了一些探讨，下面则就代理词的形式规则来说明怎样产出一篇好的代理词。

1. 书面规整。

排版合乎法律文书样式，让法官阅读起来有熟悉感。就像人配衣服马配鞍一样，好的代理词也是需要穿靴戴帽的。笔者曾见过不少不拘小节的代理词，洋洋洒洒写了数页、数十页，居然不分段，而且还是用了三号宋体字一气呵成，让人一眼望去如遇经书一般。实际上，代理词中谈了与案件案情相关的数个事实，如果细读下去，也能有所启发。所以这就不是实质内容的问题，而是形式内容的问题。不只是事实记叙，法律论证方面一样存在这样的问题。为了清晰地体现要表达的内容，需要配合逻辑上的理顺工作而作出必要的形式规整。分章、分题、分节、分段，视案件事实的复杂程度要把代理词打造得"衣冠楚楚"，才能博人眼球，让人乐意去细读。如果连基本的段落都不分，那么代理词往往难逃深眠卷中的命运。

除了这些基本的表现手法以外，为了实现与法官无缝审美对接，民事诉讼文书样式中预制的样本都是值得研究的对象。注意到这些细节，就不会出现各种千姿百态的代理词样本了，如行书字体的、草书字体的、宋体字的、黑体字的、隶书字体的等法官觉得与其日常出产的产品风格迥异的作品，也会体味到律师在细节处的着眼与用心。由此笔者想到开庭时律师的着装。全国各地无论什么级别的法院，什么样的法官开庭，现在都统一着法袍，所以经常在全国各地开庭的律师能见到各种建筑风格的法院，但法庭内部的装饰风格、桌椅使用、道具布局乃至布景颜色基本都是一致的（派出法庭可能会有所差别），所见到的法官"造型"也是一致的，这就给人一种非常统一、非常规整的仪式感。而律师开庭是否需要着律师袍并没有在全国各地形成统一的要求，所以笔者见到穿着各异的律师参加庭审活动。有的律师来参加庭审便着律师袍，让法官觉得此时的庭审活动从形式上看便具有法律职业共同体的对等性。而多数情况下，律师穿着可以相对随意。这时就需要注意在庭审场合着郑重的服装，过于浓妆艳抹、穿着过于轻松休闲甚至比较邋遢都是对庭审活动缺乏尊重的体现。有经验的律师在飞往全国各地开庭时会预备一套律师袍以备不时之需（如法院有要求或庭审在全国直播公开），这就是对形式细节的思考。最后，不要忘记在代理词落款处手写签名，让代理词入卷后仍能让人了解到是谁所寄交的材料。不要小看代理词的形式处理，成功的产品都是由一点一滴的细节精巧构筑而成的。

2. 注重书面交往细节与礼仪。

一次沟通扫除后续沟通的障碍。和前面所述的内容相比较，这一点属于更加细节的考量。如果是向法官寄送纸质版的代理词，要记得在信封上注明案号，是代哪一方寄送的，在信封上留下自己的寄信地址和联系电话。笔者就曾收到过由某位代理人寄送的信件，只写明收件人的信息，并未写明寄件人的任何信息，而且寄送的还是到付件，根本无法与发信人联系，也无法知道寄信的内容，最终只能原路退回。事后查明是某代理人为争取案件审理时间，向笔者寄送了管辖异议申请书。因为对管辖异议结果有相对合理的预判，就"没好意思"写明寄件人的情况，而且是在指定的答辩期届满前的最后一日寄出的到付件。虽然寄出了这样一份文件，但本意并非与法官进行有效通畅的沟通，所以并不能取得良好的效果。对于有的法官开通了即时通信软件、邮件办案渠道以便捷当事人诉讼的场合而言，应在交流群中及时修改自己的备注信息（如哪一方代理人，联系电话是什么），在发送的邮件中以案件名称及沟通事项作为邮件标题，把名片夹作为附件发送，在名片夹中载明自己所在的律所，联系方式等信息。无论是发送纸质版信息还是电子版文件，都要为法官能迅速定位案件信息，为信息传递"有来有回"扫除障碍创造条件。

律师的专业素养固然对案件的审理起到非常重要的作用，但律师也非万能的，案件实体结果的走向往往更取决于案件事实本身。所以即便律师对于案件结果有相对正确的预判，也不要以放弃的姿态来与法官沟通。律师是职业法律工作者，不要在意一城一池的得失，一城一池的得失往往是当事人的在先行为埋下的种子。对于律师来说，能把己方的利益最大化、最清晰化地表达出来，能把细节的处理打磨到极致，就是作为律师的成功。通过这样的长期往复的职业习惯所建立起来的法官对律师专业素养、职业态度的尊重，应是律师最强的金字招牌。

第二节　法官篇

对于法律职业共同体来说，一个案件的全部审理过程将以法官的产品输出作为他们活动的休止符。虽然案件执行过程别有洞天，而且也少不了同审判活动一样的判断活动，但分析、判断的力度与审判环节比通常有所下降。当最需要判断的环节出现时，如标的物不是被执行人的物，往往又将经由执行异议的中间环节再度走向审判活动中的判断。所以，在判断属性最强的审判环节中，法官的法律产品是处理本案权利义务的最为关键的、具有决定性作用的一环。这样看来，法官的信息处理与输出方法不仅是事关全局性的方法，需要法官反复体味、研磨与提高，同时也需要全体法律实务工作者忖度。比如，法官通过庭审询问，势必会产生信息的输出，法官所询问的内容也将释放其调查重点的信号。法官对双方当事人攻守情况的组织也可能流露出某一时刻对案件情况的判断，尽管这种判断也会随着庭审情况的变化而发生变化，但只要法官存在信息的产出，就不能说是对其思维方向全无侦知的可能性。这种对于法官信息处理与产出的预先判断，对于提升律师的战略空间将大有裨益。虽然律师有时与当事人的利益驱动机制并不完全相同，如当事人可能会追求损失减少一些，到达一定心理预期可能接受调解。而律师代理两审诉讼可能会收取更多报酬，对调解工作持相对消极的态度。但此事仍应从长远出发：二审案件的代理费用往往比不上全新接手一个新案件的代理费，而二审案件的代理同样需要消耗大量的时间，此其一。当事人有调解意向的场合律师未能配合完成调解工作，待到全体审判流程结束拿到败诉判决后，转头与律师作对到底的情况笔者也见过多例，此其二。如果说一审判决结果作出前，因为未能及时侦知法官的处理思路而误判形势，二审中作为上诉人在一审判决结果及二审庭中法官所表露出的信息双重作用加持下都不能合理地预判案件走向，丁己于当事人都不能说有特别的利处所在，此其三。

　　以上内容并不是说律师一定要培养出观察法官审理思路，预判案件走向并以此作为基础调解的能力，而且还要把这样的能力运用到每一个案件中。如果能够确信一审或二审法官在事实审查环节或法律适用环节存在必然的漏洞，当然坚持自己的观点无可非议。但本书想指出的是，具备这种能力的律师在职业活动中自然比一味沉浸在自己体系中，不去想、不去看法官行动方向的律师所获收益更大。这仍然需要研究法官的案件处理模式和法官个体思维才能得到启发。

　　审判活动中最终的信息产出活动，实际上是指法官下发判决的活动。判决下发（在部分法院还涉及归档完成）后，案件就可以报结了。当事人拿到判决书后就可以进入执行程序了。所以裁判文书的制作可以说是整个审判环节的终点，法官的所有前期信息输入、输出、处理工作无一不是以整个终极目标为前提来开展工作的。由此，裁判文书的制作活动也是本书关注的一个重点。

一、庭前产品的输出

对于大部分一审案件而言，法官要从白板状态下做起（发回重审的一审案件除外，实际上可以类比参照二审案件来进行相关工作了）。再复杂的一审案件，在初始状态下往往只有当事人信息、起诉状等寥寥数页资料。对于标的数十亿元、数百亿元的一审案件，结案时可能形成数十册、上百册卷宗，乃至整间房屋堆满的卷宗只是一个案件卷宗的程度，但它的原点往往也仅是起诉状和原告身份信息那样两三页纸的资料。此时，法官面临的程序性事务处理内容要多于对实体处理的关心。但如果一个案件能够正常进行下去，走向审理的终点，那就必然离不开被告的态度、被告与原告的互动才能得以实现。在一审案件开庭或庭前质证环节以前，在被告未提交答辩状的情况下（绝大部分情况被告不会在庭前提交答辩状），争议焦点都无法预先整理，这和二审案件的审理是存在重大不同的。但是，在被告加入诉讼程序前，即使只有原告提交的诉讼资料，也是能够完成一定程度的预判的。一个训练有素的法官的预判将在很大程度上与庭审时总结的争议焦点一致。同时这种预判也将对庭审中事实调查的方向、深度起到非常重要的引导作用。即便被告不出庭，也不意味着就应按照原告的主张判决，这就是庭审程序中利用原告自身提供的诉讼资料发掘原告主张的事实漏洞，进而分析其诉的有理性的主要手段。笔者把这样的信息预处理过程叫做"预审"过程。

法官在司法判断时，即便仅听一方之言，由于其所受的专业训练、法官所处的地位角色、肩负的司法责任，也需做到审慎地听取和采信，绝不能因为原告开了口就听信原告的，被告说了话就马上转向被告有理，否则就和大众舆论在进行事件分析时可能展现出的集体无意识无异了。所谓预审，正是攻破当事人矛盾信息，"以子之矛攻子之盾"的信息处理过程。

我们仍把话题拉到法官的信息处理方法上来。"起诉状一本主义"，即开庭前既不见当事人，也不见卷宗，全凭原、被告陈述，当庭构建故事、当庭总结争议焦点、当庭刨根问底，虽然避免了开庭前私下会见当事人、不公正办案的可能，但它并不是一个好思路。因为它不符合当代司法的效率原则。审结一件案件是什么概念呢？收到原告的起诉状、证据资料后要初步阅读分析，要传被告到庭参加庭审。在诉讼中原告可能提出保全申请，被告可能提出管辖权异议申请，案件可能较为复杂需要简单程序转普通程序，往往在实体阶段还没有推进的状态下，法官就要写上两三个裁定及其合议笔录。这还不包括财产保全后被告可能提出的异议及其复议的处理，各方当事人有可能提出的回避申请及其复议的处理。进入实体审查后，往往一次庭审还不能解决全部事实疑问，还需要补充调查、甚至现场勘查。过去法官办案，在当时年均寥寥数件至数十件案件的工作量下，不仅现场勘查是频繁的，甚至不少法官要到当事人家里走访，家访式办案、田间式调解恰恰是那个年代办案节奏下的主流方法。而随着案件量的逐年增多，现代法官办案的节奏绝对无法做到像过去一样，二者之间到底有着什么样的质差呢？质差就是信息处理方法的质差。

过去我们所说的"起诉状一本主义"，是指法官在开庭的时候拿到诉状，没有别的材料。法官既接触不到当事人，当事人也没有办法找到法官做"沟通"，但是，这种方法的弊端在于，法官在庭审前没有信息输入过程，由此导致了一个影响效率的根本性问题，那就是没有信息的预先处理过程。预审过程究竟重要到什么程度呢？笔者通过数年的观察发现，如果缺乏预处理意识和预审的实际操作环节，轻则使简单案件需要多次调查，增加单位案件工时数（只要在半日里安排了一次庭审，那么无论庭审时间长短，庭前准备、往返法庭、庭后做当事人工作等简要沟通事务会挤占半日的时间，大多数情况下法官就难以安心投身于撰写判决等需要集中时间与精力的活动中，无形中就推迟了本案或其他案件的处理速度）；重则在疑难复杂事件的处理中陷入迷阵，在接收庭审中双方当事人多轮攻守信息后，再也弄不清楚法律关系的基本线索，从而陷入误判、错判的境地。所以预审是梳理法律关系基本线索、预判双方主要交锋现场、预想事实调查的方向、控制法庭调查精度乃至精查法律解释情况的起点。那么预审要做哪些环节的信息处理工作呢？这里首先以一审案件的审理为例来说明，二审案件的特殊性后文随之讲述。

（一）一审案件

1. 固定原告的请求权基础。

有的法官喜欢一眼看到底，拿到诉状就先分析原告诉求能不能得到支持，原告的"胜算"有多大。其实就法律关系简单的案件而言，多个预处理步骤往往是一体性完成的。这就容易给人造成一种印象：什么请求权基础检索法，什么要件事实论，什么法律关系分析方法都是书斋里面想象出来的，对案件审理起不到什么作用，反而还"繁文缛节"。其实，这种想法在相当程度上无可厚非。我国幅员辽阔、人口众多，在人民法院涉诉的各类民事纠纷中，占据数量多数的还是传统民事纠纷。"家长里短"的纠纷在任何时代、任何国家里都会永不缺席，而且还能占据案件数量的相当体量。这确实是一种工作常态，所以分析精度的提升，信息预处理方法的科学化似乎并没有多少益处。但笔者想说的是，无论是什么样案由的案件，由于现实生活的千姿百态，总归是要出现一些新特点、关系复杂，让人不能一眼望穿当事人攻防结果，难以让人迅速决断的案件。这时我们不妨利用自己审理大量案件所形成的判断经验，再结合科学的分析理论，就能冲出当事人营造的事实迷雾，找到案件处理的基本线索。当然，如果是商事案件、知识产权案件的审理法官，或者是中级人民法院、高级人民法院的法官，其所处理的一审案件本身就会处于多线索、复合法律关系的境地，这些案件往往从一开始就需要更为精密的分析手法，预处理案件的各个环节都将有助于案件审理精度的提升。

之所以把原告的请求权基础分析作为预审的第一步，案件实体处理分析方法的第一步，开庭前准备环节的第一步，是因为它直接决定了本诉的诉之有理性问题，决定了原告或被告是不是适格主体的问题，决定了其提起诉讼的理由是不是充分的问题，决定了本案事实调查的方向问题，是全案信息处理的起点。这一起点往往仅从案卷形成的最原始素材——起诉状中就能获得。在阅读诉状的过程中，一定要注重以下这两个要素信息：请求的内容（诉讼的主张）和请求的理由。根据民事诉讼法学的理论，这两部分内容结合在一起，构成了本案的诉讼标的。

对于绝大部分诉状的分析来说，上面的两个要素都是截然可分的。律师所撰写的诉状一定会将二者分开，对于未委托律师参加诉讼的情况而言，多数当事人至少也会首先咨询律师，让律师给出专业指导意见，甚至由律师把诉状的主要内容拟好。这些前期工作不仅能够为法官的分析过程带来极大便利，而且可以让法官顺利地沿着原告的请求权基础路径审查下去，其益处最终也将回馈给做出努力准备工作的当事人和律师。但不可否认的是，有部分当事人在起诉时亲自上阵，这种情况往往需要法官费上一番周折来把上面的两个要素厘清。在这样的事例中，笔者见过不少当事人起诉不符合法院受理条件的（如请求确认事实关系存在而非法律关系存在的），同一个诉讼中将基于多个事实的多种法律关系一并请求的，所请求的旨趣和自己的理由对不上的，这些问题必须在诉讼的起始状态厘清、分析透，需要释明的及时释明，无须释明的及早作出相应处理裁定，以免诉讼历时较长时间后才在要作出实体判断时发现这些问题，又返回头处理这些技术问题。如案件审了一年多发现不能受理的情形，裁定驳回起诉，当事人就可能因此心生不满。这就是在庭审前的信息处理环节中未能有效把握信息处理节奏，把所有判断内容一股脑儿地推向审理末端所带来的弊害。

对于诉状中的这两部分要素来说，请求内容的分析考察的是能不能"进门"，"进门"需要怎么"进门"，要"进几次门"的问题；请求理由的分析考察的则是诉权依附的基础存不存在、牢不牢靠，"进门"以后能走多远的问题。如果不先固定请求内容，轻则走回头路，重则做无用功。所以请求权基础的确定是第一位的。当固定了请求权基础以后，就固定了原告主张所依据的法条，通过实体法规范检索，法条规范所规定的要件事实就出来了，案件的实体审理就要围绕原告主张的具体事实能不能嵌套在法律规定的要件事实项下，将二者进行比对就可以了。

2. 要件事实的对照检索。

一般而言，在原告起诉状中列明的事实理由部分都会有为什么这样请求，案件的形成背景、纠纷的发生过程。预审的第二步就是，在能够确定原告的门进对的情况下，对原告请求的理由与法律规定的理由是否能高度匹配进行审查，这时往往会发现一些问题。有的关联性不足，具体事实难以挂上要件事实，有的则是证明十分困难，有的则是不符合常理（如建筑工程合同发包人找施工人讨要巨额的超付款项，如买卖合同的买受人本身欠付巨额货款先行主张损害赔偿，但主张的赔偿额却在货款额度以下。它们多数是出于某种诉讼战略和其他诉讼目的而形成的诉讼，说白了就是醉翁之意不在酒。更有甚者还有预作伏笔将来与被告演一场打到申诉阶段的轰轰烈烈的虚假诉讼的情形）。这一阶段可以说就是上文提到的以子之矛攻子之盾。

当然，法官光是看看起诉状想一想还是不行的，这样会让预先做功的百分之九十努力随着时间的推移而消逝。所以看的过程中要动笔。我们下文还会提到庭审提纲的制作，它们往往是整合到庭前阅卷笔录中的。所以这些步骤看上去是渐次推移的，但在实际工作中它们最好是一次性完成的，一旦中断去做其他的事情，以后可能又要从头开始。

本项工作的具体方法要视诉状的内容来确定。对于基层法院受理的大多数一审民商事案件而言，起诉状的长度往往不超过三页纸。原告主要理由的描述往往也是分点论述的，单看原告诉状的内容可以说法律关系尚属于清晰状态。对于这样的诉状来说，基本无须在上面涂改，在浏览各项具体的事实理由后，发现其与法律规定的要件事实不相符合的情况下，在阅卷笔录上记载相关要点即可。比如，原告主张工程已交付使用，但此后又描述工程于某年某月某日验收合格，应于该日起计算欠付工程款利息。这就是原告自行确定的具体事实理由与要件事实不相符的情况。因为工程没有交付时验收日应作为付款日，但已交付的情况下要件事实就和验收日没有什么关系了。这种情况下也需要对相关事实做进一步调查，可以在阅卷笔录上作出记载，以备庭审核实。这样就形成了阅卷笔录的第一部分，即原告自身的理由在支撑其请求时就存在什么样的问题，这样的问题是否可以弥补，是否需要以释明的手段弥补等。

3. 预判被告的行动方向。

预判被告的行动是预想争议焦点，深化案件事实调查方向的必要步骤。当审理案件的数量积累到一定规模后，会发现民商事案件常见的类型里，否认或抗辩的方式往往也是类型化的。被告所能提出的抗辩无外乎是债务不存在（合同不成立、合同无效）；债务存在但原告未履行其自身债务（同时履行抗辩权或先履行抗辩权）；债务存在、原告虽然履行了债务，但原告的履行有瑕疵，系不完全履行（由此产生减价抗辩权或就损失提出反诉）；原告虽然完全履行合同义务，但被告已经履行对待给付义务（债务消灭的抗辩，如清偿、抵销等）。少数情况下，被告不提抗辩，仅是单纯否认。在最后一种情况中，所要审理的事实就是原告就其主张所提供的事实、依据的证据材料能不能达到高度盖然性的程度，如果能即可免于其他调查了。但在被告提出抗辩的大多数情形中，由于抗辩产生新的要件事实，所以案件就会脱离原告的进攻而转入对被告防守内容的审查中，这时就需要把事实调查带进深水区了。因为抗辩一旦成立，原告还可能提出复抗辩，再次提出新的事实，就需要对该新的事实再行调查。特别是抗辩中的不完全履行类型，往往是关系最为复杂，需精细核查事实的地方。如果被告提交了答辩状，那么就可以在庭前准备工作的信息处理中精深发掘具体待查事实。但许多被告出于想出其不意攻击原告等原因，不愿在庭前提交答辩状，这就要靠经验感知来确定被告高度可能的抗辩方法，并做初步准备了。此时并无必要罗列被告可能的防御方法，这会耽误大量的宝贵时间，这一步骤可放到庭审中进行。

4. 通过诉状确定待查的具体事实。

即便被告不提交答辩状，案件的法律关系也可以通过原告的诉状得到大致的确定。原告所依赖的请求权基础中所规定的要件事实究竟能得到哪些具体事实的依托，原告所阐述的具体理由中有没有这种依托，或这种依托完不完善，能不能单凭这些具体事实达到要件事实成立的判断，如果能，要调查哪些证据才能支撑，如果不能，还需要补充哪些具体事实，这些就是庭前准备工作中最核心的环节。它们也将构成庭审提纲中法庭发问的主要内容。当然，如果被告提交了答辩状，那么争议焦点就能提前在阅卷笔录中整理出来，需要精查的事实就能得到预先准备。

5. 制作阅卷笔录或庭审提纲。

由于阅卷笔录要入卷宗副本，所以不能用彩色笔完成。是否需要直接做成电子版文档视个人工作习惯而定，但笔者认为，由于书写过程不仅能够强化思想，激活大脑中的网状活化系统，这还与案件的预审、预判过程思考的本质活动相符，所以纸版阅卷笔录的书写更有助于强化思考。如果一边阅卷，一边打开电脑输入，一来不方便，不能做到畅快地随想随写；二来键盘输入和阅卷会反复迁移注意力，让思维难以集中在案件实体关系的判断与发想中。笔者所见的阅卷笔录中不少以电子版制成的文档都是统一制作，阅卷笔录缺乏研究案件情况的实质内容，这就难免让阅卷笔录制作的环节流于形式，而且也未能充分利用做这道功所产出的价值。

当然，如果使用纸笔载体记载阅卷笔录，相对于电子文档来说有个缺点，就是不能随时随地地添加内容。如果想起来一句是一句，想加一点算一点，一来阅卷笔录显得比较凌乱；二来在庭审过程中，拿着笔录按记载顺序调查案件事实时未免东一榔头西一棒子，显得不着边际。笔者对此的解决途径是，笔录要分部类安排内容。每个案子其实都要分析原告的行动轨迹、预判被告的行动轨迹、留白供总结争议焦点、深化具体事实的调查方向等方面，有些案件程序上明显存在需要调查的问题，还需要就程序性审查事项单独列出。这样把阅卷笔录分成：原告请求基础、被告答辩意见（如有）、争议焦点（如有答辩意见）、待查具体事实、程序性问题处理等几大部类，可在各部类上预留空白，以备随时想到相关内容进行补充。特别是争议焦点和待查事实部分相互倚重，争议焦点可预留较小空白，待查事实可预留较为充沛的空白，在待查事实部分可往回指引至争议焦点。比如，待查事实一、三、四对应争议焦点一，待查事实二、五对应争议焦点二等，这样即便随时想到新的问题补充进阅卷笔录，也不至于显得调查提纲没有逻辑性。因为法官同时审理案件较多，阅卷后会处理繁多的其他事务、其他案件的工作，过一段时间可能会对案件基本情况有所遗忘。一份好的阅卷笔录可以让法官当庭拿出它来按图索骥就能组织成一次成功的、高效的、思路清晰的庭审。

（二）二审案件

二审案件预审环节的特点在于，通过卷宗及上诉状所能获取的信息要远远超过一审案件，预审的效率自然会大幅提高。但相应地，要求法官的处理精度也需要大幅提高，预审在多数情况下（只要没有颠覆性的事实出现）能够达到预判的地步才可以。特别是对于中级人民法院而言，往往所辖十几个乃至数十个法院，如果上诉率比较高，而预审过程仍然像一审一样处于总体把握、精度欠缺的程度，那么这数十个法院移送上来的数量庞大的二审案件就会彻底把法官压垮。一审审理的预先信息处理是以预判当事人动作、诉求的合理性、案件可能的实体走向为目的，二审案件的预先信息处理除了预判当事人的一系列动作之外，最重要的分析目的还是一审法院判决或裁定的合理性。

二审案件的信息预处理之所以精度很高，原因在于一审卷宗中信息材料的完整性。一审判决的作出是一审法官在经历了全部一审诉讼环节后，将各种程序性、实体性的材料整合好以后移送到二审法院的。二审案件预审的重点，是对一审卷宗的分析与整合。由于中级人民法院受理二审案件的数量非常大，所以有效率的预审非常关键。

要想提高二审案件的预审效率，可以从如下方向着手：第一，阅读上诉状。有的法官喜欢先读一审判决，以此对案件全貌获得大概的认知。但这种方法的效率并不及首先研读上诉状来得更高。一审审理过程中，争议焦点可能是全面的、多层次的，但经由一审法官的论理，对于部分争议焦点的论理，当事人可能已经明白"大势所趋"，在二审中不再争执。所以首先阅读上诉状的目的就是固定上诉请求及其请求权基础，言外之意就是缩小本案争议焦点。当然，对于上诉状的分析技法和起诉状具有很大的共通之处。第二，阅读一审判决。如果说上诉状往往是对一审相关论述提出质疑，那么阅读一审判决就是围绕上诉人的质疑寻找答案，并预判答案是否合理、合法。后读一审判决的益处就是，在许多争议焦点缩小的案件中，阅读裁判文书时可以做到有粗有细，甚至可以部分跳读，节约信息处理时间。第三，对于比较复杂的案件，一审卷宗往往比较厚，数册、数十册都有可能。这些卷宗中大部分都会是证据，应处于最后审阅的阶段。如果通过前两个环节找不到答案，无法判明一审裁判的合理性，第三步就是阅读一审法院的开庭笔录。在开庭笔录中，可以沿着一审法官的思路获取案件重要信息。特别是案件首次开庭的笔录，多数情况下是当事人最真实的陈述，能够提供大量有效的原始素材。此外，一审法官对于案件具体事实的调查可以节约二审法官宝贵的时间。一审法官问过的问题，当事人的回复已经记载在卷宗中，不必再次重复（除非出现颠覆性的事实及其证据），二审法官需要做的是如果涉及当事人的上诉请求，在一审法院未能精查的某一部分事实处仔细审查，在制定二审庭审提纲或阅卷笔录时重点审核这一部分内容即可。第四，如果通过一审庭审笔录仍不能确定一审裁判的合理性，应审查一审的关键性证据，通过观阅证据，对案件事实作出所能预判的最高精度的分析。对于上述内容的关键节点，应在阅卷笔录中有所记载，必要时在一审卷宗中标记重要信息或以粘贴口取纸的形式来登录信息，并在阅卷笔录中统一记载需要核实的内容出现在一审卷宗中的页码（一审卷宗的对应页码可以折角），这样就可以通过"读薄了"的形式快速消化一审卷宗。

以上说的是上诉人并未提出新的事实，而是就一审判决可能存在的不合理性上诉的情形。如果说一审判决结束后，上诉人又提出了新的事实，再加上对 审判决合理性的质疑，此时可预先做上述四个步骤，最后再重点审查第五个环节，那就是当事人新提出的事实是否有相关依据。比如，民间借贷纠纷案件在二审过程中会经常遇到的一个上诉理由就是，当事人在一审期间没有提出过某些还款事实，在一审结束后经过调取证据发现另有还款事实，此时就应注意就这些事实环节预作分析，如上诉人主张通过案外人还款，需要审查指示交付的证据；如通过现金还款，需要审查现金交付的证据（证明现金交付的合理性，如单纯以取现记录来伪装还款的识别）；如主张抵销被上诉人的债务，则应审核是否符合抵销的要件，抵销的合理性（抵销问题在正常情况下应于一审期间作出抗辩，一审未提出，二审新提出时就要考虑是否符合常理，是否通过混淆多种法律关系的形式达到减少欠款数额的目的）等。这部分事实的预判过程由于是一审阶段没有的，所以是全新的，可以完全准用一审案件信息预处理的方式。

二、庭审产品的输出

（一）庭审的本性

无论年龄资历，只要有志于在业务上精进的法官，都会不约而同地追求审判技术的最高境界——庭审驾驭。这是一个很有意思的现象。法学院的学生开展实务演习怎么开展呢？模拟法庭！模拟法庭是庭审流程的再现，所以不只是法官，即便是学生，都知道法律实务的中心环节是庭审。对于检察官来说也是如此。检察院系统经常举办的公诉人大赛，实际上也是模拟法庭的情形。对于律师而言，只要不是纯粹非诉业务的律师，莫不把庭审技巧的磨砺当成大事。把所有法律实务工作者都组织在一起，把各方当事人都组织在一起，在法律实务精英汇聚一堂的情况下，才需要一个超水平的组织者在整理程序，推进实体审查，所以才对这个组织者的组织水平——驾驭能力提出了更高的要求。这种对于法庭驾驭高度重视的态度固然是好事，但如一般人所认知的那样，这种重视侧重点的选取（驾驭）往往导致对庭审本质的认知发生了偏差。把对程序的组织性、把对外所展示出来的表演性放到了庭审活动的追逐重点，那就是一种舍本逐末的行为了。庭审并不是演电视剧，不是把电影桥段展示给观众看，让人觉得法官的专业水平好高，把当事人或律师问得心服口服，好像通过庭审本身就能把说谎的当事人感化，或者通过庭审就让双方当事人化解了几十年的恩怨。庭审的本质作用是什么呢？它的本质不在程序（虽然程序对推动实体具有重要作用），不在表演（当然清晰的逻辑结构下安排的庭审往往也具有很好的表演性），而在于信息处理上。庭审是为了判决的作出或调解的促成，不写判决或不作调解，谁会去开庭呢？写判决也好、促调解也罢，都是信息输出的最终端，而这种最终端的成品是需要原始素材的积累和加工的。庭审的核心作用是什么？正是为了终端产品的产出而接收信息、分析信息、再接收信息、分析信息的过程，庭审结束了，判决就要作出了。要有朝向判决或调解成品而开庭的觉悟，这样就不至于把关注点过于集中在形式、表演等方面。庭审"表演"得再出色，庭审结束后既不能得出案件处理的结论，也不能初步判断案件处理的大致方向，还不能想出后续调查的重点内容，即使让观众看了觉得仪式很肃穆，程序很齐全，法庭纪律遵守到位，各方坐有坐姿、穿戴整洁，整体演出效果很好，那也是一次失败的庭审。败就败在未能抓住事物的本质，没有完成庭审的本质目的。

既然庭审的本质目的是信息的输入与整合的不断交错，那么所谓庭审的技术核心就无外乎要掌握信息分析的及时性，由此在经历一轮原、被告攻守以后，能清楚自己后续要再度摄入哪些信息才能完成判决。这些信息就变成了事实调查阶段的重点环节。通过当事人攻→守→攻→守的过程把原告主张的要件事实、被告抗辩的具体事实不断推向深入，通过发问拾漏补缺，建立和加固自己的心证。

（二）法官的独特庭审策略

如前所述，庭审的本质目的是通过信息的交错来构筑案件的具体事实，并以此作为案件处理结果的基础。与律师追求委托人利益最大化的初衷和目的不同的是，法官对案件的处理角度正是我们从学生时代一直学习的法的价值追求目标。公平正义始终是法，这种人类创造符号的最穷极意义。如果本着这样的思想，我们对司法技术的要求应当是追求客观真实。但人类文明成千上万年的发展表明，这种追求是无法实现的。任何人都没有办法回到过去一看纠纷形成的究竟，也只能在现有信息的基础上去分析过去、推断过去。所以人类社会经过数千年的发展，最终将法官处理案件的任务定性为追求法律真实是人类认知科学化的产物。法律真实是什么呢？它是具有高度盖然性的客观真实。高度盖然性属于法官的个体心证范畴吗？是否可以认为，既然具体的案件事实是由具体的法官分析判断而认定的，那这样的事实一定和法官的个人人格特征、人生阅历、知识水平、社交方法息息相关，所以高度盖然性在解释论上就应是法官心证的高度盖然性。虽然这种理论初听起来有一定道理，但笔者认为它却违反了现代民事审判的一个基本理念：那就是司法技术的标准化。

随着中国社会经济的发展，人民群众对司法审判能力的要求不断提升。

人们对判案已经有了各种类型化的、精细化的认知，且能作出头头是道的分析。就民事案件处理而言，其中最大的一个要点就是同案不同判。最高人民法院也注意到民事案件处理的这一最大问题，通过发布指导案例、颁布类案检索办法等措施在努力改善这一问题。而人们所认知的"同案不同判"实际上着眼点在于"不同判"，他们的前提认识是"同案"。当然，如果是事实清楚，仅仅涉及法律适用上的分歧，那么普通人着眼的"同案不同判"症结是准确的。但实际上，如果亲历了审判环节就会发现，对于当代法官来说，"同判"不是问题（不用说最高人民法院出台过类案检索的规定，即便没有这一规定，他们常常也会主动搜索最高人民法院、上级人民法院或本院的类案裁判结果做适用法律的路径支撑），得出"同案"前提的本身就是最大问题。这本质上是什么问题呢？就是事实信息的查明问题。当类案检索成为法官的习惯以后，事实认定到底"同还是不同"就成为"同案不同判"的最终症结所在。如果我们把法律事实这一存在"高度盖然性"的客观事实解释为法官个体心证上形成的事实，那么甲法官有这样的人格特征就能够形成高度盖然性的判断，乙法官没有这样的人格特征就不能形成这种高度盖然性的判断，而两种心证的形成又都能依照前述理论得到合理解释，这就最终把裁判结果又导向了个体裁判、人格裁判的境地，显然这就会把我们精心设计实现"同案同判"的各种规则落空。

　　正是基于这种考虑，笔者认为"高度盖然性"不能是指法官个体心证的高度盖然性，而应是指一般理性人均能判断出存在高度盖然性的平均型判断。而要得出这种判断，虽然按现代民事诉讼规则依靠不断递进提交的书证材料可以完成其中的大部分，但在某些场合还非要有挖掘"现有信息"的特别方法不可。这些特别的方法都是法官在与当事人的互动中所发掘的。它们更多体现了当事人亲自参加庭审时的信息互动技巧，也更多是在传统的民事案件、刑事案件中所采用的技巧。至于有律师、法务团队参与庭审的大标的额商事案件，由于它们主要依靠书证形成一般理性人的判断，所以这些特殊的方法往往就不再起作用了。

　　限于本书的主题，上述特殊的信息互动技巧并非本书所能涵盖，本书在此略作提示，各位读者如有兴趣可以自行搜读相关文献以作深入了解。

其一是中国古代的"五听"方法。《尚书·吕刑》曾讲，两造具备，师听五辞。两造是指双方当事人，双方到齐了，断案要靠五听。《周礼·秋官·小司寇》记载："一曰辞听；二曰色听；三曰气听；四曰耳听；五曰目听。"《唐狱官令》在郑玄等人的注疏基础上规定了五听的具体步骤："观其出言，不直则烦"（看当事人的表达，语无伦次，则所言非实）；"观其颜色，不直则赧然"（看当事人的脸色，面红耳赤，则所言不属实）；"观其气息，不直则喘"（看当事人的呼吸，所言不属实则气喘）；"观其听聆，不直则惑"（看当事人的听感，所言不属实则听感迟钝缓慢）；"观其眸子，不直则眊然"（看当事人的目光，所言不属实则两眼无光）。明清时代，有人因其日渐不敷变化的社会形势而对五听提出过改良。清代的魏息园在《不用刑审判书》进一步阐述，"或引而亲之以观其情，或疏而远之以观其忽，或急而取之以观其态，或参而错之以观其变。醉之以酒，以观其真；托之侦探，以观其实；要之于神，以观其状"。这就充分运用情绪对当事人的影响，将情报探察技术引向更加主动化的方向。

其二是现代心理学中的写轮述，又称为冷读术（cold reading）。它是指即便对谈话者的信息情报毫不掌握，也能通过写轮述特有的谈话方法训练，结合对谈话者外貌、姿势乃至微表情的深入观察而获得非常有效的谈话者信息的技术。这是一种与五听技术相似，但基于现代心理学而产生的精密度大幅提升的信息获取技术。

上面两种庭审互动技术尽管由于现代民事诉讼理念的原因，在重要性方面大概率逊于形式书证，但对它们的结合运用则能够起到在稳妥适法的前提下，最大化探求客观真实的目的。在仅靠书证难以决断的部分案件中，往往起到决定性的作用。在笔者审理的多起书证存在瑕疵、无法鉴定书证内容的民间借贷纠纷、担保责任纠纷案件中，这些方法均发挥了重要的作用，甚至促成了长达六七年的诉讼的调解。当然，这类实战性极强的技术，如不是亲身审理过千八百件以上案件也是很难有系统化体悟的。

（三）庭审的信息输出要点

有鉴于庭审的上述本质，庭审活动的信息整合与输出自然要更契合案件的实体走向。和律师不同的是，庭审阶段律师虽然信息输入输出并举，但律师庭审活动的本质是输出，是让法官最大限度地接受于己方有利的信息。但法官则不同，庭审阶段是最重要的信息输入过程，而这一过程本书前文已经多次提到，此处不赘述。但既然考虑到法官庭审结束后要进行全体实务法律工作者最终的输出环节，那么庭审环节自然需要更好地输入。而为了实现更好地输入，法官自然也有必要在庭审中整合信息与输出信息，输出是为了与各方当事人及其代理律师互动，采集有效信息点。所以在此要注意的是，法官在庭审上的信息输出需要遵循以下三点原则：

第一，形式上的公正，充分保证当事人的程序性权利。如果由于时间紧迫无法让所有当事人或律师畅所欲言，那么至少要保障双方当事人对等性的程序权利。只让一方当事人充分发言，阻止另一方的发言，有时连庭审的正常推进都无法完成。

第二，发问要针对原告的请求权基础，一项一项地核查清楚；针对被告的抗辩，也要一项一项地查明。不要想起来一个问题问一个问题，不仅无逻辑性可言，而且容易遗漏。不要被当事人所陈述的背景事实、辅助事实带偏、带跑，那样的话庭审将陷入无止境的状态，而且还难以获得有效信息，庭审结束了也不知道如何裁判。要围绕原告的主张、被告的抗辩，按照法条规定的要件事实一项一项地去核实。

举个例子来说，在车辆买卖合同纠纷中，原告作为车辆的抵押权人，主张被告一（出卖人）和被告二（买受人）订立的买卖合同无效。其理由在于车辆存在抵押登记，在有抵押的情况下买卖车辆的合同应为无效，而且二被告压低车辆出售价格，故意损害了原告的利益，原告有权主张二被告签订的合同无效。从上面这个事例我们可以看到，教科书上那样完整的、主张抗辩情况明确的案例其实是不多见的，现实生活中大部分的实例都是这种交错着各种理由，要件事实、非要件事实穿插的事由，这就需要法官在庭审中进行必要的信息整合，剔除杂项，捋出要件事实，精查要件事实对应的具体事实。

在上面的例子中，原告的请求权基础其实并不止一个：其一，权能分离（处分权受限）情况下不得订立买卖合同，对应请求权基础为《中华人民共和国物权法》第一百九十一条第二款（抵押期间未经抵押权人同意不得转让抵押财产，《中华人民共和国民法典》第四百零六条已对此作出重大变更，即抵押期间，抵押人可以转让抵押财产）。其二，当事人故意压低价格处置了车辆，导致原告的抵押权不能实现，对应请求权基础为《中华人民共和国合同法》第五十二条第二项（恶意串通，损害第三人利益，与《中华人民共和国民法典》第一百五十四条条文主旨相同）。如果我们不区分这两个请求权基础，而是把它们放到一块儿去审，那就难以得出明晰的结论。首先，第一个请求权基础指向的法条规范本身就不是效力强制性规定（至少应知《最高人民法院关于审理买卖合同纠纷案件适用法律问题的解释》（法释〔2012〕8号）所确立的无权处分合同有效的规则，无权处分买卖合同都有效，有权处分、只是所有权受抵押权之限的情况下处分更应有效，职是之故，《中华人民共和国民法典》第四百零六条对抵押财产的转让不再予以限制），所以即使符合法条规范规定的要件事实，也不能得出买卖合同无效的结论。其次，再审理第二个请求权基础。这时就千万不要把抵押权这个问题裹进来了。否则就容易形成误判。抵押权也好、债权人也罢，这里考虑的不是优先权能不能实现的问题，这里的第三人就是一般的权利人（债权人），所以千万不要想什么优先性的问题。只要把原告当成《中华人民共和国合同法》第五十二条第二项的第三人，这时的要件事实就明晰了，二被告以损害原告的利益为目的订立合同。这样，即便合同价款低，那也只能说明被告二受益了。要达到合同无效的目的，原告还得进一步证明被告二知道原告是抵押权人，低价拿车的目的就是让抵押权无法实现才行。所以单靠合同价款低，车辆又登记给了原告这个抵押权人是无法证明恶意串通这个事实的。低价也好，存在抵押期间出售也好，最多能证明出卖人的恶意，而买受人（与出卖人相契合）的恶意是证明不了的，因为买受人有很大的概率是单纯图便宜，不能认为图便宜是法律所否定的那种恶意。这样，按照剥离出来的要件事实，就能达到深度询问的效果。此时应向当事人输出什么信息呢？首先，在这种案件中，原告很难举证证明被告二的恶意，所以应优先询问被告二买车的背景这样的具体事实，通过被告二的自述看能否提取出其恶意的事实要素。如果能，可以以被告二自述的于己不利的事实直接确定。如果不能，则要反过来询问原告能否说明被告二的恶意，能否就此举证。这样，法官的庭审信息整合与输出就能完全契合到最终的实体判断上来了。否则庭审问不清楚，判案就只能拍脑门酌来酌去，或陷入不依规范分析要件事实、证明责任等一整套精密工具而只凭朴素的正义感断案的低精度裁判中。

第三，对于不易举证的事实来说，虽然靠证据规则裁判是一种相对比较安逸的做法，有时在山穷水尽时也是最后的无奈之举，但通过法官的询问技巧实际上是可以掌握相当程度的具体事实的。虽然民商事案件中，双方当事人往往不会全部如实陈述，有的隐藏部分事实做陈述，有的干脆虚假陈述，但假的真不了，前后矛盾、口径不一、明显不合常理、闪烁其词等庭审表现均可以作为突破口。声东击西、连环深入、举例反推等常用的手法往往可以挖掘出相当多的有效事实要素。当然，对于这种技法的阐述本身也是值得用一本书来说明的问题。本书在此处所要点名的是，对于一些明显的违反常理的举动应引起法官的重视，并努力发掘这种违反常理举动背后的深层原因。

三、庭后产品的输出

虽然庭审结束后，部分律师会提交书面的代理词进一步与法官沟通，法官也会再摄入一定量的信息，但总体而言，庭审结束后就迎来了案件审理的最终环节——促成当事人的调解或最终制作并下发裁判文书。这将是案件审理阶段全体法律实务工作者信息输出的最后一环，也是最终的法律产品，这也使本书即将迎来它的休止符。

从法官制作的法律成品数量来看，除非在调解中心专门从事调解工作，否则极大概率事件是法官完成的判决数量会超过调解书数量。这容易使人产生一种误解：判决的重要性要超过调解。从法律职业人的角度来看，判决文书展现出的高水准容易引同行艳羡，而调解书由于发挥的往往是法学专业素养以外的技术，难以引起法律职业共同体的共鸣。就算是想重视调解工作，由于调解文书参考性的匮乏、调解结案的精华完全在于工匠性的操作层面，在事实上也难以推广个体的调解经验。加之全体职业法律人，包括法学理论工作者在内，都把靶向中心瞄准各色案例，更容易让人把精力放在对判决书的打磨上。虽然说一篇好的判决书，其示范意义、指引意义、分析方法等方方面面均具有重要作用，但我们仍不能忘记裁判活动本身具有的多重属性。如果说我们只看到裁判活动具有确认当事人权利，保证其私法权利以公权力的方式实现的作用，那就是局限于人类所创设的部门法学的苑圃而不能自拔的体现。法是关于正义与不正义的科学，虽然有了主观权利的萌芽，但权利意识发挥作用还是要见诸解决纠纷本身。由于解决纠纷、分配正义的科学技术化，人的主观权利群才被发明出来。当代的裁判如果要提升其精度，依靠权利分析工具是势在必行的，但却不能认为司法过程只是实体权利投射到国家权力机关解决程序的投影，因为它还有着源初解决纷争的目的。正是由于这种原因，即使当事人的正当的、合法的权益受到一定损害，但只要这种程度的损害能换取到另外的一些益处，当事人同意忍受这种损害的情况下，调解工作便能推进下去。而调解工作的完成同样是法官裁判活动的目的本质——定分止争，虽然它不以权利义务的分清为前提，甚至可能以明确地违背法定权利义务为前提，但却可以解决"法"出现的源初目的。所以无论如何，调解工作都是实现裁判活动本质目的的手段，在这一点上不仅不次于判决，甚至往往优于判决。所以本书在法官的法律产出品部分将分两个方面的内容来分别论述调解与裁判的技法。

（一）调解技法

调解不同于判决，前者注重口头功夫，后者注重笔头功夫。从最终的产品形式上看，尽管具有执行力的也是作为书面文书的调解书，但一纸调解书根本体现不出什么有效的信息。所以从调解书本身入手，去发掘所谓"优秀调解书"所展示的先进经验或写作要素就是痴人说梦。所以说，调解书尽管是最终的法律成品，但其出产过程的要点并不在动笔写出调解书的内容，而在其前置程序：通过口头调解工作使当事人的利益达到平衡点从而使双方当事人都能够接受这一过程。

调解工作是一件可遇不可求的事。无论我们怎么追求和谐、如何注重修复当事人之间的关系，都有许多案件是无法调解成功的。否则纠纷就不需要由法官来决断，只凭调解委员会就能做成。但这并不是说调解不可以通过主观努力和方法的改进而提升成功率。

1. 调解工作的时机。

虽然在整个案件审理过程中，法官都能够主持调解工作，但选对时机不仅事半功倍，而且也能避免审判工作中出现的麻烦。庭前调解可以省去庭审时间、节约不少司法资源。许多法官，特别是年轻法官喜欢在庭审前做调解工作，希望在庭审前就能把案件化于无形。确实，通过与当事人接触，能够感到当事人对立情绪并不严重时，可以在庭前做当事人工作，也能够避免因为庭审的唇枪舌战而使双方矛盾激化，让调解工作变得更为困难。但在庭前调解的方法上应控制在舒缓当事人的情绪，粗线条地分析诉讼利弊的范围内。一旦分析过于深入，或做调解工作过于执着，不仅不能起到化解纠纷的效果，反而容易让当事人对法官的司法公正性产生怀疑，甚至连庭审都无法正常进行。

在庭审进行过程中，一般为了法庭调查的连续性考虑是不会做调解工作的。但在十分特殊的情况下，如一方展现了强烈的调解意愿而对方也不反对，或双方均展现了比较强烈的调解意愿，又或者法官经过研判认为调解的时机已经达成，如果进行更深入的事实调查当事人可能不会存在调解可能性时，可以及时休庭进行调解。在案件较多时，法官传唤当事人开庭往往会连续安排多个庭审，此时应注意把握好调解时间与节奏，以免为了调成一个案件而使得后续案件的当事人产生不满情绪。

从时机上看，实际运用最多的还是庭后调解。事实调查完毕，法律关系完整地呈现给各方当事人和法官以后，更有利于法官通过释法说理的方式，结合调解结案给当事人带来的益处来说明。有些事实在庭前向当事人点透了，就难以查到想要查明的客观事实了。

2. 交叉学科的知识依赖。

虽然说调解能否达成确实和当事人的人格特征、生活经历、与对方当事人之间的羁绊关系密不可分，但在多数情况下，当事人打官司的肇始仍是其认为本应守恒的关系被破坏，出现了所谓利益不平衡的状态。如果说利益不平衡是其认知的起源，那么调解工作只要由利益平衡入手，就不会是全然无解的状态。在某些类型的案件中，当事人打官司完全是被对方当事人前期行为惹到无可忍耐的地步，由此发动诉讼并誓战到底。在这样的案件处理过程中，单纯的利益平衡甚至说利益平衡本身对调解工作是不能奏效的。这时需要法官来完成的工作是舒缓当事人的情绪，降低其进攻水平，从而一步步地导向调解。从上面两种典型事例来看，调解不仅要依赖法律知识的判断，而且更要倚重经济学、心理学、社会学等知识的辅助。这就是本书前文所提到的，作为法官要涉猎上述学科基础知识的原因。当然，我们也可以全然不学，仅凭朴素的认知或个人的经验来作调解，也不一定做得差。但如果想做得更好，在方法论上更加科学化，针对不同当事人、不同具体事案运用不同类型的对策，学习了这些知识可能又是一个质的飞跃。

如果说判决的作出需要精密的分析过程，越是法律关系复杂的案件越需要精密地拆解法律关系的话，调解工作的方法似乎是完全反过来的一股劲儿。多数人可能对于调解工作的第一印象都是这样。甚至有许多学者型、学院派的律师、法官都由此本能地轻视调解。实际上，随着当事人权利意识的提升，过去可能出现的那种纯粹和稀泥式调解、纯粹的比较诉讼标的价值和被告抗辩数额取均值、按照当事人贫富程度分配案涉财产的做法基本都难以成功地实现调解工作了。以笔者的经验来看，要想当事人接受调解，削弱当事人过高的预期，就非要先把案件法律关系吃透，向当事人讲明其可得利益的空间范围不可。这是说服当事人的基本前奏曲。而且比起撰写判决来，更要条分缕析地向当事人耐心细致地说明其诉请或抗辩的不合理成分，从而让当事人从心理上认同、信服，再比较调解方案，从而在调解方案中寻到有利点，才能最终达成调解。所以，千万不要小觑调解，它是如同判决一样的精密分析和如同聊天一样的情感交流的结合体，是依据法律知识的"收"和依据人格经验的"放"有机统合的结合体。虽然它最终不像一篇判例一样以书留世，让人们观摩学习，但其实是一种比之更高的"隐于形"的艺术，值得法官在职业生涯的终身去体味与研究。

（二）裁判文书写作技法

如果调解努力宣告失败，或者案件并无修复当事人关系的可能，那么最终的法律产品——判决书就要登场了。一方面，由于前述法学理论的吸收与生产处于"自循环"状态之故，在法学院读法学专著多了便会达到"熟读唐诗三百首，不会作诗也会吟"的境界。而且，对于长期从事论文写作的法学理论工作者而言，"顺带"出品论文写作方法的心得并非难事。所以，法学论文的写作方法也是一块儿固定的"市场领域"，在学生们的殷切需求下是具有相当市场的。另一方面，法官的最终产出品——判决书、裁定书每日出产量巨大，但是却少有系统指导性著作问世，这不能不说是一件憾事。究其原因，笔头功夫了得的理论工作者并不从事实务工作，想要开拓这块市场也是巧妇难为无米之炊。法学理论功底再扎实的学者，如果不是亲历千八百个案件，都难以高度精确提炼法律文书中的事实要素，论理时做到"多一分将语失，少一分则不满"的圆润状态。当然，这种理想的状态是长年的笔耕训练加上失败中吸收的教训辅以深刻的观察方能见到。这就如同高考高分（甚至满分）作文一般，是长年修习的结果。关于裁判文书写作方法的心得，本书此处仅做提要式的建言，更为系统的介绍将让位给笔者预定出品的专著。

判决书的主文部分作为具有国家强制执行力的内容，固然是案件定分止争的决定性内容，但它们并不是随便得出来的，而是经过判决主文以前的各个结构有机统合推导而来。所以判决文书作为确定当事人权利义务的决定性产品，各个部位都要经过打磨才能出世。本书所提示的裁判文书写作要点不仅有助于法官从正面建立积极的写作意识，从反面来看，如果对这些要点不加注意或背离而行，往往会产生薄弱环节的突破口，引起更高位阶裁判文书对它的否定。因此，下文所提示的文书写作要点也是律师在查阅判决文书时所应注意的要点。

尽管在人民法院诉讼文书样式中有判决文书格式的详细描述，格式问题可以照搬样式，但千万不要忽视了制式部分内容可能带来的对于实体判决或程序裁决产生的影响。比如，管辖权异议的案件中，如果能够查明法人的主要办公所在地，应以该地址作为法人的住所地。那么在管辖权异议裁定中，首部当事人信息位置就应记载法人的该地址。有的裁定书并不注重首部内容的细节，在首部法人住所地处按其营业执照的登记地址写明了住所地，后面又在本院认为部分大书特书查明的主要办公场所地址与登记地址不符，应以主营地为住所地，这样裁定就出现自相矛盾的情形。无论当事人看了还是上诉到二审法院，都会让人看出问题。又如，在涉外案件中，外籍人如在国内有住址，可按国内送达的手续进行送达。此时，认真审核当事人住址，不把首部地址处填写成国外住址就非常重要了。在笔者审理过的一起借款纠纷案件中，被告虽然具有外国国籍，但在近一年涉诉的案件中确认过其国内的住址。向该地址邮寄法律文书被退回后，如确需进入公告送达程序，可不必按涉外送达的公告期进行送达。这说明了首部等定式信息也值得充分重视的缘由。诉讼文书样式对于案件由来的定式写法也有助于人们分析案件，如发回重审、指令再审等信息，可以使人了解案件的程序性历程和实体结果的变动方向。原、被告诉辩主张的写明固然要以其自行陈述为基础，但为了行文逻辑的流畅以及避免过于繁杂冗长的目的，可以用要点进行概括。

当然，判决书最重要的环节还要从事实认定开始起飞。下面我们重点来谈一谈事实认定部分的记述方法。

1. 事实认定部分的基本生产法。

我们所看到的判决书成稿中，事实认定和本院认为部分往往能够形成分庭抗礼的局面。事实认定部分就好像记叙文，本院认为部分则像命题作文中的议论文。许多不擅长文字工作的初任法官乍一听主要司法产品是写记叙文和议论文，不免心里有些犯怵。实际上，和学生时代撰写的文章不同，事实认定和本院认为不仅有一定格式可循，最主要的还在于内容的给定性、限定性，我们既不能天马行空地展开想象去撰写事实部分，也不能凭借朴素的感知去杜撰议论产生的依据。那么这种限定性是由什么所带来的特性呢？那就是我们分析的前提，我们在庭审结束以后，动笔写判决以前通过庭审、走访、勘查等形式收集到的必要信息。就好比写法学论文，我们需要在大量阅读的基础上发现问题点，通过深化阅读发掘问题点的周边资料，形成知识前见的系统描述（文献综述），在综合分析前人成果的基础上迈进创新。写论文就像煮粥，需要各种原材料，准备好原材料后下锅熬，熬到一定火候，原材料发生看变，就成为香浓可口的粥了。案件判决的生产是一样的道理。虽然道理人们都很明白，但要想让原材料看变得可口，还是需要一定科学方法的。就像做菜有菜谱一样，裁判文书的生产也有一定的规律可循。

对于事实认定环节的写作来说，这种方法论显得比本院认为的论证部分还要重要。因为后者至少有当事人的诉请可供分析，可以围绕诉讼请求展开，而前者没有一定之规。表面上看事实认定想写什么就写什么，除了体现要件事实的具体事实，还得写非要件事实的背景事实。有的人按时间顺序写，有的人按当事人诉辩主张的事实顺序写；有的人事实记述得非常短小，有的人事实则记述得非常长。如果是初审案件的法官，对于事实记述的范围、精度、线索可能均存在无从下笔的情况。笔者通过这些年的工作，阅读到大量的、各式的判决，经过反思、整理形成一些心得，希望以下这些步骤能有助于法官的事实认定记述工作。

（1）要件事实的回顾。本书在前文已经阐明了固定请求权基础对丁案件审理初期阶段的重要作用。固定了请求权基础，也就固定了本案的要件事实。法官只需要根据当事人主张的具体事实来判断要件事实是否成立即可。这个判断的过程，就是构成要件是否满足的分析过程。由此我们可以推断，哪些事实一定要写进判决呢？就是帮助我们分析本案构成要件是否满足的具体事实。而判决写作的第一个重要环节，就是回顾本案的要件事实，以要件事实为抓手，反过头来回射具体事实。具体事实虽然看起来千变万化，让人不好把控，但其实也是有规律可循的：第一，法官不能自己编写具体事实。原告没主张过，被告没抗辩过，双方都没有过任何预期的事实，法官是不能编造的。为什么法官不能编造事实呢？法官再觉得客观是哪样，也不能超过当事人的诉辩主张，否则就违反了民事诉讼最为重要的辩论原则。比如，原告（承租人）主张房屋租赁合同的价格明确约定是1.2万元/季度，而被告（出租人）则称存在重大误解，1.2万元对于涉案房屋所处地段来说是不可能的，合同价格应该为1.2万元/月。法官经过市场询价发现同类同地段房屋的市场均价是 8000 元/月，该价格更符合案涉房屋的客观租赁价格，能不能把这个事实作为法官认定的事实来写呢？当然不能。民事活动的第一原则是基于民法全体的意思自治原则，意思表示到底真实不真实，是否是书面合同上的价格是双方当事人的争议焦点。双方都没有争执的，所谓的客观价格根本不应作为主要事实予以认定，否则就超越了当事人的诉讼预期。当然，个别情况下有例外。比如，关于合同效力的审查，如果双方均未主张无效，但经审查发现合同确实具备无效的要件事实，那么人民法院是可以以无效为前提来考虑原告的诉讼请求能否得到支持的。又如，对于合同签订、履行真实性的审查，也可以在双方均未主张时径行审查。再如，发现合同并未真实订立或履行，双方存在恶意诉讼、虚假诉讼的情况，可以认定双方均没有主张的事实。当然，从上面这些少数例外来看，都是突破了民事诉讼的处分原则和辩论原则的制度设计，这是为了诉讼活动中更高的价值追求（全体社会的公共利益）而作出的例外性规定。

那么问题来了：既然法官所认定的事实需要局限在双方当事人诉辩主张的范围内，如果原告所主张的事实是虚假的，那要怎么办？答案很简单。既然民事诉讼是两造对抗，就一定要充分依靠双方当事人自身的力量去解决问题。多数情况下，原告所讲的事实并不会无中生有，但其讲述的事实能不能产生相应的法律效果就不一定了。不妨先顺着原告主张的事实梳理主要脉络，再依被告抗辩的事实、原告复抗辩的事实组建精确化的具体事实。这就像写论文一样，我们在写某个问题的时候固然要在论文里实现一定量的创新才能使论文的生产有意义，但相对于论文全体内容而言，绝大多数记述并不会有什么创新性，否则就是一篇惊世骇俗的全新领域的开拓性文献。我们可以在吸收前人研究成果的基础上，找一篇或两篇结构清晰的论文当作参考对象，以其骨干结构作为自己论文的架构是非常简便可行的方法。如果原告主张的事实为被告否认而不是抗辩，双方对同一事实形成正面对冲，那么在撰写判决时便可以根据已经形成的心证来描述该段事实的样态。因为民事诉讼主张共通原则的存在，原告主张过的、被告主张过的事实都可以进入事实描述的范围内。而这些事实无论是出自原告之口还是被告之口，它们拥有一个共同的特征——均应是覆盖要件事实的具体事实。如果抓住了这一点，事实认定的写作部分就不会漫无边际，也不会缺斤少两了。后面的本院认为部分也就有了充分的依托：前面一个事实描出，后面一个分析法律适用，这就是最为规整的文书写作方法。

（2）事实要素的搜集与整理（认证过程）。有人说，对证据的举证、质证、认证分析环节应出现在事实认定之前，为什么不把认证过程摆在事实认定的首位呢？确实，对证据的分析是固定事实要素存在与否的基础性前提，证据能够采信了，事实要素才能固定，事实要素固定了，具体事实才能描出，具体事实描出来了，要件事实存在与否才能说清楚。从逻辑推演的角度上讲，确实是这样的正向推导过程。但如果以为这样的正向推导过程能够解决司法实务的问题，那就是纸上谈兵了。在审理案件的过程中，真实的情况是，当事人可不管什么要件事实不要件事实的，把能想到的事实都讲一遍，把能举出的证据都举出来，不管什么请求权基础和要件事实的查明。即便存在代理律师的场合，代理律师恐怕也要在某些情况下顺从委托人的意思，"过滤"作用有限，况且某些对法律关系把握精度不高的律师本身也倾向于过多提交证据。如果我们坚持正向工作法，万事以当事人的陈述及其提交的证据为起点，从当事人所提供的证据材料中固定事实要素、抽象具体事实的话，将会存在诸多冗余信息要素，使案件办理陷入低效率的程度。当然，如果只是影响效率问题倒还是次要，更为主要的问题是，我们将陷入当事人所主张或抗辩的全体事实中无法自拔，看不清解决问题的方向。

在此，笔者以审理过的一起合伙协议纠纷案件为例加以说明。甲乙之间存在合伙协议，甲曾对合伙出资 10 万元，后双方因经营合伙企业不善，而导致合伙出现亏损。甲主张乙返还出资 10 万元，并对合伙盈利 1 万元进行分配。乍一看，甲的诉讼请求似乎是基于合伙清算而发生的请求权，提起本诉并没有什么问题。但如果深入请求权基础以固定要件事实的时候，就会发现问题的所在。首先，如果请求分配盈余，自然是基于对合伙的清算。其次，如果需要清算合伙，那么不仅应分配盈余，还应清算合伙债务，对合伙债务以合伙的约定来分别承担。如果没有约定或约定不明，盈余及债务需按法律规定均分。最后，按甲所述，合伙经营状况并不好，其出资部分又为什么主张全额返还呢？通过前述溯源请求权基础的过程，不难发现甲要求的全额返还出资和请求分配利润本身就可能存在请求权基础的对抗。经一审法院询问，甲主张其请求权基础为合伙协议无效，所以才需要返还出资。如此一来，便能确定其两个请求权之间存在的矛盾之处了：合伙协议无效，甲便不能按合伙协议请求分配利润；合伙协议有效，甲便不能全额请求返还出资。因为甲提起的是合伙协议无效之诉，所以只要进一步固定其请求权基础规范，无效的要件事实就出来了。法官只需要对照原告提出的具体事实与法律规定的要件事实是否相符即可。遗憾的是，一审法官过于跟随当事人的思路前进，把合同履行的过程，财产的分配情况等作为重点来调查，最终也因为没能调查清楚现存财产的情况而以当事人没有清算为由驳回了原告的诉讼请求。如果原告真是基于合伙清算而请求返还财产、分配利润，那又如何能以当事人没有清算为由驳回诉请呢？如此一来岂不是相当于一方当事人不乐意清算并解决纠纷时法院也不能解决纠纷了吗？虽然一审法官也作了复杂的询问工作，但是没能抓住当事人请求权基础这个要点，导致的结果就是走进了事实的迷雾中，最后没能寻找到原告自己要到达的方向。如果能及时沿着当事人的请求权基础固定要件事实，在合同无效的具体事实上深耕，首先会比其所做的功要大为减少，其次能否返还出资将一目了然，判决结果也将顺利得出。当然，合伙在民法理论中属于合同，而我们今天所讲的合同制度上的买卖、借贷等其实都属于契约。合同行为是同向行为，契约行为是对反行为，二者在无效情况下的法律效果也不尽相同。只不过那就是需要在合同有效或无效之后进行的分析了。所以在现实审判过程中，不要采用一切导源于当事人的正向法，要采用法源第一，以法源卡诉请的半逆推式工作法，方能事半功倍。

让我们回到本环节的工作中来。回顾了原告的请求权基础后，要件事实就固定下来了。这时候需要做什么工作呢？分析和固定原告提出的具体事实，为后一步对比、嵌合具体事实、要件事实预作准备。原告提出的具体事实就是原告方所陈述的事实，这部分一般并不需要过多加工，只需提炼即可。如果原告方委托了律师代为参加诉讼，很多情况下都可以省去提炼的环节。但原告主张的具体事实和要件事实有没有关系，则是现阶段需要分析的首要问题。比如，被告想证明原告知道其权利遭受侵害的起算点，从而说明原告的主张已经由于已过诉讼时效而丧失诉讼法上的胜诉权，被告主张的具体事实是什么呢？原告长年居住在国外，但曾有多次回国的记录，回国时落脚点在被告家里。那么此时我们看，即使这两个具体事实得到了证明，能不能就说明被告告诉过原告相关权利已经处置，原告已经知道其权利遭受侵害呢？显然还达不到其证明目的，即使双方曾保持交往，也不能说明原告告知过被告其权利被处分的具体事实，而这一要件事实（原告知道其权利受到侵害）需要由更为直接的沟通记录来说明。这就是针对要件事实对具体事实进行提纯的环节。如果具体事实的排列组合尚不能达到要件事实的规定程度，那么即使具体事实全中（全部能得到证成），也不能实现该方当事人的证明目的。所以在不进行提纯的情况下径行分析具体事实对应的证据就是一种低效的方法。如果说经过提纯，原告主张的具体事实不能实现其证明目的，是否就能依据证据规则进入裁判环节了呢？答案自然是否定的，即使现代法官高度重视法的技术特性，也不能掩盖他们以各自的方式尽量追求客观现实，从而尽最大努力追求客观真实、实现公平正义的价值追求。那么，在经提纯以后发现原告主张的具体事实出现断裂层，不能实现要件事实的规范要求时，法官要如何去做呢？如果原告所述的具体事实距离要件事实尚有一段差距，但其主张的具体事实是向弥合这种差距迈进的候，不妨在庭审询问中以发问的形式来解决这个裂痕。比如，在上面的事例中，询问双方的书面通信记录，在双方曾保留的沟通记录中，有没有过告知权利处置的事实等。如果说，原告主张的具体事实和要件事实相比根本就是风马牛不相及，完全没有契合的连接点，那么此时依据证明责任来处理就难说不妥当了。笔者把第一个环节称之为事实要素的提纯。

如果经过提纯以后认为，原告主张的具体事实能够符合要件事实的规范，此时就原告所主张的情况而言，就只剩一个需要查证的问题了：那就是原告自己提交的证据，被告的自述情况，原、被告的攻守互动能不能充分说明原告所主张具体事实的存在。说到底，这一步就是现代人工智能再发达，也不能取代裁判中人工思维的本质特征。这一步是具体材料到事实经过（由物证、书证、视听资料、证人证言所提炼、萃取的能在人类经验上形成的高度盖然性的事实），由证据材料变成鲜活的具体事实过程，由点连成线的过程，在事实认定环节具有核心意义。

那么这一步在判决文书中是如何体现的呢？标准的写法是原告举证、被告质证、法院认证，通过认证以后形成法官的内心确信，从而判断原告所主张的具体事实是否存在。对于被告的抗辩事实，也同样依此处理。即标准的写法是：原告主张一个具体事实—对应原告提交的哪些证据—被告如何质证的—法院如何认证（采信或不采信：从证据的三性出发来分析）—具体事实存在不存在。当然，这一步是确定具体事实存否的环节，笔者把它称之为"生的事实"。后面我们还需要再度加工，把它们串成一条鲜活的、连贯的、符合常理的事实线，笔者称后者为"熟的事实"。刚才说过，上述五步法可以作为"生的事实"要素的加工方法，而且它也是民事诉讼文书样式中的标准写法。但在具体写作中，上述步骤不一定要一个不落得写全。某些案件证据资料过多，如建设工程施工合同类案件，单把证据情况写清楚了，判决的认证部分恐怕就要百八十页，一来会使得判决过于冗长且显得体例上头重脚轻；二来将使裁判文书在事实争点部分的论述显得重复；三来无论是当事人、上级人民法院的法官还是社会大众，对于过于冗长繁杂的举证、质证、认证过程均难以提起兴趣。所以在证据过多的情况下，可以不必在裁判文书正文中列明上述五个环节。如果怕在证据上有所遗漏，可在裁判文书后列附件，载明原被告提交的证据目录。但无论写明不写明上述五个环节，它们都是形成事实认定环节的最原始素材，这个认证分析的环节是加工判决时所不能缺少的。

由于这一环节具有高度的分析属性，是把静态的材料结合当事人的陈述演化为动态的事实要素的过程，这一环节的具体步骤，笔者建议先用图文交错的方式来打底。具体的方法为拿着原告提交的证据目录，首先针对原告诉请所提出的具体事实理由，按照其提供的证据及被告可能有的自认情况逐一核实，能证明事实存在的，在证明目的上勾出具体事实挑勾，如果原告自行提供的证据目录中证明目的不清晰，可以用笔勾写并备注具体事实 A、B、C 的存在。如综合全案当事人的陈述和原告自行提交的证据不能证明具体事实 D、E、F 的存在，可以在相应的证明目的上打叉。对于被告提交的证据目录，结合被告陈述的抗辩事实可如法炮制。一般而言，对于法律关系并非十分复杂的案件，只要把原告证据目录分析结果表和被告证据目录分析结果表对比来看，就能发现其中事实 A、B、C、G、H 等要素。其中哪个具体事实要素对应原告提出的诉讼请求所关联的要件事实，哪个具体事实要素对应被告提出的抗辩所关联的要件事实，就能一目了然得分析出来。笔者把这第二个环节称为事实要素的认定。

至此，我们把事实素材已经加工成了半成品，下面的环节自然就是把它们调味并烹调至熟了。

（3）故事（story）检验与叙事（narration）的形成。①当事人故事的检验。首先，根据原、被告的陈述，框定二者的交集——无争议事实部分。有许多类型的案件，当事人对某些方面的事实很难产生争议，如财产保险合同纠纷案件中，案件的背景事实——事故发生经过、事故责任认定、车辆所有权登记情况往往都是没有争议的，这些事实对案件的由来具有重要的描述意义，可以依据当事人的共同陈述来确定。实际上，在大多数合同纠纷案件中，只要不是对主体问题、效力问题提出釜底抽薪式的抗辩，合同的订立过程、合同约定的内容等事实双方当事人通常争议的余地也不大。这些无争议的事实是分析有争议事实，乃至对争议法律关系进行分析的必要基础。对于原告诉状、被告答辩状中能够提炼出来的无争议事实，庭审中双方当事人陈述形成的无争议事实应保持用特定笔迹、特定标识标出的良好习惯，在日后撰写判决过程中，它们应作为事实认定的起点部分予以阐明。当然，这里需要注意的是虚假诉讼及恶意诉讼问题，对于凭借经验事实能够判断出双方陈述的一致事实可能损害国家利益、公共利益及潜在的权利人利益时，应及时进行关联案件检索，并依据虚假诉讼的处理规则处理，当事人一致确认的事实可以作为分析认定虚假诉讼的工具之一。

其次，当事人之所以将纠纷形成诉讼，各方之间几乎一定会对相关事实存在争议（只有极少数案件仅争议法律适用问题）。对于争议事实的分析就是事实认定的第一把手。我们在前文中已经谈到，经过认证环节，法官手中已经积累了不少事实要素。它们都是一个一个的点，如何把它们穿起来呢？最为便捷的方法当然是要依靠当事人的陈述。一方面，这比没有经历过案件过程的法官凭空去排列组合事实要素容易得多；另一方面，如前文所述，这也是辩论主义原则的要求使然。但是，一方当事人的陈述很可能是不完整的、错误的，甚至是虚假的、杜撰的，这就需要结合两点去收缩：一个是要靠对方当事人的否认，有了对方的否认，事实是否成立便成了待决（待证）状态；另一个就是要靠上一个环节所形成的具体事实要素（它们已经经过认证环节而在法官内心形成该事实存否的确认）。

②中立性叙事的形成。很多时候，原告所讲述的故事并不完整、真实，被告方也是，双方的陈述去伪存真、彼此叠加后才能成为我们一般意义上认为的法律真实。法官叙事的构成就是在原、被告陈述中取二者共同确认的部分，加上彼此虽然不认可的部分，但能由具体事实要素依托而串联起来的事实。

（4）案件事实的描出。经过上面一连分析加工环节，判决书的事实认定部分便能够最终生产出来了。虽然说点已成线，线已成面，但那还属于我们构思、分析的过程，还没有落到纸面上。就如同写作文一样，光有好的构思，有结构大纲这样的骨架不能形成一篇好文章是一个道理，一篇优秀的判决中事实认定部分的描出同样需要注意其写作技巧。虽然说事实认定部分比起本院认为部分来更加能让论者天马行空，表面上完全没有框架拘束，文风似乎任由法官的个性决定，但判决书作为法官为人民法院工作的职务作品，实际上有其本质目的——推演判决主文的合理性。正是本书所一贯倡导的事物本性理论的要求，案件事实认定部分的写作方法实际上也并非可全然"放飞"。

通过笔者所审理的数千个二审民商事案件，笔者有机会见到过各种各样的事实认定写法：有的非常简洁，简洁到只有一句话（事实经过如原告所述）；有的稍长一些的有一段之长；有的非常复杂，事实认定阶段便有数十页的篇幅。在这些或长或短的事实认定行文中，多数有其内在逻辑可循：有的把原、被告陈述的事实分别写出，当成事实查明的过程；有的则完全依据法官心证确认的事实要素穿针引线，形成事实认定；有的则只写无争议部分，如订合同的过程双方无争议，从履行合同开始双方就存在争议，后续的事实要素过程一概不写（此时解决篇幅过短问题的一招便是抄写合同文本，表面上看事实认定好几页，实际上都是抄写合同）；有的是根据历次开庭当事人陈述来总结事实，所以事实描出过程并不是事件发生的顺序，而是庭审询问的顺序；有的则是依靠律师的代理词来总结事实（摘要抄写代理词）。可以说颇有些八仙过海，各显神通的意味。

事实认定部分的写法还不同于本院认为部分。本院认为部分关于案件适用法律问题的分析是不可能凭借论者的主观意愿来编制的。因为法律适用有各色法源在框定法官的论理。内容既然限定，文风也一样。天马行空，凭想象行文的风格也不可能出现，因为天马行空的写法是无法回应当事人的诉请，推导出判决结论的。但事实认定就不同了。现代法律体系中，没有一个国家的法律能规定案件具体事实如何发生，也自然无法规制事实经过的写法。那么事实认定部分是否以百家争鸣、百花齐放的姿态为好呢？笔者认为并不是这样。虽然法官千千万万，写作者的个人经历却有着天壤之别；案件事实更是变幻无穷，再多的经验也难以全面覆盖案件事实的多样性，但这并不意味着事实认定部分是千人千面的作文大赛。对于事实认定部分的描写我们仍然要回到判决这种法律产品的本性上来观察。判决的效果自然我们可以说上一箩筐，但首要的、最基本的、最源初的目的，还是为本案当事人所争执的权利关系画上一个具有国家强制执行力的休止符。如果看到判决的这种本质目的属性，对于事实认定部分的描写自然难以脱离这种本质目的。

其实，在实际工作中，在司法环节的运行过程中，当真正把处理案件作为主业时，最为困扰各位法官的往往并非那些法律适用上的说理逻辑，而恰恰在于事实的认定。笔者所见到的一审文书中，深觉内容优秀的裁判文书往往好在事实认定部分。一个事实描出对应一段后文的本院认为，事实的描述清晰、凝练、扎实，囊括了当事人的攻防方法，使得后文的本院认为能论得圆融而不漏，法律议论有清晰的事实线来支撑，整篇判决如同方程式一般，顺畅地推导出判决主文结果，而且符合人们的生活逻辑。其裁判主文结果不只是该法官，也可以让社会大众皆通过常识跟随判决的推导过程得出同样的结果。这种可堪是优秀的车间作业产品，比起包装得更为"好看"的产品来说，是更为法官所向往的。而这种奠定判决基调的内容正是其事实描写部分。

那么一篇好的事实认定记叙文需要注意哪些方面的写作技巧呢？笔者认为，在构思判决的事实认定部分时，如果能顾及以下方面的问题，一般来讲就是一种成功的产品输出了。

①虫眼与鸟眼的交错看取。所谓虫眼观察，多是复眼观测，对于微观视界的把握往往更胜一筹。所谓鸟眼观察，多从空中俯瞰全貌，所以又称鸟瞰，对于事物的全局把握往往更有优势。裁判文书的事实认定部分其实正是两种方法的结合体。比如，在机动车道路交通事故责任纠纷案件中，要首先从鸟眼观察的手法着手，把案件形成的背景介绍清楚。案件的背景就是事故发生的过程、机动车的所有人情况、机动车上保险的情况等，这些往往是无争议的事实（在有交通队的事故认定书时特别如此）。但无争议不代表不用记载。如果仅记载有争议的事实，即损失的数额，赔偿的计算方法，赔偿的范围等情况，判决就显得不伦不类，说论文不像论文，说案例不像案例，也让人看不明白，因为没有事故发生过程的描述，所以没有故事性。又如，建筑工程施工类案件是民商事案件中公认的复杂程度较高的一类案件，这类案件往往法律关系错综复杂，需要进行长篇论述。有的人对于事实与法律的论述界限并不十分清楚，有的人则不知道在事实阶段怎么写，因为双方在事实上的争议过大。如果写了所有的争议事实，实际上就顺便把争议事实认定了，本院认为部分又过于短小。如果争议事实不顺便把法官认定的事实写明，又只能写原告主张、被告抗辩，相当于把庭审笔录或代理词粘贴一遍，实际意义并不大，反而会使得判决过于冗长。这时候就要充分使用鸟眼、虫眼两路观测方法来记述案件事实了。首先，对于争议的形成背景要做鸟眼式观察，背景资料要梳理两个方面的内容：第一，双方无争议事实，特别是合同签订、履行过程中一致确认的事实；第二，有争议事实中对当事人诉讼请求或抗辩意见不构成决定性判定基准的事实，这主要是指非针对诉讼请求部分的间接事实，如果能结合证据认定，可以直接记载下来。其次对于当事人争议的事实要做虫眼式观察。这有两种方法。一种方法是结合双方当事人举证情况，对争议焦点部分的具体事实逐一分析认定，并记载在事实认定部分（有争议事实的认定）中；

另一种方法是在本院认为部分进行分析，结合证据的证明能力、能否达到高度盖然性证明标准、对方举证是否能再度使得同一具体事实陷入真伪不明状态等情况，以证明责任分配的法律规定及民事诉讼证明责任的分配原理进行逐一分析。这两种方法都是可以的，前者注重的是证据所体现出来的事实要素本身，所以在事实认定中着重撰写具体事实的样态；后者注重的通常是证明责任的分配规则，所举证据能否达到高度盖然性标准，实际上是依靠诉讼法的规定将事实要素进行法律化的产物。这时选用哪种记述方式要看当事人争执的重点是事实要素本身还是构成事实要素的法律意见。如果是前者，纯粹的事实争执，可以在结合证据的分析基础上径行写在事实认定过程中；如果是后者，相当于事实一旦认定是某种样态了，双方就没有后续的争议了，此时的事实更宜放在本院认为部分的分析中去谈法律事实的构造。比如，仍是在建筑工程施工案件中，当事人的主要争议焦点是已经完成的工程中，是否有原告主张的若干项增项问题。这种情况，自然要借助原始合同、图纸、工程量清单、合同附件乃至可能存在的鉴定报告去认定。有些工程确实没有出现在约定的各个书面文件中，但一定是增项吗？并不见得。有些是施工人自己施工的问题导致不得不在施工过程中做实际上的更改，这种更改并未约定在原始书面文件中，如果只看到现场有这样的工程便确定它是增项，实际上是在法律关系上混淆了债之更改和原合同项下的修补义务之间的区别。还有一些在性质上难以认定是增项，而应属于深化设计的情况。这就是为什么把偌大的工程交给鉴定机构去鉴定，增项问题最终往往仍存在不确定项的根本原因。对于双方这种争执的焦点，就宜把增项的认定问题写在本院认为部分，结合原始书证、签证变更的记载内容（对于确定性质非常关键）及鉴定报告逐项去分析、论证各个工程是否系合同增项。因为许多模糊不清的具体工程在鉴定报告中也不能体现增项，签证如果表述也不清楚，就往往涉及以举证责任的分配来分析增项能否成立的问题，这种论述就是完全贴合程序法规定作出的分析，而不是单纯就证据能不能采信，能不能让人觉得符合经验事实的事实描述过程。当然，如果确实难以分清究竟在哪个阶段来写争议事实的问题，还有一种相对比较安逸的做法。那就是无争议事实写完后，用一段文字简要描述原、被告对什么问题存在争议。这也可以作为一种事实描述的方法，让人能够大略上理解本案在背景事实下产生了哪些具体争执，这些争执可以留待本院认为部分加以解决。

②图示法的巧妙转换。三大图示对于厘清案件的事实脉络、法律适用的分析判断及最终结论的得出均具有重要意义，它们就是当事人关系图、事件发生时间顺序图以及当事人攻防配置图。本书的重点在于实务过程中具体的操作方法，所以本书将重点放在三大图示画出以后如何转化到判决文书的写作中来。根据三大图示的作用，在事实认定部分实际可以选取的素材主要是当事人关系图及事件发生时间顺序图。在某些情况下，它们也可以合为一张图例。

我们仍旧以一件建筑工程施工合同纠纷案件的当事人关系图及事件发生时间顺序图为例来说明。

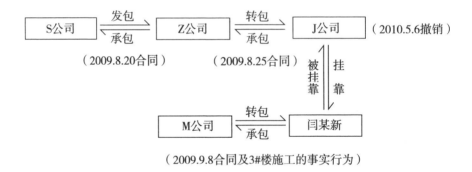

S 公司等建设工程施工合同纠纷案当事人关系图

在建筑工程施工合同纠纷案件中，实际施工人主张工程款占据了其中大部分比例，这是为什么呢？因为工程发包以后，经过层层转包（尽管可能是非法的分包或转包），工程最终由实际施工人以提供劳务或同时提供工程材料的形式完成。工程建设完毕后，最可能主张权利的当然是实际施工人。其他层层转包关系的转包人虽然也需要找"上家"索要工程款，但如果"下家"没有实际向自己主张权利，或未经法院判决自己承担给付义务而被强制执行，其率先行动的可能性并不大。那么实际施工人提起诉讼会有什么样的情况呢？往往就是工程被转包多道手，而且可能存在挂靠等情况，在实际施工人请求发包人给付工程款的时候，往往要把一连串的当事人追加进来调查各自的合同相对方。这样，建筑工程施工合同纠纷案件的一大特点便是溯源式调查法。即只能通过原告的诉讼请求倒查与原告订立合同的相对方，再一层一层地向前手推进。其间，哪个合同开始便成为无效合同（可能波及后续的各个合同）就得用正推法。即把全部的合同梳理完毕后，从发包人与相对人订立合同开始，从起源上向后分析合同的效力及各当事人的关系。这样我们判决的事实认定部分就不能从当事人起诉的事实理由出发，因为它只涉及案涉工程的最后一个合同。我们通过庭审过程，当事人提交证据所整理出来的当事人关系图、事件发生时间顺序图就能帮我们更好地梳理出本案的事实脉络。这样，我们所需要做的就是把上面的图示转换成文字来描述，也就能让读者迅速了解本案的事实情况。在进行图示的绘制时我们从当事人主张的事实理由入手，往往用倒推法分析并勾画图示，但在转换成文字表述时注意要用正叙法才显得判决更加工整严谨。判决认定事实部分并不是写小说，倒叙或插叙的方式固然吸引人，但也不能随意采用，因为它们会带来事实认定过程断层、跳跃、凌乱的现象，对于以国家机关出品的公文书而言，显然是不合时宜的。

继续以上述图示为例，图示法体现了对案件事实梳理的作用，现在在事实认定的写作过程中把图示内容描绘出来，就会形成清晰的事实线：

2009 年 8 月 20 日，S 公司与 Z 公司签订《某古玩城工程施工承包合同》，S 公司将某古玩城的土建、安装、装饰装修工程（1-4 号楼），总建筑面积 92142 平方米，发包给 Z 公司施工，工程总价款 198105300 元。合同签订后，Z 公司未进行施工，2009 年 8 月 25 日将工程转包给 J 公司（该公司于 2010 年 5 月 6 日被撤销登记）。此后被告闫某新组织相关人员对该工程进行了部分施工。2009 年 9 月 8 日，闫某新以 J 公司项目部名义与 M 公司签订协议书，约定将其中的 4 号楼以大清包方式承包给 M 公司施工。在此期间，闫某新又将 3 号楼承包给其他公司施工。因其他公司对施工条件不满意，未实际施工即撤场，闫某新又将 3 号楼承包给 M 公司施工，施工条件与 4 号楼相同，未另行签订合同。在 3 号楼的施工过程中出现混凝土框架柱明显蜂窝、跑浆开裂和室内混凝土楼梯首层休息平台板出现不同程度的裂缝等现象，从而导致涉诉工程 3 号、4 号楼于 2009 年 11 月 30 日停工。涉诉工程停工后，Z 公司于 2009 年 12 月 29 日向 M 公司支付了工人工资，M 公司为 Z 公司出具了两份工资收讫承诺书。同日起，M 公司对涉诉工程未再进场继续施工。此后该工程在 M 公司施工的基础上由案外人进行了部分施工，现工程处于停工状态。原告 M 公司诉请法院判令：1. 被告 Z 公司、闫某新对所欠原告建设施工合同款共计 4636089 元（其中劳务费 2646975 元、模板索赔 1669374 元、工程停工后看守工地人员人工费 319740 元）承担连带清偿责任，并按中国人民银行同期同类贷款利率向原告支付自停工之日，即 2010 年 2 月起至实际给付之日止，上述应付劳务费的利息；2. 判令被告 Z 公司、闫某新支付违约金 100000 元；3. 被告 S 公司在所欠被告 Z 公司工程款的范围内对原告承担清偿责任。

③用语要朴素、凝练，尽量不要带有感情色彩。判决文书中的事实认定部分可以看作广义上的记叙文，要注意记叙文本应具有的写实、中性色彩。不能在写事实经过的时候就带有强烈的感情色彩，否则不符合记叙文的记叙性。此外，这种记叙要求我们不能挑选事实，把只对一方有利的事实写出，把对一方不利的事实为了结论的推出而故意隐去，这就有帮助一方当事人的嫌疑，容易让人质疑司法公正。实际上，一方完全占理，事实皆是对该方有利的情况仅占相对少数，更多的情况是事实交错复杂，既有对一方有利的事实，当然也有对他不利的情况。至于结论能推导到什么地步，那是需要本院认为部分抽丝剥茧来完成的，并不是在事实认定部分通过主观取舍能够实现的。当然，本文所说的不带有感情色彩，是指在描述事实的过程中，并不是说在判决论理部分一样不能带有感情上的倾向性。法理从终极意义上看，不外乎人情。法的技术构造再精妙，最后也是要拿技术的外衣披在价值伦理学的内核上，所以说判决不可能从根本上祛除感情的倾向性。此外，在民法典中也规定了社会主义核心价值观对于民事案件判决的重要作用，而某些家事案件中，精密的权利关系分析实际上还不如充满感情色彩的说理来得更为人们所接受。所以感情色彩的带入是正常的，但在事实认定阶段，我们的目的是描绘能够惹起人们感情的事实基础。如果这个时候也带有感情色彩，那么整篇判决未免就建立在海市蜃楼的基

础上，显得过于缥缈。

④在可能的情况下，尽量选择故事叙述式而不是证据描述式的事实记述方法。有些法官怕在判决中认定事实会给当事人上诉留下口实，在事实认定阶段写完无争议事实后，对有争议事实仅以证据（特别是书证）抄写的形式完成。如果双方没有一致认可的事实，我们会在判决事实认定中看到通篇抄写合同条款，通篇抄写原、被告陈述意见等情况，以至于阅读完事实认定章节后，我们会发现实际上什么也没有认定，而且案件的背景事实、发生经过也没有写。虽然在二审诉讼中当事人是没法挑出一审认定事实的毛病来，但二审法官也没法据以判定相关事实到底是什么样的，也就是说让二审法官也没有任何抓手。有的人觉得事实太多，不知从何写起；有的人认为双方当事人对事实又不能达成一致，写了也是不保险，所以最后殊途同归：走到了抄合同文本这一步。既能显得事实认定篇幅较大，又不会被当事人抓住把柄。但实际上多数情况下并没有必要，因为只要能做到抄合同的地步，一般就能确定合同的订立过程，这种前置的背景事实就能作为本院认为予以判定。如果当事人否认合同上签字的真实性，在有必要的情况下往往会委托司法鉴定，鉴定的过程、鉴定的结论仍然可以作为事实认定的一部分。而且，这种抄合同的方法也仅限于合同行为，在准法律行为、侵权行为中就压根不能奏效了。为了让人看明白纠纷形成的背景、过程，当事人争执的是什么，怎么会产生这种争执，笔者认为应以故事叙述式的事实记载方式为宜。当然，如果事物的本性涉及合同文本的分析（如当事人争议对象是对合同文本的理解），那么在事实认定部分抄录争议部分合同文本内容仍然是十分必要的。

2. 判决论理的基本生产法。

扎实的事实描述是本院认为部分的产生基础。对于事实已经描绘完毕的判决来说，论理部分就犹如搭积木一般，以事实认定为地基，以当事人的诉辩意见为四至，把判决的论理搭建起来，最终建成判决主文的建筑。

为什么说判决的论理部分要以事实认定为地基呢？因为无论双方当事人的分歧有多大，无论本案法律关系有多么的复杂，我们的判决论理总是建立在双方当事人发生法律关系的基础上。如果说法律关系是经由法律评价（直接体现在判决中引用法律对事实进行分析）而得到处理的社会关系，那么当事人所发生的社会关系就是判决推理的起点。这种社会关系就是基础事实中所展现出来的带有社会要素的关系。在笔者多年经历的诉讼中，当事人间根本未发生任何关系的只有极为罕见的个例，即原告误把被告当成其权利主张对象的情形（如本书前文所说的被告在同一小区有同名同姓而且长相非常接近者，被告与原告确实未产生任何社会关系）。但这样的案例是十分罕见的，也不具备指导判决论理的普遍性。对于多数案件而言，案件的背景事实是需要在事实认定部分写就的。而要件事实所对应的具体事实是否存在，依前文而言，既可以放在事实认定部分以对证据三性（真实性、合法性、关联性）进行认证的方式认定并描绘出来（这时往往要写明证据的全部认证过程，之后再贯通事实），也可以放在本院认为部分就要件事实是否满足，即具体事实是否存在并能否使得要件事实成立进行分析，这时主要运用的是证据规则这样的程序性规范来推演法律适用，从而得出负证明责任的一方当事人是否按照法律、司法解释的规定完成其举证责任。从这个角度去论证事实的成立性，这在本质上已经属于法律适用问题了，所以放在本院认为部分来写也是恰当的。

除了依靠证据规则分析事实成否的问题之外，论理部分主要完成的是法的解释问题。在许多案件中，案件事实是否成立和法的适用彼此穿插交错，即便是认定了某一事实的存在，对法的适用亦非没有争论的余地，这时就需要法官去论证。在事实确定了存在或不存在以后，法的适用则是推导出判决主文结论的最后一步了。这一步同样要在原、被告双方所主张的事实范围内（认定事实的基础上），以原告的诉讼请求法律依据是否充分而一项一项进行分析论证。在对时效问题存在争议的情况下，可以先论证时效问题。如果时效抗辩成立，往往可以省去对于数额方面的分析。如果不存在时效问题，那么就应针对实体权利逐项分析。要点是先列明请求权基础规范（法条依据），在要件事实满足以后结合法条规定的效果来谈原告的诉讼请求能否得到支持。如果原告主张适用的实体法规范要件事实已经满足，也确实能够达到原告所主张的效果，那么再论述被告的抗辩所产生的新的要件事实能够引发什么样的效果，这种效果能不能推倒原告的诉讼请求。依此路径将判决论理推向深入。

在此，本书对判决说理的"本院认为"部分写作提示几个小原则：

一是要受当事人辩论原则的拘束。笔者曾审理过这样一个案件：原告（某货运公司）主张双方之间是运输合同关系，被告是实际承运人；被告则主张虽然其确实是案涉货物的实际承运人，但却是和案外人（供货方）直接签订的运输合同，与原告没有合同关系。一审法院在本院认为部分的最后分析结论为原告与被告是委托代理关系，被告是原告的代理人。结果双方均不满意判决的论理。这就是由于一审法院超越了辩论主义原则而径行认定当事人所未主张的法律关系而造成的。这从实体结果上来讲超越了双方当事人对本诉的预期，从程序上来讲双方当事人就委托代理关系根本未辩论，也就剥夺了当事人对此的辩论权利。当然，该案关于双方当事人之间法律关系的认定确实是不准确的。但如果我们设想这样一种情况，当事人诉辩主张的法律关系均不正确，法院能否进行认定正确的法律关系呢？笔者认为仍然不能，这就如同帮助一方当事人打官司，作一方当事人的律师一样。因为法官直接在论理写明了正确的法律关系以后，要么变通处理原告的诉讼请求，直接支持诉请，要么以告知当事人正确法律关系的样态，相当于让当事人以法院所出的主意去诉讼。这显然对另一方当事人来说并不公平。特别是前者的处理方式，其实就是以违反法律规定的方式作出的判决，难谓判决书制作的良策。此时的最佳处理方式是回溯到原告的诉请。尽管双方陈述的法律关系均不准确，但判决最终是要回应原告的诉讼请求而不是被告的抗辩主张。只要阐明原告请求所依据的法律关系不成立便足以推导出判决主文的内容，多数情况下并不必把我们内心认为成立的法律关系在双方都没有预想时明确点破。

二是要避免超越当事人请求或遗漏当事人请求进行论证，光着眼于主要矛盾，忽视其他争议焦点，或论证没有把握住应该控制的边界。失败的论证例之一是超过当事人诉讼请求作论证。在笔者所审理的一起建筑工程施工合同纠纷案件中，原告认为被告作为施工人所建设的工程存在质量问题，就找到第三人进行了修复。后来修复的工程又出现了质量问题。原告又找到第三人进行了修复。后原告就第二次修复起诉被告，要求赔偿质量问题的维修费损失。因为本案原告只请求被告负赔偿责任，坚持不要求第三人负赔偿责任，那么比较好的论证方式就是涉案的损失到底是不是被告造成的。如果是被告施工造成抑或第三人修复造成处于真伪不明状态，直接由证明责任来解决原告的请求能否实现便可。但一审法院结合各方当事人的证据和庭审表现，直接把第三人论证成责任人，这就未免超过了原告诉讼请求的范围，显然在原告未如此主张的情况下有代劳当事人诉讼之嫌。当然，更多的情况是论证遗漏部分请求。这在建筑工程施工合同纠纷案件中非常常见。建筑工程施工案件的争议焦点繁多，有时主争点（涉及标的巨大的争议项）非常容易牵扯精力，也容易成为法官论理鏖战的沙场。但有时非常可惜的是，我们已经将案件主争点查得非常详尽，判决也洋洋洒洒地写了数十页，可以说是非常耗费心血的作品，但就是由此忽视了一两点其他请求，导致边缘化的小争点没有论证。据笔者的经验，这样的案件法官在前期庭审时就往往忽略了小争点的调查，有的一句带过没有深想细究，有的干脆连问也没问。本来很好的一篇判决，如果再顾及得全面些，还能成为优秀判决，也可借此发展成精品案例或案例分析，但由于小争点的论证阙如不要说成为优秀案例，基本上就可以定性为错案或瑕疵案件，这是得不偿失的。这也充分证明了在案件审理的前期争议焦点整理的必要性。庭审笔录→判决文书是一脉相承的半成品到成品的制作过程。不要把所有努力都压到最后的判决上，因为前期的半成品正是最后成品的中间形态，半成品的菜品变质了，最后怎么加工也难以让其看变成一道珍馐。

3. 判决主文的作成法。

通过事实认定、本院认为两大环节，应该说判决的结果已经自然而然地可以推导出来了。即使没有判决主文，一般人通过阅读前两部分内容也能推断出判决主文的内容来。所以判决主文的制作方法形式上的规整大于其实质上带给人们的期待。就主文写作而言，主要需要注意以下几点：

（1）与论理部分衔接，顺承论理的方向。这是绝大部分判决书都能做到的。但是仍然能见到前言不搭后语的判决。有的是前面的论理根本推不出判项内容，更有甚者是前面的论理和主文内容相悖。造成这种现象的原因很可能是对于案件法律关系的把握不准，撰写判决时又分次、分批撰写了不同部位，写到后面改了意见，前面又未来得及调整。这种情况虽然少见，但仍然是要全力避免的，因为它会让一般人对判决的合理性产生怀疑。这种现象可以通过对判决文书的校读避免。

（2）以原告诉讼请求对应写判决主文。这既能避免主文超过诉讼请求，也能避免遗漏诉讼请求。需要注意的是，要结合庭审笔录来看诉状，如果原告在庭审中变更了诉请，而判决主文还回应原诉讼请求，那么判决主文便会产生问题。这里面需要注意的另一个问题是，判项一般是不能超过当事人请求的具体内容的。特别情况下在法律有规定或权威判例有在先处理方式，又或者是学理上有充分检讨的情况下可以不完全对照请求的具体内容。比如，在债权人撤销权案件中，原告只请求撤销法律行为，而一旦判决撤销法律行为，返还问题是否需要一并判决在理论和实务上都有争议。但确实存在返还问题一并判处的大量先例，此时主文内容亦可视情而定。当然，这种情况往往是诉讼法理论上需要解决的问题，而不是文书写作技术上能够解决的问题，需要针对个别情况进行研究。

（3）给付判决的主文一定要具备可执行性，并且在执行时能尽量减少歧义。在金融借款合同纠纷中，对于利息要给出计算方法。如果只写到利息依据合同计算，而被告却又对利息的计算方法存有异议，特别是如果异议来自合同解释，那么就相当于法官对于利息没有作出审理，而把审判权交给了执行法官，这样的主文显然不具有很好的可执行性，而它的深层次问题在于没有回应当事人的诉辩主张。对于调解书而言更是如此，因为调解书的约定给付内容不明确导致最终无法强制执行，甚至由此进入再审程序的也屡见不鲜。主文是由判决前面各个部分交相呼应并推演出来的具有强制执行力的最终产品，如果因为主文形式上出现瑕疵而使前文的论述，乃至整个审判过程的努力功亏一篑，让案件面临发回重审或再审的风险，那是非常不值得的事情。

判决主文之后，对于给付判决而言，迟延履行的利息是不应遗忘的。其后则是案件受理费的负担，再往后则是可否上诉的内容、上诉的期限（视是否涉外决定），最后则是文书所附法条以及可能存在的数字计算表、当事人证据目录等内容。这些内容作为判决的组成部分，需要精心校对。

不应因为不同类型案件套版制作而忽略这些细节，把法条张冠李戴，或在非给付之诉中写明迟延履行利息等内容。

至此，判决文书制作完成并校对后，法官就可以把主要精力转移到其他案件的审理中去，后续工作由分析判断的审判本性转移为程序性、事务性工作为主旨的后续事宜处理工作。某个个案的审判工作也便接近了尾声。从律师倾听当事人陈述开始，到判决下发为止，整个案件审理过程经历了种种环节的考验，法律服务产品的制作经历了由律师向法官传递交接棒的程序后，最终以判决书的形式作为本案权利义务厘定的终点。当然，对于当事人实际获得利益的执行程序而言，它则是另一个过程的起点。

虽然本书以律师作为第一读者群，但考虑到法律产品的完整性，本书也将法官加工整理信息的环节一并记入。一方面，律师要作出好的法律产品，需要知己知彼，为律师的接力者——法官提供更好的加工素材；另一方面，律师了解了法官的工作思路与技法后，也将更有针对性地省察自己的出产物。当然，上述技法对于从事法律实务工作者的法官而言，也具有更加直接的参考意义。

第 六 部 分

贯通术：培养良好的职业习惯，
让法的技术与办公的技术交相辉映

一、紧张与闲逸：情绪管理不仅是原则，更是工作技术

全体法律职业工作者，包括法学理论工作者和法律实务工作者在内，均是高强度的脑力工作者。在这些法律工作者中，绝大部分人都会付出非常艰辛的努力，也会承受高强度的交往压力。即便是付出类似的努力，承受等量的压力，有的人的工作效率和质量也会显著与他人拉开一段距离。这种情况放眼全体社会也是一样的。那么工作效率和质量这样的人们看起来可以算是结果性差异的形成原因是什么呢？恐怕并不是法律人个体的大脑是否优秀，即使有这样的成分，占比也应是很小的。那么更为重要的是什么呢？其实更为重要的是工作的动力本身。

当我们乐意工作的时候，大脑中会在"快乐"信号的指示下产生幸福物质"多巴胺"，这对提高我们的集中力、吸收信息和处理信息的能力均大有裨益。如果我们每天都处于厌恶工作的状态，海马体的容积就会缩小，脑细胞死亡，效率就很难不降低。无论是律师主动接受案件当事人委托，还是检察官、法官被动被分配案件而必须要处理案件，法律职业都是我们的安身立命之本，在本质上讲都没有不工作就可以实现人的社会化，争得生存、生活空间的余地。所以接不接受案件、受理案件的多少虽然从形式上看有量的区别，但最终仍然都是必须完成的工作。人类完成任何一项工作都是如此。所以要在工作中创造快乐，更要在生活中创造快乐，让系统世界和生活世界能够形成彼此独立而又相互促进的良性互动系统，而不是一味的让工作把自己压垮，更不是在工作中一味保持高压的受苦状态，那样不仅于自己的身心健康是一种毁损，对于我们处理的工作来说，特别是对于当事人来说也不能说是一件善事。

电影《我是山姆》是一部博人眼泪的电影。山姆的善美并不在于他能够完成多么复杂的工作任务，而是在身有智力残疾的情况下，还能每天保持输出快乐的工作信号。这种工作信号不仅给他自己以工作的动力，也能够感染他周围那些工作能力卓越的人，让他们从沮丧的情绪中走出来。这就是法律人情绪管理对于日常工作发力的动因。

而情绪不是说管理就能强制控制的。它的控制方法可以分为工作内的控制和生活中的控制两面。我们不工作时，甚至不做任何动作时的"发呆""随想"都能够激活脑内的"默认模式网络"（default mode network）。"默认模式网络"就是大脑的待机模式，它是我们为实现更好的自我而做出的准备姿势。大脑待机时间过少，我们思考事物的注意力、集中力、分析力、判断力均会低下，也会加速大脑的老化。所以，在繁忙的工作中，也有必要暂停大脑的使用，预留"发呆"时间，减缓大脑的疲惫。

当然，工作外的情绪控制就更不可少。人类追求闲逸是工作的出发点，自然也应在工作中不断地实现它，人的工作才更有快乐和动力可言。"工作狂"固然是工作强度最高的一类人群，但却不见得是"质效"最高的人群，考虑到单位工作时间的效率时更是如此。

二、碎银子时间攒下的财富：卡式（card）工作法

法律实务工作者都会同时处理许多不同的案件。信息是在不停地输出、处理、输出的状态。在繁杂的工作状态下，要做到信息输入、处理不遗漏，信息产出及时传递到下一环节，单凭大脑的临时性记忆是不可能完成的任务。而如果我们把它们作为永久记忆储藏，需要反复深度记忆和使用，大部分信息（包括具体的事实信息、事务性的处理信息）并没有必要做如此处理，否则我们的大脑也将不堪重负。这时就需要勤动笔，以笔代脑，把许多需要思考的活动交由笔记去完成。这就是俗话说的"好脑子不如烂笔头"。本书在文中多处场所论述了笔记的载体、工具，笔记在不同场合使用不同载体、工具，如何让笔记的信息效用最大化等问题。此处需要指出的是，要有卡片式记录的意识，用散碎的时间、散碎的媒介整合散碎的信息。把随身携带纸质笔记本、便签或平板书写工具作为一种习惯，随时将摄入的有效信息纸面化：有的是知识汲取型的（丰满我们头中的概念地图），有的是案件事实素材（完成本职业务的基本材料），有的则是事务型的（需要我们按规定的节点处理完毕相关事务，本质在于提醒）。这些记录均会从不同侧面对我们的法律实务工作完成助攻，让我们的工作质效得以提升。

三、硬盘扩容与内存不变公理：专注环境的创造

人类大脑的硬盘空间虽大，但内存却是"瓶颈"，若同时打开数个软件就容易"死机"。因为人类大脑的这种工作机理，要力图避免同时处理多个工作的情况。对于法律实务工作者来说，工作的一大特性就是同时接手多个案件，可能存在多个当事人同时找到法律工作者要求进行信息传递或处理相关信息的情形。而由于我们内部分工的关系，更可能出现多个程序性事务、实体性问题处理环节交错进行的情况。比如，我们要想安心撰写判决，当事人不断来电要求查询案件庭审安排，法官同事可能会随时合议案件，助理或书记员可能在整理卷宗过程中随时要求补充材料或签字。这样在完成判决的主攻作业时可能需要处理十几件或几十件其他事务，其集中力便可想而知。如果不能安排专注的作业环境，便难以完成工作任务。特别对于受案量大的法官来说，如何把合议庭内部的时间安排得分合有序，如何做到集中处理来自当事人、律师的信息传递都是需要有意识地去思考和行动的。那种来一件事干一件事，而不是专注干一件事的彻底完成的工作方法是难以应对日益艰巨的工作任务的。

四、怀有情报意识，竖立情报天线，让信息接收从无意识走向有意识

我们在学生时代都会了解到一些"很牛"的教授，有的教授对研究领域的法律条文如数家珍，张口即可背出条文的内容；有的教授则是对制度变迁、历史沿革胸有成竹，能随时像拉家常一样把制度的历史脉络讲给你听；有的教授则深谙制度的母法结构，随口便能讲出制度的母法原型、立法理由。这些水平卓越的教授有一个特点：随时接收信息。有的人在如厕时也在翻看法条，有的人则在吃饭时还在如饥似渴地读书，有的人则在自家的洗漱台上贴满便签，利用洗漱时间充电，这就是他们不同于常人的成功原因。法律实务工作者自然也不例外。他们的工作方式主要并不是理论

知识，而是对于人的观察与交往、对社会资源分配的理念等社会调配方法。他们的主要信息获取渠道不仅是在"读"，更是在"听"，听当事人陈述、听律师陈述、听检察官陈述、听法官陈述。有的是见闻；有的是行业知识；有的是社会运行方式；有的是纠纷的具体故事；有的是法律知识的分享。这些听的过程对于法律实务工作者来说，就不能像一般人那样单纯当作聊天、叙旧、谈心、闲聊来听。要竖立一种天线意识，把听到的信息当作信号接收器，接受信息以后进行过滤，留下有效信息，结合上文提出的卡式工作法的记录方法，把它们固化为自己的智力武器。这就是为什么说即使我们不再日日诵读那些阳春白雪的诗书，也绝不会在水准上低于理论工作者的原因。法律实务工作者也是能够以少读书，多听事的方式同样达到日日精进的地步，这就是我们常说的"从无字处读书"的实践学习法。

五、培养理性的"冷观"意识："我见"与"离见"的加速分离

律师、检察官、法官的具体工作立场不同，决定了其工作方法的起点和终点是不同的。律师的职业使命在于委托人利益的最大化，法官的职业使命在于依据法律规定妥善地平衡双方当事人的利益，所以他们处理问题的角度是不同的。但有一点需要注意的是，他们只是处理问题的角度不同，不代表他们看待事物的能力是具有本质区别的。律师代理案件为了实现委托人利益的最大化，自然要"扬长避短"，对于某些事实要重点说、某些则要轻描淡写。但这并不意味着律师可以在工作的全体流程中选择性无视事实。如果想为委托人争取最大的利益，也要在某些时刻具有法官一样的思维，知道委托人存在的法律意义上可以非难的行为会造成什么影响，这就是客观分析事物，超越主观感情、好恶、信赖关系而进行分析判断的"冷观"意识。所以尽管立场不同，全体法律实务工作者都需要这种能力。这是从最表象的工作方法来理解的，法律实务工作者所应具备的基本意识和能力。从此处引申一步，法律实务工作者还要具有反观己身的能力。这是说我们看待问题、看待当事人不要从我们常常所说的（也通常是善意角度

上说的）客观立场去分析他们，因为任何加载了客观分析字眼的分析到头来不过都是主观分析，只不过有的是大多数人得出的结论，有的是少数人得出的结论罢了。所以客观地观察事物只是"冷观"意识的起点，它的终点在于对自己的反刍与"冷观"。我们是不是能跳出成见、偏见、我见，把主观臆断的东西裹挟在客观分析的善意下，往往决定了我们最终所能达到的分析高度。比如，从道德评判的角度上看，人有该当社会集体意识评判标准中的"好坏人"之分，这是道德对人的评价标准。而民商事法律是否要分析或评价"好坏人"呢？显然从法的分析方法上来看，我们要评价的是"好坏事"，是对行为或意思的评价，而非对人的评价。所以我们法律实务工作者处理工作就不能像一般人那样带有感情色彩和道德性评价的前见去分析事物，我们的工作本质上是对事不对人。即便是传统意义上的"坏人"，也存在法律所保护的合法权利。不能因为多数人认为他是"坏人"，就认定别人欠他的钱可以不还，别人对他实施侵权行为就可以不承担法律责任。

在本书的最后，我们再来回顾贯彻本书的两大思想：一个是事物本性的法理论，另一个是结合术。它们不仅是本书立论成形的基础，也是本书产出的重要生产工具，同时也是法律实务工作者在完成本职工作时应使用的重要工具。前者决定了再精密的理论规则也要让位于实践操作的具体形态。在我国的广袤土地上，有的派出法庭法官在田间地头穿梭，法庭之后便是菜畦。自家种植的蔬菜甚至可以成为款待当地诉讼百姓、通过美食化解人间矛盾的利器。而在高楼林立的都市中心，有的法官埋首于钢筋混凝土中忖度、分析当事人的数以亿计的利益瓜葛。这两种法官的工作方法绝不可能在主体方法论上趋于一致。尽管源于同一裁判目的，却分流成截然不同的处理纷争的方法。即便我们手中有一套精密的手术刀，也要分对象而使用。本书虽然在方法论上对于精密分析的手法、道具、路径分析得更多，但也是出于类似的目的考虑。毕竟大刀阔斧的斩断法对于多数人来说，更类似于本能的切割术，只要操作经验所及，无须过多陈述。所谓简单的事情重复做便是专家，重复的事情用心做则是赢家。本书所重点论述的更为精密的分析方法便是重复之事用心总结才能体会的方法。

　　而对于结合术来说，实际上不仅涉及法律职业工作者工作的本质——创造性地结合既有规则与本案鲜活事实，由此推演出本案不同于世界上任何既往纠纷的处理结果，而且也适用于法律理论工作者——论文的创生便是站在前人肩上的一次远眺，当然也适用于我们人世间一切工作的核心方法，让我们人类有别于通过人工智能进行生产活动的本质便是这种创新活动。结合术不仅是法律专业知识与活生生现实的结合，也是不同知识领域的结合，同时还是当代社会日新月异的科学技术（硬件与软件的结合）与法律工作现实的结合。无论是事物本质的思想，还是结合术的方法，都是为了实现法律实务工作者面临日益增长的工作时所要追求的保质保量的目的。

代跋："车间"里的象牙塔

　　二十年前，我初进大学校门，开始每日穿梭于学校的食堂、图书馆、教室之间的生活。校园里的青青翠竹、郁郁黄花总是伴杂在迷人的书卷气息之中。除上课听讲是习以为常的事物外，大学的日常是那么令人新奇和着迷。蓝天、微风、青草、湖面、社团，总是能勾勒起那些令人陶醉的记忆。我曾想，如果能留在学校，走进学问的象牙塔，选择一世的大学生活是一件多么惬意的栖居方式！

　　学生时代，为了走进象牙塔的职业目标，像其他有志于此的同道中人一样，日夜往复攻读专业典籍，早晚诵读外语，希望让两者都修炼得炉火纯青，让它们相映成辉。那个年代的手机还是单色单音的手机，拍照都还需要用胶卷去照相店冲洗，自然也没有什么随身听。读论文靠翻过刊库里的期刊合订本，记录载体靠手抄，既没有什么拍照工具，更谈不上什么扫描软件。学外语的早期还没有兴起复读机这种物件，要精听某一段录音还需要反复倒带，有时能把磁带倒到卷在录音机里。而反观今日学生的学习装备，不由得让人感喟中国发展的日新月异！在二十年后的今天，我们的经济水平、法律制度架构能力高速发展，这是得益于时代，得益于祖国，得益于努力奋斗的人民的幸事。如今，我虽然未能实现当年的职业夙愿，从向往的穷究法律的"象牙塔"走进了操作法律的"车间"，从梦想中的"科学家"变成了现实中的"技工"，但却打开了一幅别开生面的、无从想象的风景画。

　　法学院的生活是浪漫的，求学之路是多彩的。犹记得在图书馆的二手市场买上几套外语课本的磁带，每次在叽里呱啦的呓语中入眠；晚上宿舍熄灯后开着充电像煮沸水一般的硫酸电池充电灯在被窝里写诗；夏夜里蚊帐外久久不肯褪去的饥渴蚊虫逐夜地漫长等待；山里的巴掌大的蜘蛛混入宿舍待到晚上给人的"惊吓"；图书馆地下馆室在悠长的冬晚永远散发着温暖的橘色光芒；过刊库里长年蒙尘的古旧图书的后面能意外发现法学牛人在数十年前的借阅记录；新开湖与芙蓉湖畔舣筹交错的南北方草木里孕育的不同学风……那些似近而远的记忆里，一些所学构成了今日所用的原始积累，而另一些则随着原定职业目标的未实现成为令人心心念念的错觉资产。

法院的生活则是严谨的，工作之路是单色的。其中那样令人引发奇想，饶有故事性的背景知识对于激发发散性思维、想象型思维，从事创新型研究的理论法学工作来说无疑是大有裨益的，但对于分析、推理、准确适用法律，完美契合法律政策来说不仅助益不大，反而会由于发散的形象特质导致对于法律本身的解读及系统性理解出现断层：美轮美奂并不意味着精密规整。脱离想象的思维训练是由法学的"放"走向司法的"收"的必要转型。如果从事了当年夙愿的工作，我可能每天还沉浸在民法典的古典性格、民法典的精神气质转型，民法史的美学契机这样充满幻想的浪漫命题中，但司法工作，其实也包括全体法律实务工作者的工作，似乎与之具有相反的问题属性。象牙塔中，总是在寂寥的思想宇宙中让想象力充分膨胀。车间内，总是在嘈杂纷扰的市井纷争中让思维的铣刀磨得精细绵密。

在整个法学专业体系中，唯有部门法的法教义学知识看起来对法律实务工作最为相亲，似乎也是起到直接擎起实务工作重任的唯一支柱，但实则在工作中也不尽如此。如果参加过几次专业法官会议就会发现，法官每天争论的主要不是法学问题，而是如何发现事实、认定事实的问题。几乎所有存在重大争论的案件，争议焦点都离不开对事实的不同理解，而法律适用形成重大争论却占比不高。形成这种现象的原因在于每个人头脑中的概念地图并不是一样宽广：有的善于"专"，能在法律框架范围内对事物准确定位分类；有的长于"博"，会通过杂学知识对同样的事物作出不同的看法和分析。从我们古代先贤那里遗传至今的古风便是，"断案"断的是案（当事人关系），断的并不是法（法律适用）。就如同一千个人心中有一千个哈姆雷特一般，再伟大的学者也无法在一个事实认定存在重大分歧的案件中给出一份世人皆服的事实判断来。匠人，总在殚精竭虑地建造具体事实的屋舍；学者，则在夙兴夜寐地设计法律规则的条框。

实践，是一门广袤而精深的学问。那些献其一生于法律的实务工作者虽不似理论工作者那样树立知识权威，进行法的创想式发现，不能由此流芳于世，但他们依然数千年来耕作于纠纷处理的第一线，运用自己的脑力劳作创造了纷复事件的玄妙解决方法。他们没有理论工作者那样动人心弦的璀璨文字，却有着不输于前者的技术智慧。他们千百年来塑造了那些诞生于车间，脱胎于车床铣刀上的艺术品。它们看似是生产线上的流水产品，但这其中的珍品却同法学史上任何熠熠生辉的杰作生产一样，是在广袤的田野间反复查勘、在纵横阡陌的数据中翻检、在当事人隐匿的事实中探问、在枯黄的灯下漫走卷中、在难眠的深夜中辗转推敲所诞下的产儿。车间在此时就是供与一席忖度琢磨之地的象牙塔。谁又能否认这些艺术品的价值呢？

象牙塔有着俯瞰人类行为模式的鸟瞰高度，车间则有着平视个体交往情景的微观视角。这是笔者从事法律实务工作以后才得以体味的完全不同的风景。坐在象牙塔里和劳碌在车间中固然会观望到差异的风景，使职业法律人形成完全不同的人生阅历，但他们并非身处全然绝缘的两个世界。当中国法学界从立法论水脉汇入解释论的河流后，实务工作者们也必将其书写的画卷作为风景呈现给理论工作者，作为理论工作者再创作的绝佳素材。这种反哺与深耕的互动劳作也必将成为中国法治现代化和科学化的原动力。作为法律实务工作者的一员，笔者愿见到更多车间里的匠人处于闹市而不惊，神乎其技地解决纷争，以象牙塔里的雕琢毅力打磨出可堪比肩学术精粹的实务宝玉，这也是优秀匠人能够留世的最大财富。

图书在版编目（CIP）数据

民事案件办公实操指引／尹春海著．—北京：中国法制出版社，2023.7

ISBN 978-7-5216-3658-1

Ⅰ．①民… Ⅱ．①尹… Ⅲ．①民事纠纷-处理-中国 Ⅳ.①D925.104

中国国家版本馆 CIP 数据核字（2023）第 119415 号

策划编辑：李小草　韩璐玮（hanluwei666@163.com）
责任编辑：韩璐玮　　　　　　　　　　　　　　　　封面设计：李　宁

民事案件办公实操指引
MINSHI ANJIAN BANGONG SHICAO ZHIYIN

著者/尹春海
经销/新华书店
印刷/河北华商印刷有限公司
开本/710 毫米×1000 毫米　16 开　　　　印张/ 19.75　字数/ 255 千
版次/2023 年 7 月第 1 版　　　　　　　　2023 年 7 月第 1 次印刷

中国法制出版社出版
书号 ISBN 978-7-5216-3658-1　　　　　　　　　　定价：78.00 元

北京市西城区西便门西里甲 16 号西便门办公区
邮政编码：100053　　　　　　　　　　　　　　传真：010-63141600
网址：http：//www.zgfzs.com　　　　　　　**编辑部电话：010-63141791**
市场营销部电话：010-63141612　　　　　　**印务部电话：010-63141606**

（如有印装质量问题，请与本社印务部联系。）